五月，凤凰花开满树的国度，让城市乡村灿烂如火。

这个国家的天空下终于有了和平，这个国家的人们终于有了笑颜。而我，正是在这个时候踏足这片刚刚苏醒的土地。她似含苞待放的花，晶莹的露水挂满一身——那是早已盛开的希望。

给你们：

给我的家人和朋友：

你们都问过我为什么要写这本书?

不是一个文字工作者，为什么去“扛”这陌生的笔?

可能是因为现在我和你们都太忙了，你们已很久没有像以前那样听我滔滔不绝地给你们讲述我所到的每一个地方的所见所闻了。那我现在就用笔把它写下来，到你们有时间的时候再从书里与我一道分享吧。

还有，就是希望我的每次出门除了给你们带来“担心”外，书中所有的字都是为了让你们读懂我想对你们说的三个字：请放心 。

给不曾一个人出门的你：

每一个背包者都同样曾是不认路的小孩，但现在不论流浪到天涯海角的哪个地方，他们都知道回家的路。

我写这本书是想跟很多问过我“为什么你能一个人出门”的人说一句话：“只要你想，你也可以！”

我也很瘦弱，我是近视眼，有偏头疼和中度胃炎，我英语只考过二级，我没有指南针就找不到北，我也是容易胆怯的人。但我也是一个背包者。我可以，你也可以。

给将要前往柬埔寨的背包者：

这是一本工具书。希望将要出门的朋友可以用得着。请在出发前就把“锦囊篇”掀开、掏尽、嚼烂；“行踪篇”是你路上的亲密拐杖。握紧。

二零零二年，五月，柬埔寨，吴哥

凤凰花开满树的国度

提到柬埔寨，我们的脑海中都会闪出一连串的关键词：贫穷、地雷、西哈努克、吴哥……它们像一面多棱的镜子，折射着这个国家曾经有过的辉煌和伤痛。

若让时针逆向行转，把时间往回推十年，那正好是联合国维和部队进入柬埔寨的时间，也是吴哥遗迹群第二次完全回到人们视野的时间；若再倒数三十年，那里只有杀戮、地雷阵与空城；倒数四十年，那时候的柬埔寨是全东南亚最安定和富庶的国家，首都金边被喻作东方的巴黎；倒数五十年，诺罗敦·西哈努克还是一位刚过而立之年的君主，他把自己的国家的控制权从法国人手中夺了回来，为国家赢得了完全意义上的独立 ……时间继续往前推……那是1000多年前，我们现在所看到的伟大而浩瀚的吴哥正在兴建……时间之轮指向更久远的从前……回到1500年前，那里是全球最重要的经贸中心……

岁月是从来没有逆转的，它已迈进二十一世纪，柬埔寨像惊涛骇浪后退却的海水，有序地展露出战争后来之不易的缓慢到来的和平；柬埔寨又像一面不平静的湖，全球经济一体化的拉力旋风般搜刮着这个不设防的刚刚从战争的阴霾中喘过气来的国家，让这里的人们（尤其是年轻人们）在机遇面前加倍地努力，当然，伴随而来的也有偶尔的躁动。

以游客的身份，用自己的脚去匆匆徒过这个国家，张大眼睛看目之所“能”及的一切，在本来只储存了几个空洞的关于战争或吴哥的字眼儿的一片空白的脑袋里混乱地划下沉甸甸的、丰富的、炫目的柬埔寨。残垣、雨林、滩岸、脸孔、日出日落、开满一树的凤凰花……我犹如一块本来干枯且挂满尘埃的海绵，被这一路风光浸泡洗刷，浑身湿漉漉的，是被呛着了还是被震慑了，一时半会儿不懂说话。用十五个月来把“海绵”拧干，滴里嗒啦——理出书本里的字和图。

诚然，它还是混乱的、粗糙的、单薄的。惟一明晰的是我已经深深地爱上了这个国家，且，我以自己最大的努力去把我眼中的柬埔寨尽可能立体地呈现在大家的面前，希望你们通过这面不太平整的镜子去注目一下这个开始“盛放”的国家，品读她、踏足她，并爱上她。

卡门

2003年10月5日

关于本书，我是这样想的：

就如一个吃过百十回饺子却从未包过饺子且从未见过别人包饺子的人，由一位食客变身为厨子，免不了是忙乱。没有“经验”或“常识”，那只能用“诚意”去完成它。

要求自己在安排图文时尽量做到吸引读者的眼球。当然，这是为了你能看到它、喜欢它、购买它。但这远远不是我最原始的出发点。因为我不希望它只是美轮美奂的装饰书架，而是你愿意使用它，甚至在细读后再挑剔它。

它有三百多页，若是把它整本带上路，或许在当“拐杖”的同时也免不了是一个“百上加斤”，所以你在出发前，可以根据自己对资料的依赖程度，把你认为对自己有用的页面撕下来。把它剥皮拆骨不要紧，只要你能真正用上它。

更贪心的是，希望在你旅途回来后还愿意重新翻开它，因为很多内容是为“归来者”而写的。浩瀚的吴哥可能会给你徒添很多的问号，若然我的书里还是没能掀开答案，那么至少我们可以对照一下我们是否都在相邻的节点上遇到了相同的谜团。因为我渴望分享。在写作的时候，没有类似的参照书籍、没有与我争论的人、没有否定我的人……于是我就只能没有比较地、贻笑大方地、不知天高地厚地自己来为它架构：历史脉络、建筑体系、印度神祇间的关系链，所有有限的认识都放在了书里，要求自己尽可能地严谨却终不尽严谨，只能等待读者们来指正我，陪我一同好奇、一同关注、一同热爱。

书里所有的字在努力地鼓励你上路，若你已足够的强壮和具有充分的安全感，那你已经不需要它了。干净利落地出发就是了。

用我喜欢的沙笼布来吸引您的视线。解下来后，可用作书签。

使用率最高的五张地图都在活封页上，把它拆下来揣进包里，上路。

我选择它做书的真正封面。

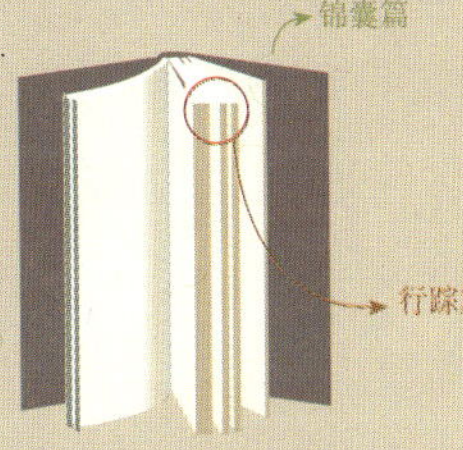

书中是“行踪篇”在前，“锦囊篇”在后。其实倒过来看也行。

图文要素

① 关于"**其他中文名称**"

吴哥的众多遗迹直到目前仍旧没有一套规范（具有专业权威）的中文名称。有时是由柬文直接翻译，而有时则是由英文或法文间接翻译而来，于是同一座寺庙有多种译名，且名称之间的发音相去甚远。单是Bayon就有下列9个中文名称。

② 出入景点方向

有些遗迹的占地面积很大，地图上通常四个方向都有进出的通道，但实际上可能其中一些已经坍塌而难以通过或仍未对外开放，所以让游人知道从哪个方向的门进入寺庙是很必要的。

③ 有些遗迹的内部构造十分复杂，所以一个明晰的平面图尤其重要。

吴哥城中心，南门以北1.5公里
四面皆可进出
1+1/2小时

巴戎寺
Bayon

其他中文名称：巴壤寺、巴云寺、巴扬寺、巴……寺、拜容寺
始建者：苏耶跋摩一世
重建者：阇耶跋摩七世（Jayaviravarman Ⅶ）
建造时间：12世纪末
信奉宗教：佛教
建筑风格：巴戎寺

巴戎寺是一座佛教寺庙，它的建造者——阇耶跋摩七世——是一位虔诚的佛教徒，信奉大乘佛教，他要按照自己的意志来塑造都城的这座标志性建筑，既要反映他的宗教理念，又要体现他的政治需要，他很好地将两者结合起来，并巧妙地融于巴戎寺的建造中。

吴哥帝国的每座庙宇都供奉着主神，只是不同宗教的庙宇供奉的主神不一样罢了。

婆罗门教庙宇供奉林伽，佛教庙宇则供奉观世音菩萨P12。

而作为统治者的国王无论信仰何种宗教，都无一例外地把自己当做是他信奉的主神的化身或转世。

如同以前信奉婆罗门教的国王把自己当做毗湿奴的化身一样，阇耶跋摩七世把自己当作释迦牟尼的转世。

他除了在巴扬庙那座最高的涂金宝塔内用菩萨取代林伽外，还极力将自己神化。

他告诉他的臣民们：庙宇里、宝塔中、城门上的菩萨的容貌，其实就是国王的容貌。这就超出了宗教的意义，显露出政治目的。国王用这种方式来处处突出自己的神圣，以加强王权，巩固统治。

按照宗教意识，这表示天上的神和人间的人得以息息相通，犹如王都要以城墙和护城河环绕一样。

世界为同心圆的山脉所环绕，山脚沐浴在海洋之中，城墙和护城河护卫的不仅是城本身，也是人们想象中的世界，使之不被海洋吞没。

阇耶跋摩七世在重建吴哥城时，构筑了坚固的城墙和宽阔的护城河，这固然有在军事上抵御外敌的需要，但也有宗教上的含义，被视为神的意旨在人间的体现。

图标说明

旅馆	邮局	长途车
餐厅	电话亭	摩托车
兑换店、银行	酷热警告	5 国道编号
市场、商店	景点位置	首选
医院、药房	出入口方向	? 资料不确定
旧寺庙	参观所需时间	P12 索引页码
现代寺庙	警惕	可裁剪下来
海滩	航空、机场	¥ 人民币
旅游咨询中心	码头	R 瑞尔
GH 廉价旅馆	慢船	$ 美元
@ 网吧	快船	B 泰铢

①行踪篇

②锦囊篇

18-273

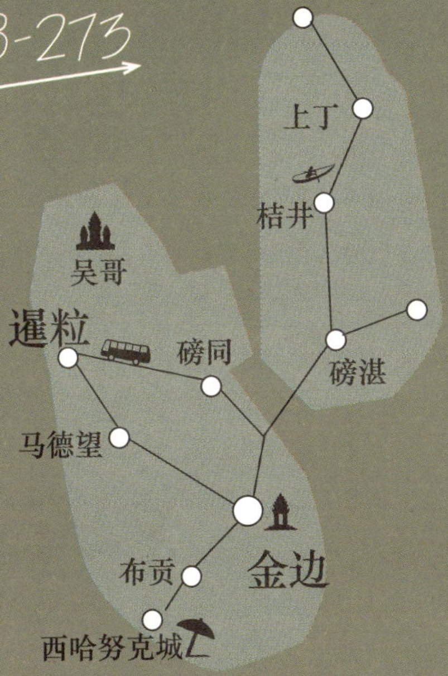

上丁
桔井
吴哥
暹粒
磅同
磅湛
马德望
金边
布贡
西哈努克城

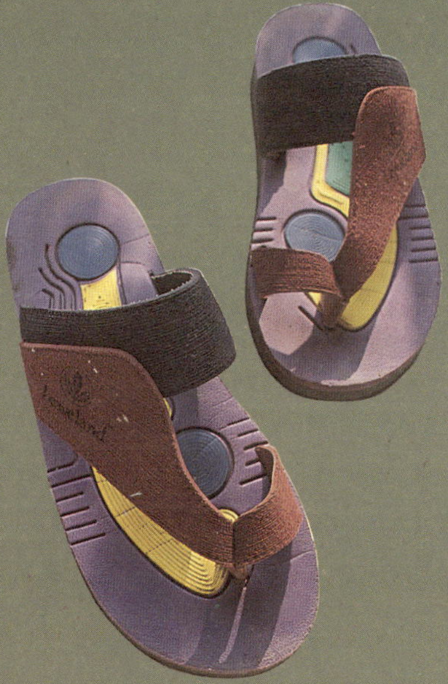

P276-323

当地资料

地理 货币
气候 食宿
安全 交通

出发前的准备

护照 保险
机票 行囊
防疫 签证

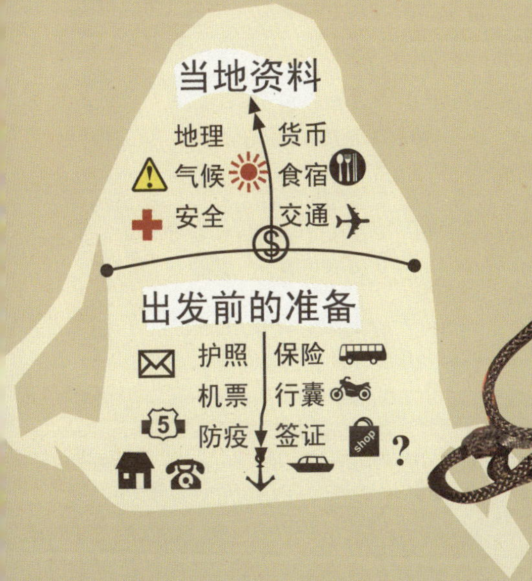

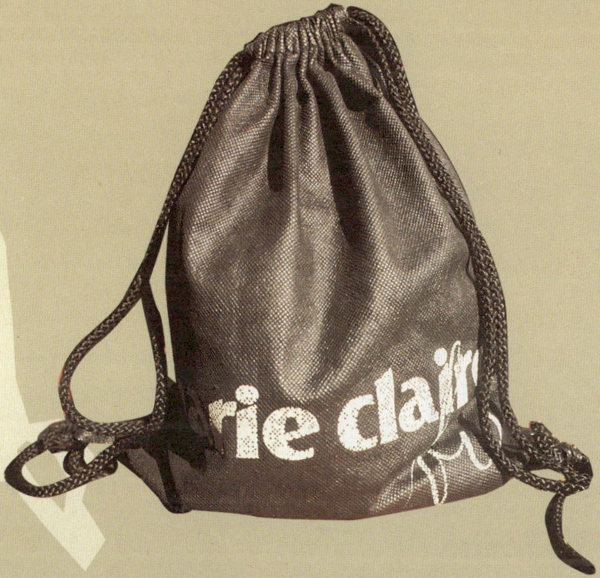

暹粒 Siem Reap……21

吴哥的门户。要到吴哥，就要先到暹粒。在这里安顿行李和食宿，才能轻装穿越丛林，进入吴哥。

吴哥 Angkor……29

看不到尽头的湖泊与莽林、数不清的残断城池与神像……陷进吴哥，颠覆了时间，颠覆了距离，日出日落里，辉煌万象……

吴哥窟 Angkor Wat………33

巴肯山，巴肯寺 Phnom Bakeng………63

吴哥通王城 Angkor Thom………72

城墙，城桥，城门……………………82
癞王台阶 Terrace of the Leper King…86
战象台阶 Terrace of the Elephants…87
皇宫 Royal Palace……………………88
空中宫殿 Phimeanakas………………89
巴方寺 Baphuon………………………90
提琶南 Tep Pranam……………………91
普拉比图 Preah Pithu…………………91
普拉巴利奈 Preah Palilay……………91
南北仓 North & South Kleangs………91
十二塔庙 Prasat Suor Prats…………91
巴戎寺 Bayon…………………………94

王城以外的建筑………………112

A 托玛侬神庙 Thommanon………113
B 周萨神庙 Chau Say Tevoda……114
C 石桥 Spean Thma………………116
D 医院遗迹 Chapel of the Hospital116
E 茶胶寺 Takeo……………………117
F 塔布龙寺 Ta Prohm……………118
G 皇家浴池 Srah Srang…………120
H 斑黛喀蒂 Banteay Kdei…………121
I 豆蔻寺 Prasat Kravan…………122
J 比粒寺 Pre Rup…………………123
K 东梅奔 East Mebon……………124
L 班提色玛寺 Banteay Samre…125
M 塔逊 Ta Som……………………125
N 格劳尔哥寺 Krol Ko……………125
O 圣剑寺 Preah Khan……………126
P 龙蟠水池 Neak Pean……………129
Q 西梅奔 West Mebon……………131
R 阿约寺 Ak Yum…………………131
S 女王宫 Banteay Srei……………136
T 荔枝山 Kulen……………………144
U 高布思滨 Kbal Spean…………146
V 巴公寺 Bakong…………………148
W 神牛寺 Preah Ko………………150
X 罗莱寺 Lolei……………………150
Y 格罗姆寺 Phnom Krom…………152
Z 越南浮村 Vietamese Floating Village……………153

金边 Phnom Penh……187

这个曾经硝烟弥漫的城市已彻底地告别了上世纪。今天的金边充满勃勃朝气。这里的河滨或酒吧都在日或夜恰如其分的展示着这个东南亚小都会的魅力。

西哈努克城 Sihanoukville……230

来到这里，你会发现时间停顿了。在日落时，海边一个普通餐馆的露台也美得可以拍电影。

柬埔寨其他地区 Around Cambodia……240

可能是吴哥的光芒太强烈，可能是我们对这个刚开放的国度了解得太少，也可能是旅游从业者还来不及给这些资源加温，很多游者都把它们忽略掉了（包括我）。补上这些“并非第一手”的资料，希望它们可以给先行的您做一块踏脚石或一块敲门砖。

西部地区……241

班迭棉吉 Banteay Meanchey……242
波贝 Poipet……242
诗梳风 Sisophon……242
班迭奇马 Banteay Chhmar……242
马德望 Battambang……243
拜林 Pailin……244
菩萨 Pursat……245
柏威夏 Preah Vihear……246
高盖 Koh Ker……246
波列砍 Preah Khan……246
磅同 Kampong Thom……247
三坡布雷卡 Sambor Prei Kuk247

南部地区……248

磅士卑 Kampong Speu……249
基里隆国家公园 Kirirom……249
贡布 Kampot……250
波哥国家公园 Bokor……251
白马 Kep……252
磅德拉 Kampong Trach……252
戈公 Koh Kong……252
干单 Kandal……253
乌栋 Udong……253
洛韦 Lovek……253
茶胶 Takeo……254
洞里巴迪 Tonle Bati……254
茶胶市 Takeo……255
昂戈博雷 Angkor Borei……255
磅清扬 Kampong Chhnang……256
柴桢 Svay Rieng……256
波罗勉 Prey Veng……256

东部地区……257

磅湛 Kampong Cham……258
桔井 Kratie……259
上丁 Stung Treng……260
腊塔纳基里 Ratanakiri……260
邦隆 Ban Lung……260
博胶 Bakev……261
蒙多基里 Mondulkiri……262
森莫诺隆 Sen Monorom……262

目录

① 行踪篇

从印度教到佛教……………………55

当今的柬埔寨是一个完全意义上的小乘佛教国家，而散落在这片大地上的遗迹却带有狂热的印度教崇拜色彩。……宗教跟随历史一同断掉。

印度教…………56

古印度神祇的创世纪………………58

毗湿奴………………40

湿婆………………64

梵天………………83

修罗和阿修罗………………84

佛教的产生及其流变……………61

回眸吴哥……………157

与吴哥面对面，或说得深沉，曰："震撼心灵"；或说得浅白，曰："目瞪口呆"，我们无一例外地被它的神秘与浩瀚而倾倒。它从何而来，因何而终……

高棉：诞生在东南亚腹地上的民族…………160

历史：从旭日到夕阳………………164

建筑：砖石里绽放的奇葩………172

水利：强大帝国的支撑点…………………176

掠夺/拯救………………178

服饰/歌舞………………181

吴哥的发现者亨利・穆奥……………………79

他为探险而付出了生命的代价，但由此也揭开了吴哥的神秘面纱……

吴哥的见证人周达观………………80

《真腊风土记》的作者并不为当今中国人所熟悉，他就是与马可・波罗同时代的中国元朝外使周达观……

皇宫的主人诺罗敦・西哈努克国王………………202

小时候在电视里常听到的名字，他的身影经常出现在很多公式化的迎送场合里……原来他并不抽象，他很具体：可亲、可敬、可爱……高棉人很爱他。

当地资料……275

柬埔寨仍是世界上最贫穷的国家之一，所以在交通、食宿、门票等方面，国外旅游者都会不可避免的得到“非国民待遇”。出发前了解更多，可以更好地“入乡随俗”。

基本概况…………277
地理及气候……278/279
食宿……………280/281
医疗保健…………282
货币兑换…………283
治安………………284
邮寄………………285
互联网……………285
电话及长途区号…285
节庆………………286
入乡随俗…………287

出发前的准备…32

出发前准备工作做得越充分，旅途就越省心、省钱、省时间。

资料收集…………289
计划………………290
护照………………292
签证……………292 / 302
机票………………293
健康防疫…………294
准备货币…………294
旅游保险…………295
通信准备…………295

行装及行囊……296

日晒雨淋，蚊叮虫咬……衣帽？药品？样样不能少……打一个扎实而合理的背包陪你轻装上路。

如何进出柬埔寨………300

地理上，泰国、老挝、越南分别从西、北、东把柬埔寨团团包裹，如果不直接从中国飞进去，可以从其邻国进去。

出入境口岸的选择………301
大使馆、领事馆………302
柬埔寨签证…………302
泰国、老挝、越南签证……302
出入境交通…………303
海关、过境………308

境内交通………312

除金边往西哈努克城的4号国道外，柬埔寨的其他国道都相当颠簸，300公里路程通常要走6-9小时。

交通工具及道路设施…312
线路，班次，价格…314
安全第一……………316
自驾车……………317

常用词汇（中英柬）……318

如果您对自己的语言能力还是信心不足的话，那你可以把“词汇”页面裁剪下来带上路。他们或许可以给您的旅途添加多点安全感。

专有名词（英文检索）……322

在游览过程中您会发现很多关于地名、寺庙名、神名、人名等的直接从梵语或高棉语音译为英语的“专有名词”，特别是在参观浮雕及博物馆时，如果不明白那些词，您的参观将会大打折扣。带上这列表，它会帮得上你。

西部
P241
乌汶（乌汶叻差他尼）
Ubon(Ratchathani)
武里南
Buriram
素林
Surin
四菊色
Sisaket
阿叻
（那空叻差是玛）
Korat(Nakhon Ratchasima)
泰国
Thailand
扁担山脉
Chuor Phnom Dangkrek
(Dangkrek Mountains)
柏威夏
Preah Vihear
安隆汶
Anlong Veng
班迭奇马
Banteay Chhmar
特崩棉则
Thbeng Meanchey
P20-153
荔枝山
Phnom Kulen
吴哥
Angkor
高盖
Koh Ker
亚兰
Aranya Prathet
波贝
Poipet
诗梳风
Sisophon
崩密列
Beng Mealea
暹粒
Siem Reap
波列砍
Preah Khan
罗洛士
Rolous
马德望
Battambang
洞里萨湖
Tonle Sap Lake
森
河
三坡布雷卡
Sambor Prei Kuk
磅同
Kampong Thom
庄他武里
（尖竹汶）
Chanthaburt
拜林
Pailin
马德望
菩萨
Pursat
Trat
磅清扬
Kampong Chhnang
磅湛
Kampong Cham
豆蔻山脉
Chour Phnom Kravanh
(Cardamom Mountans)
乌栋
Udong
P187-229
金边市
Phnom Penh
波罗勉
Prey Veng
艾叻
Hat Let
戈公
Koh Kong
戈公岛
大象山脉
Chour Phnom Damrei
(Elephant Mountans)
磅士卑
Kampong Speu
塔布隆寺
Ta Prohm
洞里巴迪
Tonle Bati
乃良渡口
Neak Luong Freey
基里隆国家公园
Kirirom National Park
卡利庙
Prasat Neang Khmau
吉索山
Phnom Chisor
Angk Tasaom
茶胶市
Takeo
昂戈博雷
Angkor Borei
波哥国家公园
Bokor National Park
N
25
50公里
泰国湾
Gulf of
Thailand
P230-239
西哈努克城
Sihanoukville
布贡市
Kampot
白马市
Kep
磅德拉
Kampong
Trach
河仙
Ha Tien
富国岛

主要城市地图

金边 Phnom Penh……封套
暹粒 Siem Reap……封套
西哈努克城 Sihanoukville……封套
波贝 Poipet……241
马德望 Battambang……243
拜林 Pailin……244
菩萨 Pursat……245
磅同 Kampong Thom……247
贡布 Kampot……250
白马 Kep……252
茶胶 Takeo……255
磅湛 Kampong Cham……258
桔井 Kratie……259
上丁 Stung Treng……260
邦隆 Ban Lung……261
森莫诺隆 Sen Monorom……262

寺庙遗迹平面图

吴哥遗迹分布图……封套
吴哥寺 Angkor Wat……38
吴哥寺主殿……44
吴哥寺浮雕回廊……51
巴肯寺 Phnom Bakeng……67
吴哥通王城 Angkor Thom……85
空中宫殿 Phimeanakas……89
巴方寺 Baphuon……90
巴戎寺 Bayon……99
吴哥通王城外围……112
托玛侬神庙 Thommanon……113
周萨神庙 Chau Say Tevoda……114
茶胶寺 Takeo……117
塔布茏寺 Ta Prohm……119
斑黛喀蒂 Banteay Kdei……121
比粒寺 Pre Rup……123
圣剑寺 Preah Khan……128
龙蟠水池 Neak Pean……129
女王宫 Banteay Srei……138
罗洛士群 Rolous……147
巴公寺 Bakong……148
神牛寺 Preah Ko……150
柏威夏 Preah Vihear……246

柏威夏寺是一个可望而不可及的寺庙圣地。是战争和地雷把本来偏远的地方变得更加偏远。

毗邻泰国的班迭奇马寺长年遭受国际文物盗贼疯狂掠夺。它正在消失，或者已经完全消失。

吴哥，东方四大奇迹之一。柬埔寨的焦点，高棉族的灵魂。

柬埔寨的第二大城市，自古是柬泰两国之间的交通、贸易枢纽。拥有完善的城市规划，道路笔直宽阔，保存有全国最好的殖民地建筑。

柬埔寨的出海口。每天的辉煌日落像似要让世界在最美的一刹那凝固。

魅力金边，它是曼谷和西贡的焊接点，白天宁静鲜活，晚上璀璨疯狂。

茶胶省像个盛满珠子的大玉盘，从扶南古国到后吴哥时代，跨度长达十个世纪的不同时代的建筑遗迹闪闪发光地散落在这里。

柬埔寨的山居部落守在这片高地，这里有湖泊、森林、天堂、净土。

曾被称作“世界的边缘”。其实，若从这里逆湄公河而上，就是老挝和泰国，然后是缅甸，最后回到中国。

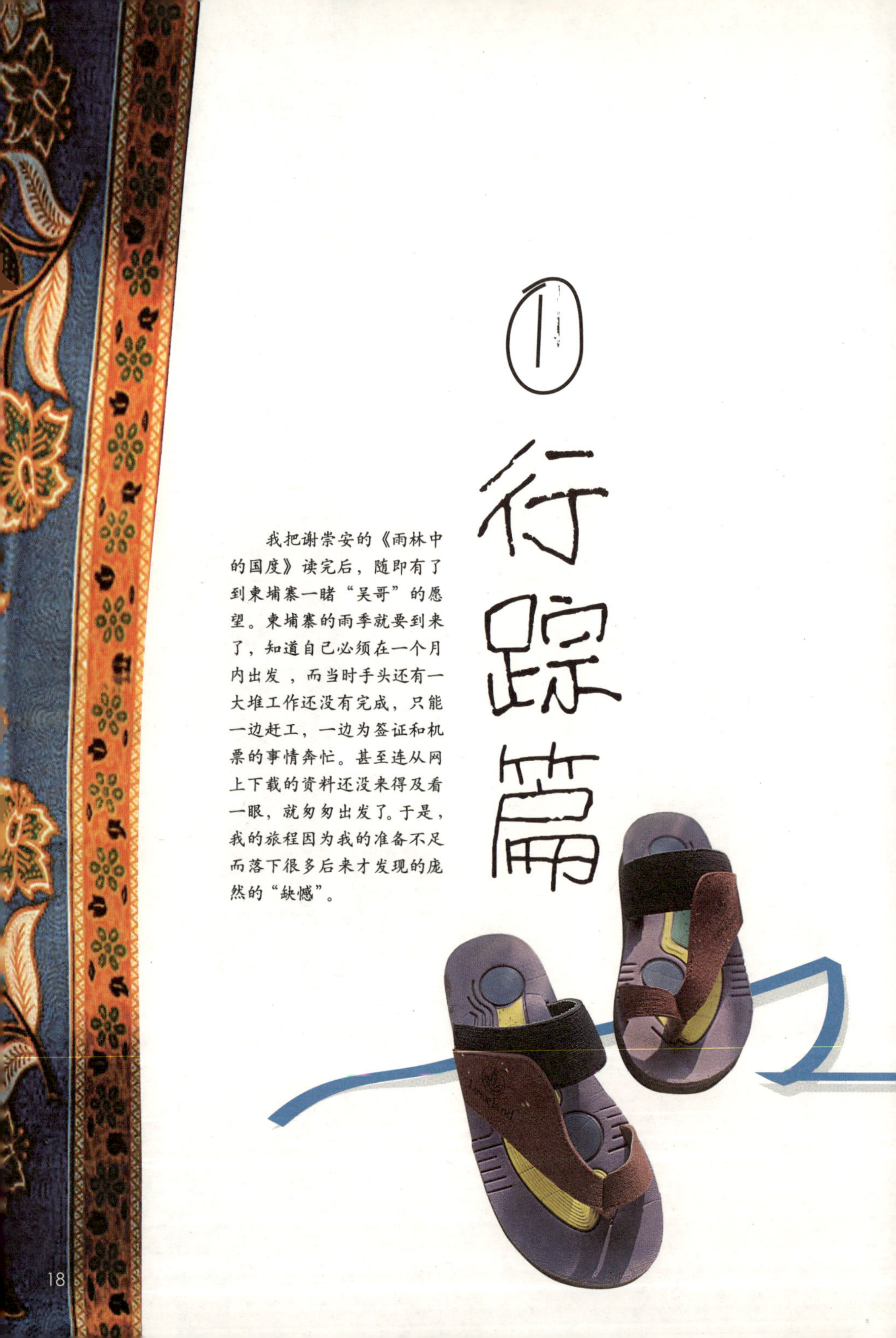

① 行踪篇

我把谢崇安的《雨林中的国度》读完后，随即有了到柬埔寨一睹“吴哥”的愿望。柬埔寨的雨季就要到来了，知道自己必须在一个月内出发，而当时手头还有一大堆工作还没有完成，只能一边赶工，一边为签证和机票的事情奔忙。甚至连从网上下载的资料还没来得及看一眼，就匆匆出发了。于是，我的旅程因为我的准备不足而落下很多后来才发现的庞然的“缺憾”。

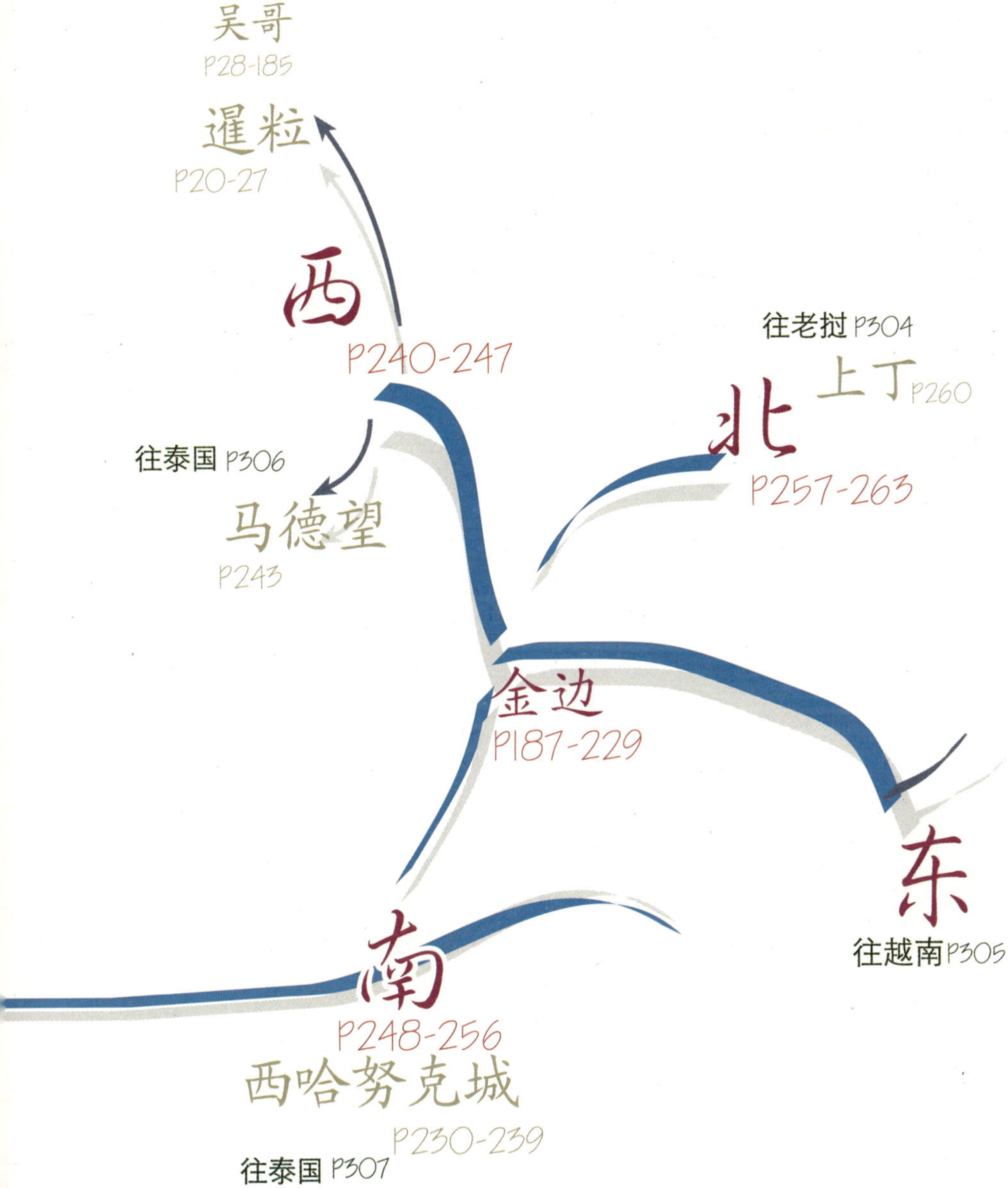

吴哥
P28-185
暹粒
P20-27
西
P240-247
往老挝 P304
上丁 P260
北
P257-263
往泰国 P306
马德望
P243
金边
P187-229
东
往越南 P305
南
P248-256
西哈努克城
P230-239
往泰国 P307

如何前往暹粒

曼谷-暹粒、金边-暹粒

每天有数班，由数家航空公司经营此航线：金边皇家航空、暹粒航空、总统航空（详细内容请看 P303/P312）

曼谷-暹粒 P306

金边-暹粒 P315

金边-暹粒 P315

马德望-暹粒 P314

马德望-暹粒 P314

暹粒

Siem Reap

进入吴哥的门户

“暹”是前泰国的简称，而“暹粒”则是战胜暹人的意思。

P20 进出暹粒的交通

P22 吃住行

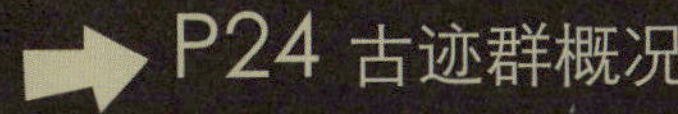
P24 古迹群概况

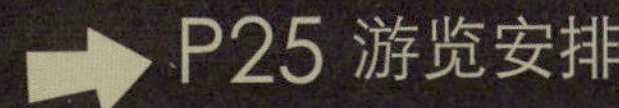
P25 游览安排

P28 进入吴哥

住>

⚠吴哥游区距离暹粒市6.4公里。吴哥游区内及附近数公里是没有住宿点的。暹粒市内高中低档旅馆一应俱全。一般不必预订。码头、机场都有拉客的，让他们免费开车（汽车或摩托）送你进城看他介绍的或是你自己选的旅馆，住宿条件与价钱合适的话就住下，不合适就换。如果你是乘汽车到暹粒，汽车一般停在某旅馆门口，且建议你下榻。不要匆忙选择，只要你明确自己下车时所在的位置，就可以依着地图步行或打摩托到你想下榻的目的地点。暹粒有四个旅馆集中的区域：

1）旧市场附近：这里是各档次旅馆、酒吧、餐馆的集中地，背包客的集散地。

2）暹粒河东岸Wat Bo Rd.一带，是GH集中区域。比旧市场附近清静，大多是新修的，$4-8

3）Sivatha Blvd.一带，$10-25/GH、$4-8/GH。

4）距离城区1-3公里往机场的6号公路上，有较高价的宾馆：$30-80。暹粒最高档的宾馆：Grand Hotel D'Angkor：$260-1000/天。

吃>

只要找到住的地方，就不愁找不到吃的。只是比较难吃到蔬菜和新鲜的水果。还有，若你觉得中、西、日膳、自助餐等太贵，又担心当地人的食店不卫生，那可以到加油站的Star Mart便利店买东西吃。

市场：法国包500R/条。加油站的Star Mart便利店：牛奶：$1.2/升；蒸馏水：1000R/大罐；可乐：$0.4/罐。到了吴哥游区里面，价格就要翻倍，每天出发的时候最好把午餐和水都备充足。

夜间娱乐>

旧市场附近：Coffee shop、Pub、Live Bar、Disco、夜总会、露天夜宵、高棉舞蹈表演（配自助餐，$15/人）；盲人按摩（Massage）$3-5/小时，（旧市场附近的Happy Painting Gallery旁，由柬埔寨盲人协会开办）

河东岸、城北郊居民区：为当地人开的简易（陋）卡拉OK，中国流行曲配上柬埔寨文的歌词；

沿6号公路离开城区往东或往西：不少休闲娱乐场所，主要以当地青年人为消费主体。

@上网>

$1-2/小时，旧市场附近Sivatha Blvd.路段上有好几家。

ATS：车船机票、国际长途、互联网（全部语言）、数码相机照片存录、图片扫描。

Angkor Ewb 1：在Happy Herb Pizza 的旁边 $2/小时（中文输入），国际长途电话、定票。

Angkor Ewb 2：#005,Krom 2 ，在 Ponloeu Angkor Siem Peap Villa的附近。

购物>

旧市场：集农产品、日用百货、衣服布匹、旅游工艺品于一体的真正的综合性市场。

旧市场周围：便利店、兑换店、冲印店、水果店等

游览区内摊档：用雪块冷藏的瓶装饮料、简单小炒、工艺品、彩布、T恤等

景区方位图

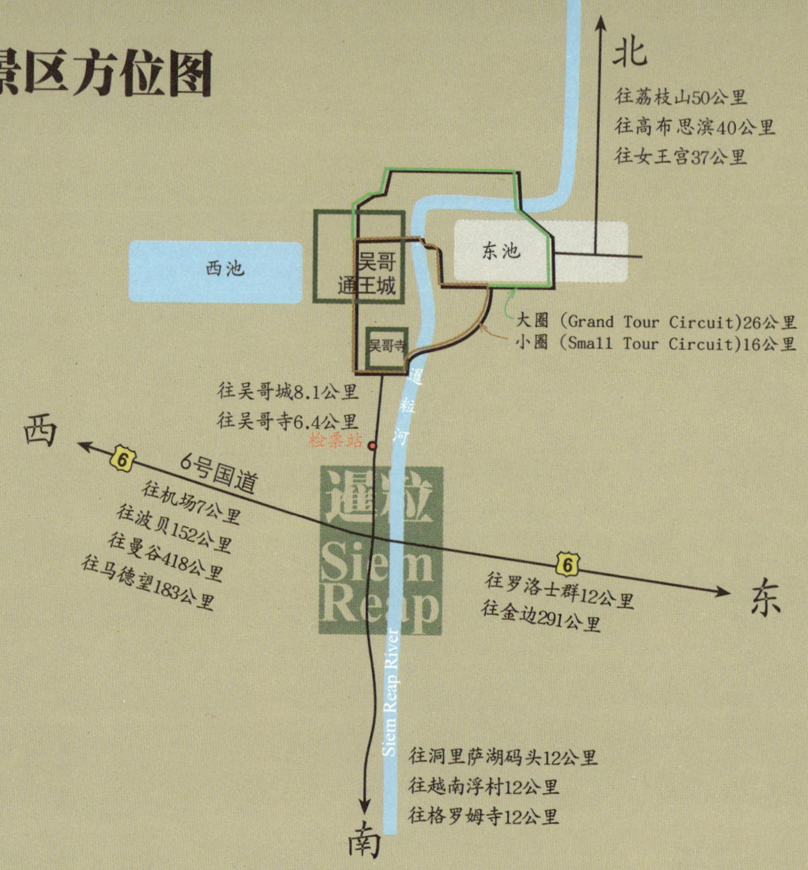

游览景点所需时间参考（不包括花费在交通上的时间）

吴哥寺 Angkor Wat	3小时
巴肯寺 Phnom Bakeng	1小时
吴哥城南门 Sunth Gate of Angkor Thom	1/4小时
巴戎寺 Bayon	1+1/2小时
大象台阶 Terrace of the Elephants	1/4小时
癞王台阶北 Terrace of the Leper King	1/4小时
空中宫殿 Phimeanakas	1小时
巴方寺 Baphuon	1小时
普拉比图 Preah Pithu	1/2小时
南北仓 North & South Kleangs	1/2小时
十二塔庙 Prasat Suor Prats	1/2小时
普拉巴利奈 Preah Palilay	1/2小时
托玛侬神庙 Thommanon	1/4小时
周萨神庙 Chau Say Tevoda	1/4小时
旧石桥 Spean Thma	1/4小时
医院遗迹 Chapel of the Hospital	1/4小时
茶胶寺 Ta Keo	1/2小时
塔布龙寺 Ta Prohm	1+1/2小时
皇家浴池 Srah Srang	1/4小时
斑黛喀蒂 Banteay Kdei	3/4小时
豆寇寺 Prasat Kravan	1/2小时
比粒寺 Pre Rup	3/4小时
东梅奔 East Mebon	3/4小时
班提色玛寺 Banteay Samre	1小时
塔逊 Ta Som	1/2小时
格劳尔哥寺 Krol Ko	1/4小时
圣剑寺 Preah Khan	2小时
龙蟠水池 Neak Pean	1/2小时
西池 West Baray	2+1/2小时
西梅奔 West Mebon	1/2小时
阿约寺 Ak Yum	1/4小时
女王宫 Banteay Srei	2小时
荔枝山 Phnom Kulen	3小时
高布思滨 Kbal Spean	1+1/2小时
罗洛士群 Roluos	3小时
格罗姆寺 Phnom Krom	1小时

到达当天，别急着往吴哥奔！
在吴哥的前哨站（暹粒）安营扎寨。

1 食宿 P22

2 收集信息

想要玩得省钱省力，就要尽早尽全面地收集信息。

ℹ暹粒旅游咨询中心（Cambodia Tourism/Tour Guide Association）

地址：在Pokambor Av.路往北去吴哥的路上，在Grand Hotel D'Angkor旁

办公时间：周一到周五7:30-11:30，14:00-17:30

服务内容：1 发放免费的导游册《Siem Reap Angkor Vistitors Guide》P291

2 推荐持牌专业导游（中、英、法、德、日、泰、文），每天$20/天

也可以直接从所下榻旅馆的老板和司机那里得到你想要的信息。但要记住有选择地接收，特别是关系到里程、价格方面跟他们利益有关系的内容要小心判断。

3 行程安排

暹粒周围共有四大游览组群：

1）吴哥景区：

开放时间：每天5:00-19:00

售票处/检票点：离开暹粒城区北3公里，车行20分钟。

票价：分三种：一天票$20、三天票$40、七天票$60。

也就是说，在你还没有进入吴哥前，就要对自己愿意花费在吴哥的时间作一个准确的估量和判断。有人觉得7天不够，也有人3天也嫌多。

如果你第一天下午到的，然后买了后三天的门票的话，这天下午4点以后就可以免费进入，正好可以去吴哥窟或巴肯山观日落。

门票形式：相当于一张通行证，在有效期内通行无阻。证件上贴上游客的2寸照片。

（售票处免费立拍立取，也可用自备的照片）。

2）罗洛士群：从暹粒沿6号公路往西南12公里。免费参观。

3）荔枝山地区：（包括女王宫、高布思滨、荔枝山）暹粒出发往北约30-50公里，荔枝山门票$10。

4）越南浮村：从暹粒出发往南12公里，再换船，洞里萨湖上。

游览每个具体景点大约花费的时间，请参考左页下表。

午后，暹粒河的堤岸

暹粒是一个掩映在热带树木花草中的小城。南到北有两条主街，均在河西岸。窄窄的暹粒河从南向北流过市中心。白天，暹粒唱的是空城计，当地人到机场码头拉生意，游客就散落到吴哥去。傍晚，当游人回城里的小酒馆时，当地人则拖家带口提着大锅小碗出城到吴哥窟护城河边上野餐。

我拍了很多凤凰树的照片，但由于版面有限，只能放上其中的一张。

国际交通：P306 **省际交通：**P315 **城区交通：**机场-暹粒城区：7公里，好路。出租车$3-5，摩托$1；码头-暹粒城区：12公里，路况很差，尤其在雨季。暹粒城区范围很小，是一个可以步行的城市；暹粒市内任何地方：2000R/单程，$1/往返。

4 来往遗迹游区交通：

遲粒城区和遗迹游区是分开好一段距离的，距离最近的景点也有6.4公里。且吴哥的寺庙很多，只有一小部分“开发”了，还有很多深藏在密密的丛林中，游客自游容易迷路。且没有任何公共交通工具。所以你必须在进入遗迹区前选择和预约适合自己的交通工具。

交通工具可以由你所下榻的旅馆协助你安排。

司机们基本都可以讲英语。交易前要明确讲好价钱。

价格依据季节、包车的总天数、游览的路线等因素调整。还视乎你跟司机的交情及你的砍价技巧

1）乘摩托：绝大多数的旅客选择使用的交通方式。$5-8/天；“大小圈”P24以外景点：约$10-20/往返。

2）三轮摩托车：可坐两人， $10-12/天/车。不到“大小圈”P24以外的景点。

3）包小汽车：$15-25/天，如果你要到“大小圈”以外景点，就要加收，约$25-30/天。12座小面包车：$40/天；小巴：$30-70/天；25-30座中巴:$80-100/天。

4）骑自行车：越来越多人喜欢自己骑自行车到遗迹区去。有些旅馆有出租：$2-3/天。

5）自驾摩托：政策不断来回改变，当地政府有时不愿意游客自驾摩托车进入游区。表面上是为了给游客提供更周到的服务，而真正的目的是想提高当地司机的就业率。

租摩托：可以询问你的旅馆或者找SRM Motorcycle和Royal Motorcycles。暹粒附近路况很好且距离不长，100cc马力已经足够， $6-8/天；250cc$8-12/天。在进入寺庙前记得锁车，最好给点小费找人帮你看着。若你把车遗失，则要付相当于购买整台车的价钱。

6）自驾汽车：汽车出租：Diethelm Travel(Tel:963524/fax:963694)。ApexCambodia Travel(Tel:963994/fax:380047)。

5 当地旅行社

若你觉得要自己找食宿交通很费事，那可以光顾当地的旅行社。如ATS、Neak Krorhom、Lotus和1AT等，大多都集中在旧市场附近一带。提供包括预定飞机车船票、翻译、组织1-3天游等服务。

6 购物P23、上网P23、夜间娱乐P23

一切就绪。明天4:30起床，4:45骑上摩托穿越丛林，赶在天亮前进入那个咫尺天涯的天堂世界：吴哥。

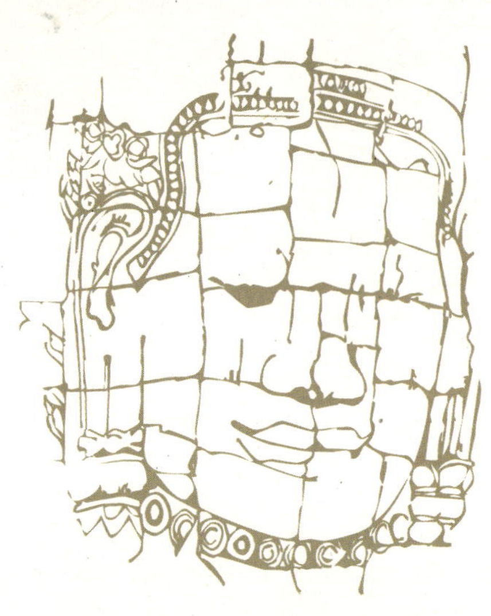

吴哥Angkor一词由来于梵语Nagara，意为都市

词解：《诸蕃志》中的“禄兀”是“吴哥”最早的汉译名。据国外学者的考证，吴哥最初以梵语命名，称为Nagara，意为“城市”，后演变为Lagor或Lakor（“禄兀”就是它的近似音译），后来再演变为Angkor。元《真腊风土记》分别称之为“州城”。以后又有“百塔洲”和“阿克尔”等称呼和译名。

方位：地球北纬13° 26′东经103° 50′

时间：公元9世纪至15世纪——高棉一个强大政权的首都。

公元15世纪至19世纪——首都被抛弃，寺院荒芜，被原始森林所湮没。

公元1858年——法国探险家亨利·穆奥闯入莽林，发现了这一神奇的古建筑群。

柬埔寨的灵魂：吴哥

什么是吴哥？

吴哥是一段历史，吴哥是一个朝代，吴哥是一座都城，吴哥是一群建筑，吴哥是一门艺术，吴哥是一方崇拜。

——《柬埔寨风土记》封底题字

4:45am

走进森林…

摩托车飞驰在森林里，车头灯的光像一把麻利的剪刀，把前方黑压压的整片森林左右裁开。

如果你在森林的上空，那你会发现一串萤火虫似的东西飞快　穿越在黑暗的林子里——那萤火虫就是载着要赶赴吴哥的观日出者的摩托车。

每一次不论我们如何不断　超车，但总发现前面还有起得更早的“萤火虫”。

看不见森林，只闻到森林的气味。

车子一直向前，

没有预告的，陡然看见一片很大很大的水域挡在前方，水在映着天上的朦胧的光。

以为是到了森林的尽头了——其实那只是第一个大拐弯，

刹那间，发现一个很大的城堡远远地静静地黑压压地耸立在水域的中央。它突袭而来的美，让我觉得受惊了。像一下子被现实世界抛离，坠进了陌生的异域。缓过气来，才开始了孩童般的兴奋。

问司机：“是它吗？”

司机说：“是。”

问司机：“到了吗？”

司机说：“还没到。还有1.5公里。”

来到有光照的地方，眼睛开始贪婪……

20世纪中期，在一本叫《沿湄公河而上 --柬埔寨和老挝纪行》的书里这样写道：

“人们在初次看到吴哥及其古迹以前是无法作一些心理准备的，人们可以从书本上读到它们，看一看关于这些遗迹的照片或者听一听有关的故事。人们可以知道吴哥寺的三座中央宝塔的形象，那是因为它们已成为柬埔寨国旗上的徽记。但是人们在初次瞥见吴哥寺的三座宝塔以前在感情上是：毫无准备的……这些只不过是逐渐呈现在眼前的吴哥建筑群中这个最著名的一组前奏而已。”

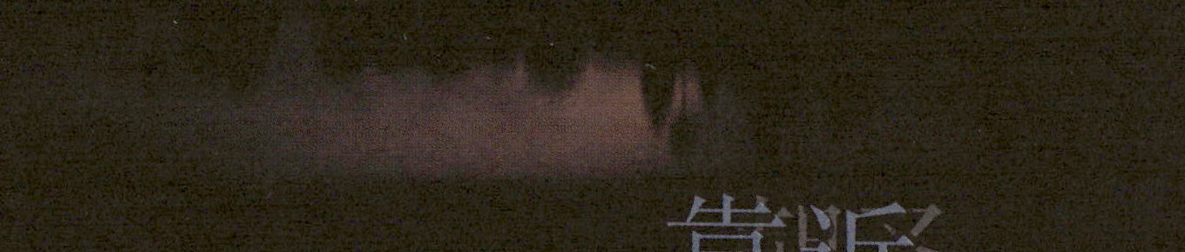

5:15am靠近……

（约会太阳）闹钟每天4:30就开始闹响，一千一万个不愿起来，但想到Eng可能已在GH大门外等着我（他总是提前到，他说这是礼貌，不能让客人等），身体勉强着起来。而意识还停留在睡眠中。

与Eng问过早上好，跨上车。摩托轰油，飞驰出还在梦寐中的暹粒城，透心透骨清凉的风吹拂而来。让我在没有进入森林就完全地醒来。车子继续疾驰，两旁的参天古木黑压压地列着队。呼吸着黎明前的森林芬芳。这时候，才承认早睡早起的人的幸福是夜猫子们所无法享用的。

来到横卧着的护城河前，河对岸就是矗立着的“古堡”（我为它起的名字）。左拐弯，然后右拐，停在手电筒挥舞的地方。有礼貌的检票员高举手电筒照清楚票上照片中的人是不是我。被放行后甩开摩托和Eng，踏上虹桥，奔向东方，奔向吴哥，奔向太阳升起来的地方。那种喜悦与着急真有点像80年代国产故事片里奔赴与情人约会地的情景，脸上也挂满着《庐山恋》里张瑜的神采。

日出前疾步走在空荡荡的没有围栏的直愣愣的桥堤上。身体像一缕轻飘飘的影子，穿越时光隧道——回到十二世纪——回到吴哥——回到没有颜色的纯粹里。

吴哥窟

5:30-6:30am 天空醒来

黎明用光与黑暗交接，时间凝固了。

吴哥寺五座圣塔高耸云端，象征着高棉民族的尊严和骄傲，被郑重地镶嵌在国旗上。

如赶赴一场电影。每年上演三百六十五个版本的《日出》。每天准时上演。

暹粒城北6.4公里，吴哥城南1.7公里
经西门进出
3小时

吴哥寺
Angkor Wat

其他中文名称：寺城、吴哥窟、小吴哥、威什努庐
其他英文名称：Angkor Vat
建造者：苏利耶跋摩二世(SuryavarmanⅡ) 1113-1150年
建造时间：1112-1201年
信奉宗教：印度教（供奉毗湿奴）
建筑风格：吴哥寺风格

Wat：意指“庙”，Angkor意为都市，Angkor Wat意为“城市似的庙宇”。

吴哥寺是世界上最大的印度教建筑，世界上最大的宗教建筑物。
其结构、比例、均衡、雕塑上的完美使它成为世界上最完美的古迹之一。
与埃及金字塔、中国万里长城、印度尼西亚婆罗浮屠千佛坛并称为东方四大奇观。
吴哥建筑群中保存最完整的古迹之一。

找不到石窟的“吴哥窟”！

当它出现在我们眼前时，你会发现它并不是我们惯性思维中的“石窟”。它建在平原上，他的建筑体是一座浩大的城池。在12世纪它建造时，它的名字刻在寺庙正门的门框上，叫“威什努庐”，后来才被命名作“Angkor Wat”。Angkor读作“吴哥”，意译为“圣洁的城”(是由梵文Nagara演变来的)；Wat读作“窟”（源于泰文）意译为“寺庙”；Angkor Wat——如圣洁的城市一般的寺庙。

不是石窟又为何用“窟”字呢？

中国南方沿海一带地理上与东南亚衔接，民间的往来比中原本土密切，而位于东南亚腹部的这座寺庙的名称相信是从非官方的民间渠道，用口耳相传的非文字形式，由高棉语直接翻译成广东方言而来的。（窟：广东话里就近似读作“wat”。）然后是约定俗成使用开来，并没有兼顾到北方语言里“窟”读“ku”这个相去甚远的发音。

1858年的某个晨曦，亨利·穆奥P79在莽林中“惊见”的就是这五座高耸入云的莲花蓓蕾神塔……

从图书馆残破的门廊望向广场中央的主殿

Llibrary（图书馆）——把它翻译成“藏经阁”更为确切。这是一对精致而奇特的建筑。我手头的资料里没有记载它是如何藏书的。走在这空落落的、潮湿的、布满窗子的“小方盒”里，问“书往哪儿藏去”，

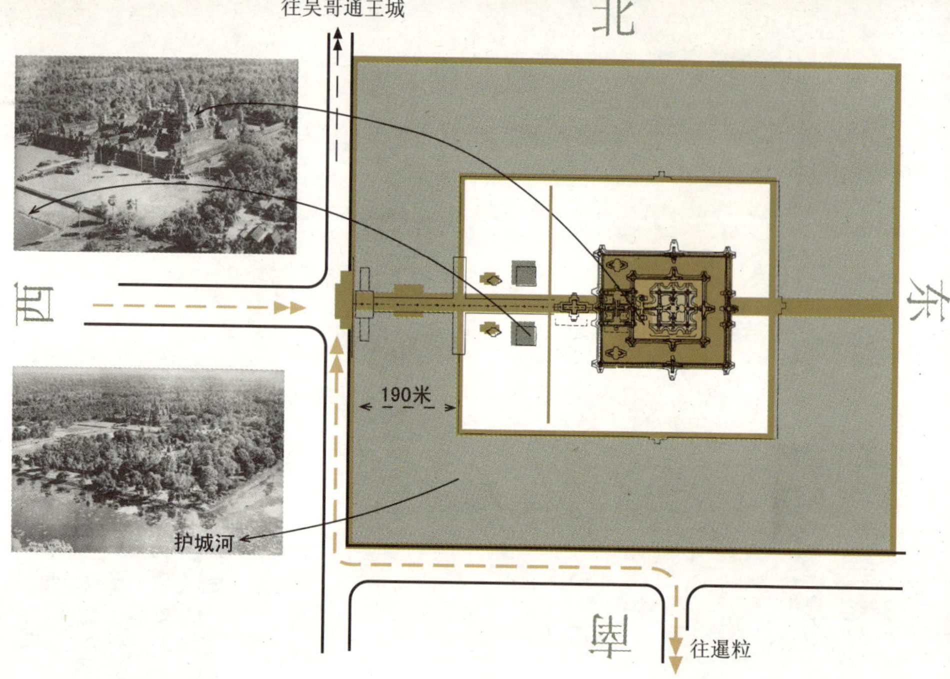

向“西”之谜

按照婆罗门教的教义，东方是吉祥的方向，是太阳升起的地方，象征着光明和幸福、繁荣与昌盛。所以其建筑如寺庙、宫殿、住宅等都是面向东方，吴哥建筑群中的吴哥通王城、巴肯寺、女王宫等著名建筑都是如此。

但吴哥寺却一反常规，它坐东朝西，西城门为正门。为什么要这样做呢？是谁提出这样的想法，他是出于什么来考虑呢？又是谁敲定了这个与教义与传统“反方向”的大胆方案呢？

谁是建造者？

正因如此，人们才对古迹的设计者和建造者好奇。遗憾的是，碑铭上没有提及设计者和建筑施工者们，只标示了其所属者的名字——“工程的主人”——国王苏利耶跋摩二世——

吴哥的太阳王

苏利耶跋摩二世是神勇善战的高棉王。1113年即位，人称“太阳王”。（苏利耶Surya——印度教里的太阳神。）他积极开拓疆土，兴兵占领邻国国土，使高棉国的领土跨越到马来半岛东海岸。而从现代人的角度看，他最伟大的成就当然还是建造了这世界上最大的宗教神殿——吴哥窟。

国王把它作为自己的陵墓。所以高棉人也习惯把吴哥窟称为“葬庙”。然而，苏利耶跋摩二世这项巨大工程的建造，前后历时八九十年才完成，也就是说，在他去世后50年，到1201年（阇耶跋摩七世在位）才被安葬在神殿里。

有些科学家认为，这座庙的方向和庙内的大小比例，反映出对一年中太阳的运转非常熟悉，还试图把日历、天文和宗教神话合而为一。

高棉的一个民间传说认为，吴哥的寺庙和金字塔都是由天神的建筑师“维斯瓦卡玛”所建，传说是他教会了人类建筑的技巧。

在吴哥寺里常能遇到很多动物，它们自由自在，到处溜达。我见到过马、狗、牛、蝙蝠和各种各样的声音很清亮的鸟。这是趺坐在图书馆窗台上的一只黄色的狗。

葬庙——按照古代柬埔寨婆罗门教和佛教的观念，国王死后都要被当作神来供奉。吴哥王朝历代君王生前都要为自己修建一座陵墓，在柬埔寨被称之为“山庙”，这个习俗起源于阇耶跋摩二世统治时期。到苏利耶跋摩二世时，兴建吴哥寺。

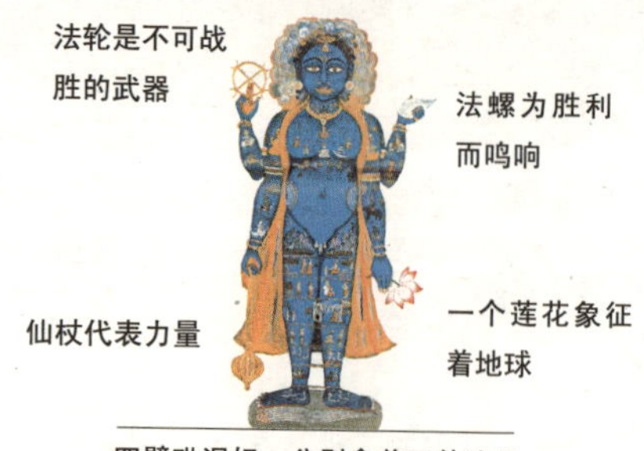

四臂毗湿奴，分别拿着四件法器

毗湿奴 Vishnu

其他中文称号：毗瑟、妙毗天 **座骑**：金翅大鹏鸟迦鲁达 **配偶**：吉祥天女拉克什米

毗湿奴是保护宇宙之神。每当世上达摩（意即“正义”）法规遭到破坏，毗湿奴就以不同面貌出现在人间，拯救大地，惩罚作恶多端的人，恢复世上的正气。毗湿奴是宇宙与生命的守护者。

他入睡时，宇宙会缩小成一粒种子，醒来时，宇宙再重新从种子中诞生。毗湿奴教派也是释迦牟尼出生前最重要的地方宗教。

毗湿奴最初是印度一位并不重要的神，后来成为印度众神中地位最高的神。在毗湿奴寺庙中，毗湿奴、梵天P83和湿婆P64常常三位一体放在一起。

毗湿奴最具特色的标志是法螺、法轮、仙杖和莲花。他至少有四条胳膊。头顶上有一个如同王冠一般的发髻。胸脯上有祥瑞符号，颈上有闪闪发光的宝石（Kaustubha)。

毗湿奴现在仍然受到人们的敬拜，原因是毗湿奴被吸收进入高棉的本土文化，并成为当地的一位神灵，人们称之为“尼塔莫阿里奇”。

毗湿奴神通常化身为：

(一)鱼（在大洪水里救起人类的始祖摩奴Manw）
(二)龟（搅拌乳海时支撑住曼多罗山）
(三)野猪（拯救沉入海底的大地）
(四)人狮（征服恶魔喜拉尼卡西普）
(五)侏儒华玛那（从恶魔巴利手中夺回三界）
(六)持斧罗摩（镇压王族，夺回世界）
(七)罗摩（《罗摩衍那》的主角）
(八)黑天（克利希那）
(九)佛陀（释迦牟尼）
(十)卡尔基（马头救世主）

印度史诗《罗摩衍那》在南亚、东南亚人民中间广为流传，犹如中国的《西游记》，家喻户晓，妇孺皆知。故事里的主角“罗摩”是毗湿奴诸多化身里的其中一个。笃信印度教的人们在遇到危难的时候，他们就会高呼“罗摩”的名字。就像西方人叫“我的上帝”一样。

吴哥寺在漫长的岁月中，自然力的风雨侵袭不可避免留下了剥蚀与风化的痕迹，而人为的破坏更是令人触目惊心，小雕像不见踪影、大雕像身首异处，被不法商贩卖到世界各地。然后散落到西方博物馆中。这个“毗湿奴八臂立像”是其中难得的“留守者”。

天界桥

吴哥寺被围在水中央。人们要进入吴哥必须经过一座桥。这座长1/4公里的石头垒起来的崎岖不平的桥，人称“天界桥”。她还有一个漂亮的名字：虹。桥被视作天地之界的彩虹。都说通过此桥的人可以进入天国。

桥西两侧各蹲立着一头石雕巨狮及七头蛇水神，称之为“那伽”。它可给国家带来风调雨顺。桥设置有机关，起着调节护城河水量的堤坝作用。

大广场

主殿前是一个宽阔的庭院，这实际上是一个可容纳数千人的大广场，当年来自中国元朝的使者周达观P80所看到的盛大典礼场面就是在这里举行的。据记载，每当国王举行圣典时，就有30万盏油灯同时点燃，寺庙内明如白昼。

中央大道

广场中间，一条长约500米的中央大道笔直地通往主殿，中央大道高出广场地面1米多，全部由巨大的石板铺成，把大门和主殿连接成一个整体。中央大道两侧饰以七头蛇那伽神的石栏杆。

蓄水池

图书馆前大道两侧，各有一个蓄水池。用于储存吴哥寺地下排水系统排出的雨水，供祭祀者在朝拜前洁身之用。

参观吴哥窟是一场“跋涉”

出了暹粒城，过了检票处，沿着林间公路一直向北，风驰电掣的。它，会陡然横卧在大道顶端。第一眼看到它时不会知道它是护城河，只以为那是一面阔大无比、波澜不兴的湖。“湖”的周围是大片的热带丛林，“湖”中心的岛上有一个古旧的黑熏熏的大城堡。

那如湖般平静而阔大的河道，没有桅杆的凹凸不平的虹桥道、魔镜般墨黑墨黑的池子，用大象或天神的比例设置的门廊和石阶，无穷无尽的走廊，闪动光阴的窗棂，各种状态的梯子……每一次的空间转折都在有力地打破我们的惯性思维，捣毁我们对建筑的固有概念，打乱我们对空间和时间的计算方式。在体力上、在精神上，都需要去慢慢地适应。还有，还有那铺天盖地的石刻：仙女、精灵、魔怪在疲惫的你面前悠然地起舞、打架、祭祀、行军……目不暇接，叹为观止。

陶醉的同时其实也有一点懊恼，远看的寺庙就只是那孤零零的一座，而为什么把自己置于其中之后，却总是走不到头。

我已经不知道自己在廊道和石梯间穿行的意义，尤其中途遇到蹲伏在地的老者叩向一些墙边的石头时，我的驻足其实只是在调整自己，在不能及时理解的时候，只有说服自己要“坚持”。

幽深的长廊，如时光隧道，诱惑着你不断跨过一个个门框，纵深地走进去，离世界越来越远。

他们说：你走进的是——**“曼荼罗”的世界**

跨江过海，

走到虹桥的尽头，步向华丽的门洞。迫不及待，从门洞前往里头看，那五个宝塔在书本上已经注目过无数次，但当直面它们时，还是被它的美震吓了。

第一层台阶

最低一层的浮雕回廊约长800米，由于回廊上有屋顶覆盖，避免了风吹雨淋，所以大部分浮雕完整地保存了下来。

第二层台阶

第二层平台比第一层高出7米，长约115米，宽约100米。绕平台四周又是一个方形回廊，里面摆满了神像。在塔体的四面及石柱、石雕门楼上，刻着许多阿卜娑罗仙女像及莲花蓓蕾形石刻装饰，令人目不暇接。

第三层台阶

第三层平台呈正方形，边长各约75米。第三层也是最高层，台上筑有五座呈莲花蓓蕾形的佛塔，中心塔与四塔的距离相等。中央一座特别高，超出庭院65米。

主殿

主殿建于三层台基之上，被三层方形回廊团团环绕，全部用石头堆砌。第一、二层台基均为长方形，第三层为正方形。每层台基地四边都有石砌回廊，要从这重重叠叠的走廊登堂入室进入主殿还不是一件容易的事。

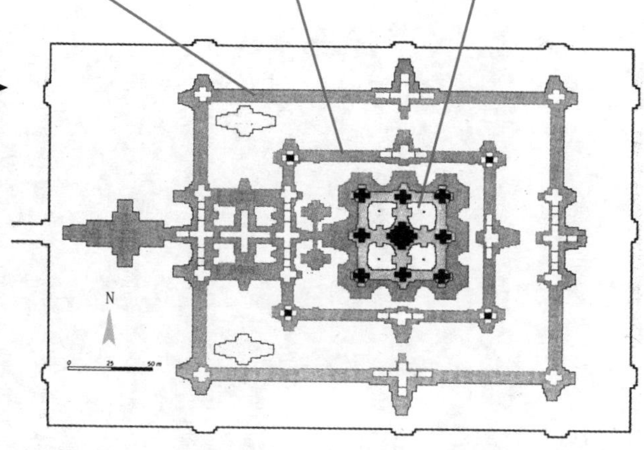

拍胸听鼓鸣

在北面回廊的中部，有一个向北开的小石门，门厅的东壁是著名的"拍胸听鼓鸣"处。人们只要背靠在石壁上，用手轻轻拍击自己的前胸，就能听到回声，犹如鼓鸣一般。有人认为这是音波传到通巷两壁后发出回声而引起共鸣，也有人认为是通巷墙壁后有一口井，井下深潭与暹粒河相通，所以才有回声传出。无论哪种情况，都说明当时的设计者已经掌握了一定的声学原理。

曼荼罗

曼荼罗是梵文mandala的音译，本义为“获得本质的地方”，象征宇宙的分解与复合，作为诸神聚会的圣地和宇宙力量的聚集点。曼荼罗最下方为地、水、火、风四元素，其上有须弥山，众神集会于顶端宫殿。须弥山周遭有四岳，日与月在山腰间运行。

从实质上看，曼荼罗的最主要构成为两个元素：中心与边界。以中心为主导向外辐射，以边界为约束向中心凝聚，由此构成内聚外屏的神圣场所。

曼荼罗在古代印度建筑学里也是术语。如《物相论》中把或多或少的小方格子组成的方形神殿和寺院建筑称之为曼荼罗（vastumdlndala，义为方曼荼罗）。

徒步人间，

没有尽头的长廊

可以直走，可以转弯，左边或右边；可以奔跑，也有时却步。

太阳的光在窗棂外留转。神像与天女靠着石壁在光影间变幻着他们的欢乐肢体。

睁大了眼睛，抓紧地图。走，继续走，不要迷途，不要迷途。

拨弄光阴的窗棂

来直　　的阳光修饰成一串串金黄的珠子

突然想出一条“光阴”换算式：
时间 = 过去 X 现在 X 未来
时间 = 光阴　光阴 = 光 + 阴
廊道 = 阴　　窗子 = 光
廊道 + 窗子 = 过去 X 现在 X 未来

吴哥采用了“曼荼罗”的格局，它以凝固的形式用建筑符号表现出严格的向心性，并朝向四个主要方位，中央祭殿象征着作为世界中心的圣山，围廊象征着神化海洋。

信徒们举行仪式时随着时间一步步穿越空间。

终于来到“众神汇集的地方”……

虽然很漫长，且在最后还需要莫大的勇气，我还是来到了“天堂梯”的跟前。我第一眼看到它时，不知道那是梯子，我只以为它是“天梯”的象征。因为它看上去几乎与地面垂直(75-80度角)。

每级阶面只有大约15厘米，且石阶水平面与阶高面已被磨得呈弧面状（下图），它是那么的高，（13米，相当于四层楼高度）一梯到顶，没有扶手，也没有缓冲层。到这一刻，我的两腿才开始发软。

爬上梯去，要手脚并用，像朝圣一样。这是一段让人心悬半空但又让人不舍得放弃的体验。

不要放弃，像壁虎一样爬上最高的塔顶去。

当我鸟瞰“大地人间”时，只会是奢侈的、完全的陶醉和骄傲。

爱情梯

从吴哥寺东面的藏经房，进入到由石块筑成的高阁重楼的65米的主塔，由于尖顶宝塔是吴哥王朝最为神圣的地方，因而通往尖顶宝塔的台阶格外陡峭，以前妄图强行闯入者都在此落马。在这里还发生过一段动人的爱情故事。1973年，一对法国夫妇来此旅游，妻子因台阶陡峭不慎摔下而亡，丈夫非常悲痛，为了纪念妻子，他捐钱在此造了一条楼梯。现在，这条楼梯也成了观光胜地。

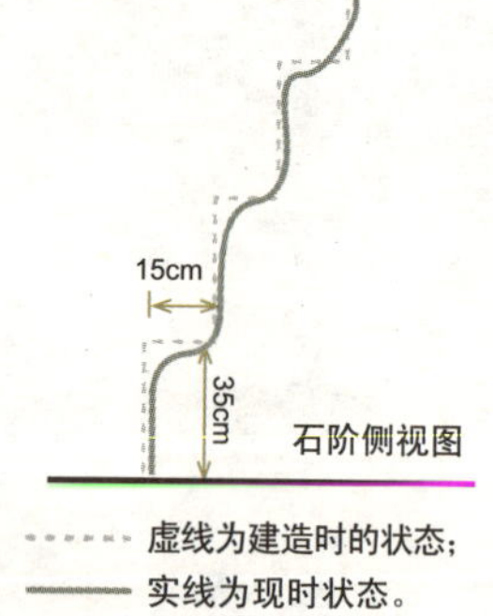

⚠东西南北任何一座石阶皆可爬上吴哥窟主殿，但在这些石阶上只有向西的石阶有细细的扶手，若不想一失足成千古恨还是用此石阶为妙。

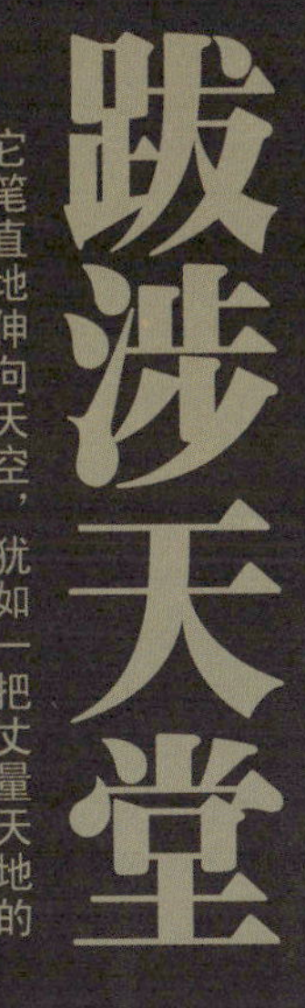

跋涉天堂。

它笔直地伸向天空，犹如一把丈量天地的尺子。给了自己不上去的借口：我的摄影包太大，很难平衡身体；除了『天堂』窗棂里偶尔的闪动的身影，周围四下没有人，万一掉下来也没有人会注意到我的；我需要别人的鼓励或阻挠。

没有原因的诱惑，我还是开始用手抓紧石阶。我开始了一种很孤独的攀爬，用很笨拙且不雅观的动作，向上，向上。再向上。

终于，人和摄影包都上来了。跨过一条石头门槛（天堂的门槛），坐下来，眼泪花啦啦流下来。

二零零二年五月二日，晨，
吴哥寺，天庭鸟瞰。

世界上最长的

“浮雕回廊”

这长长的回廊，就是让那些漫画家、史学家、雕塑家、神学家们欢天喜地地流连的地方。

在我们几乎连这史诗的名字都记不全的时候，走在这廊道上，这800米长的石头画廊也只是精致辉煌的艺术，就像是一个文盲在读报纸一样，只能看精美图画，而不知所云。但当我们都把古印度神话里的《罗摩衍那》和《摩诃婆罗多》略略读过后，这近一公里的石头画，能把你的脚步牢牢地牵扯住——可恶的十首罗刹罗波那，机警的神猴哈努曼，公正的死神阎摩、搅拌着乳海天神和阿修罗、还有俊美的黑天…… 恰如“摄石”一般。（“摄石”在粤语中是“磁石”的意思，我觉得“摄”字更能表述我的感觉）

西廊北翼

《楞枷之战》Battle of Lanka

地点：楞枷岛（现在的斯里兰卡）

角色：罗波那（《罗摩衍那》的大反角，有十个头的恶魔）及其皇弟维毗沙那、罗摩王子及其妻子悉多、弟弟罗什曼那王子、猴王须揭里婆、神猴哈努曼

情节： 罗摩与猴子军队联盟，打败魔鬼罗波那并救出罗摩之妻子悉多。

西廊南翼

《决战俱卢之野》

Bartle of Kurukshetra

地点：古印度俱卢城的郊外

角色：（左）俱卢族、（右）般度族

情节：同族堂兄弟俱卢和般度之间的最后决战。残酷的厮杀和痛苦的死伤，完全分辨不出谁胜谁负。那故事的结局到底是谁赢了呢？在《摩诃婆罗多》中找到答案。

西南角：

《黑天举起牛增山》

角色：黑天、天帝因陀罗

情节： 黑天劝说牧民们不要信奉天帝因陀罗。因陀罗被触怒了，把雷暴和大雨降临牧羊人的土地上。黑天为了保护牧民及他们的牲畜，就如托着一个蘑菇一样，轻而易举地把牛增山举到空中。他把山举了七天七夜，直到因陀罗认输为止。

《猴王波林之死》

地点：猴子王国的国都“积私紧陀”

角色：罗摩、须羯里婆、波林

情节： 猴王波林和须羯里婆兄弟相戈，争夺猴国统治权。 罗摩用箭射死了波林。 波林躺在他妻子的怀里，旁边的猴兵为波林而哭泣。

北廊西翼

《神魔之战》Battle of the Gods and Demons

角色：财神俱毗罗站在夜叉的脖子上、战神塞键陀骑着孔雀、因陀罗骑着大象、四臂毗湿奴骑着神鸟伽鲁达、梵天骑着神鹅、太阳神苏利耶坐着马车、水神婆楼那骑着五头蛇那伽、阎摩、湿婆、魔鬼

情节：天神骑着各自的坐骑与魔鬼对垒。

北廊东翼

《黑天与魔王班那》

Krishna and Bana

地点：围城、盖拉沙山

角色：黑天（骑着神鸟伽鲁达）、魔王班那（坐在由狮子拉的四轮车里）、火神阿耆尼

情节：骑着神鸟伽鲁达的黑天，勇敢地面对一座正在燃烧的围城。神鸟伽鲁达扑灭大火，魔王班那(Bana)被抓获。在最后的场景，黑天向住在盖拉沙山里的湿婆下跪，为魔王求情。

加鲁达神鸟

东廊北翼

《毗湿奴战胜群魔》

Victory of Vishnu over the Demons

角色：毗湿奴、群魔

情节：描绘着骑着伽鲁达神鸟的毗湿奴与群魔遭遇时的场面，狂怒的毗湿奴正在击退所有来者。

（东廊的这部分和北廊东翼部分的雕刻都非常粗糙，研究者推断这些工程可能是在后一点的时间完成的，可能在15或16世纪。）

西入口处

按逆时针顺序行进，全程0.8公里。

大象门Elephant Gate

大象门是没有阶梯的，国王或其他人直接从大象背部下到门前高台阶上。

东廊南翼

《搅拌乳海》

Churning of the Ocean of Milk

地点：大海

角色：（左）88个阿修罗、（右）92个天神、蛇王瓦苏基、大龟、毗湿奴、因陀罗、梵天、湿婆、哈奴曼神猴

情节：天神和阿修罗经过长期的战斗后，达成协议，齐心协力搅乳海，以便取得可以长生不老的甘露。他们请巨龟沉在海底作底座，搬来了大山放在龟背上作搅乳棒，用一条巨蟒作绳索缠在山腰，天神和阿修罗分别抓住巨蟒的头尾，来回反复拉动，于是海水很快化成乳。梵天、湿婆、哈奴曼神猴和拉克什米，都出现了， 天上有成群的女精灵唱着歌跳着舞为他们打气。（故事详细情节：P84）

南廊西翼

《苏利耶跋摩二世军队》

Army of King Suryavarman II

地点：高棉大地

角色：高棉国王苏利耶跋摩二世、战象、婆罗门祭师、姬嫔、将臣、骑兵、步兵、女仆、乐队、小丑、暹罗雇佣兵、骑着神鸟伽鲁达毗湿奴

情节：苏利耶跋摩二世带领他的高棉的军队在林中行军。

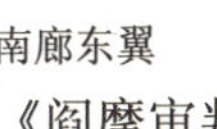

仙女阿卜娑罗

南廊东翼

《阎摩审判》

Judgement by Yama

地点：37层天堂、32层地狱

角色：死神阎摩、阎摩的两位助手、伽鲁达、神鸟、仙女阿卜娑罗

情节：阎摩手握宝剑为亡者公正地审判。好人在天堂享乐、坏人在地狱接受惩罚。

从"数字"里寻找吴哥窟的浩瀚

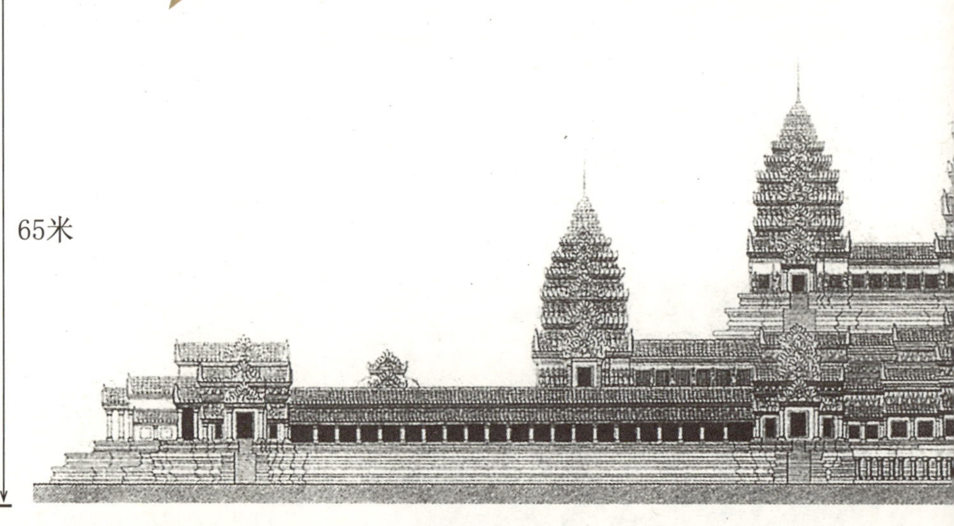

占地：85万平方米；

石材：采自50公里外的荔枝山上的沙岩石；

城濠：水深8米、河宽190米，东西长1.5公里、南北宽1.3公里，全长6公里；

城濠内侧围墙周长：5.6公里；

中央大道，长347米，宽9.4米；

建筑体：包括十多个建筑物与几十组遗迹；

主殿占地：4万平方米；

浮雕及塑像：超过1.8万幅（尊），首层浮雕廊全长：0.8公里；

中央的宝塔：高65米（相当现在的25层楼高）；

参与建造者：全国最好的建筑师、雕刻师、彩绘师、工匠等1500万人；

建造所用的时间：89年；

精准度：以现代科技勘查：精确的南北坐向，在格局上刻意以偏东南0.75度的地线为主轴；

主殿内围墙：东西215米、南北187米；

第一层：矩形，南北两面围廊同为202．14米；

第二层：矩形，南北两面围墙此时是各为114．24米和114．22米；

第三层：正方形：南北两面围墙各为47．75米与47．79米。细微差距不及0．01％

吴哥寺的建筑结构造型鬼斧神工，慑人心魄。其寓意还有另一种说法：下而上代表：地狱、人间、天堂，高山也被七重山、七重海一层层地围绕。

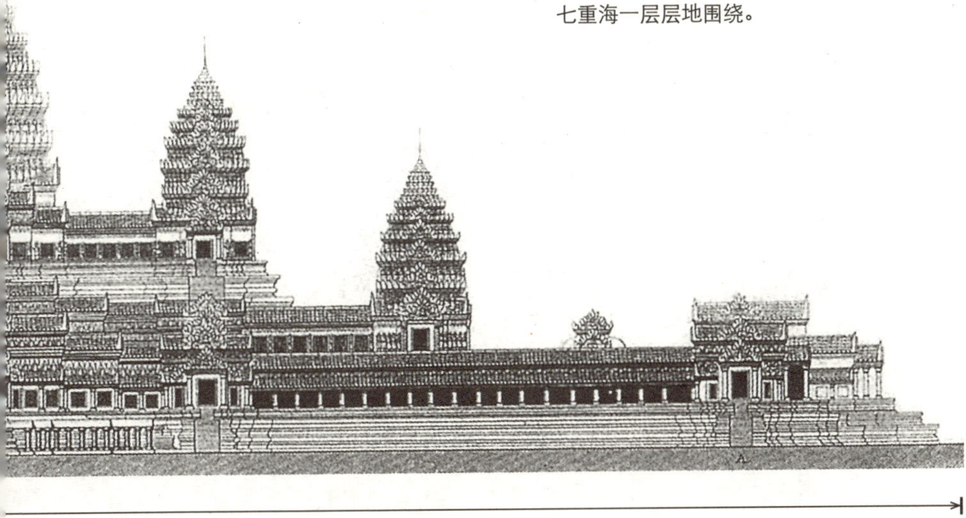

这个**印度教**神庙的工程是那么浩大，建造的时间是那么的漫长，以致到它竣工时，吴哥已进入**佛教**时代。

建议：在进入其他寺庙遗迹之前，你或许可以先对印度教和"小乘佛教"作一个大概的了解。因为在行进途中，你会遇到这位或那位显赫的神明，为了不错过他们，最好先大略在这里和他们打个照面。

公元1世纪

大乘佛教

印度教

1431年

印度教在这一年突然消失在高棉大地上。

?

吴哥的宗教

小乘佛教

湿婆的『林迦』

印度教 Hinduism

印度教——通常指“婆罗门教”Brahmanism

‘Hindu’原本是波斯语，表“印度人”之意。印度教‘Hinduism’——简单地说，印度教就是印度的民族宗教，也是印度人的生活规范、社会习惯。

它从高度发展的哲学，到对动植物的原始崇拜，随着地区、社会阶层、宗派的不同，而呈不同面貌。

印度教没有一位像耶稣基督、释迦牟尼或穆罕默德的开教鼻祖，甚至也没有一本像《圣经》或《古兰经》的圣典。

与其说是一有明确体系之宗教，毋宁说在历史的发展中由于教义、仪轨、制度、风俗习惯等，孕育而成之一种宗教社会乃至社会性宗教之总称。

印度河和恒河流域，早在公元前3000多年就有了相当发达的文明，有人类历史上最早的城市建设。大约在公元前2000年左右，外来的征服者在印度北部建立了许多奴隶制的小国家，制定了种姓制度，把人分为贵贱四等。为维护这种压迫而创造了婆罗门教)。

《摩诃婆罗多》和《罗摩衍那》就是印度教的经典。

《摩诃婆罗多》(Mahabharata)被认为是世界上最长的诗歌，它的基本内容在公元前5世纪就已形成，后又经过加工润色，到公元前后才编定成书。“摩诃”是梵语“伟大”的音译，“婆罗多”则是印度古代传说中的有名的国王，他的后代为“婆罗多族”。这部史诗通过对婆罗多族中“俱卢”与“般度”两大部落首领之间的王位争夺的记叙，反映了古代的政治、军事和社会生活以及雅利安人进入次大陆后向东扩展的情景。全诗贯穿了数百个颇有鲜明性格的人物形象与大约200个故事，穿插了大量的神话传说、政治法律与哲学宗教之类内容的训导和格言，犹如一部包罗万象的百科全书。有一篇《薄伽梵歌》，是印度人最钟爱的宗教诗之一。

《罗摩衍那》(Ramayana)大约成书于公元2世纪。其题目的梵语意思是“罗摩的游历”。叙述了乔萨罗王国的王子——英雄罗摩在继承王位中所经历的艰难曲折与磨难，歌颂罗摩的高贵品德和英勇抗暴精神。这部史诗揭示了国家在形成之初统治集团内部的王位之争，形象地反映了雅利安人向南扩展的历史情况。

[诸神的变迁]

印度神话的有趣在于它主要是依赖口耳相传，于是神明们的威力和地位都可以随着人们的喜恶而随时更改。有的神祇原先显赫一时，后来却黯然失色；有的原来榜上无名，后来却威力极大。远古时的梵天高于一切。到了毗湿奴教派和湿婆教派兴起之后，他的地位却不如他的创造物“毗湿奴”或“湿婆”崇高。

在吴哥遗迹中出现频率最多的神：

毗湿奴P40——世界的保护者；
湿婆P64——毁灭之神；
梵天P83——世界的创造者；
因陀罗P50——天神的领袖：天帝；
阿修罗84——天神的敌人；
阎摩P51——掌管生死的地狱之神；
黑天P94——毗湿奴其中一个化身，是个王子，完美的“万人迷”；
罗摩P56——毗湿奴的其中一个化身，《罗摩衍那》的主角；
哈奴曼P50——《罗摩衍那》中美猴王，帮助罗摩打败魔王罗波那；
罗波那P51——好战的十首罗刹，掳走了罗摩的妻子美丽的悉多；
阿卜娑罗P51——美丽的仙女，天神的舞者。
诃里诃洛——毗湿奴与湿婆的统一体。

神话里寻找“世界之始”

在诸神崇拜之上塑造出一个梵天婆罗摩（即梵天），宣称“大梵天”是创造和掌管宇宙的最高神灵，是万事万物的最高主宰，**也是世界上惟一真实的存在**。而被梵天创造出来的一切事物现象都是虚幻的与最终必然是要消失的。

这样，在改造原始宗教崇拜的基础上确立了梵天作为统治宇宙万物之最高神灵的地位。

主神们都是威力无穷，战无不胜，但也有他们各自的气质特点——不完美的地方：

在关于黑天的故事里，黑天的敌人罗刹刚沙手下的妖怪底提耶就曾说过这样的话：

那个一直躲在避难所里的毗湿奴，又能把我们怎么样呢？
那个一直在火葬灰中和原始密林里寻找幽静的湿婆，又能给我们带来什么损害呢？
难道我们还惧怕那个软弱无能的因陀罗吗？
难道我们还惧怕那个沉湎在严厉的忏悔之中的大梵天吗？

印度教诸神都直接或间接地生于创造之神“梵天”。换言之，他们都是亲戚。但关系异常复杂，下页（P58-59）是我读了好几个版本的《古印度神话故事》之后尝试理弄出来的一个“印度神祇关系图”，你可以在里面看到神明们的复杂而有趣的血缘关系。

古印度神祇的创始纪

混沌初开，出现水，水生火，火的热力，生出金蛋，金蛋在水里漂浮很久后，里面诞生出

万物的始祖梵天

- 创造宇宙
  - 把蛋壳一分为二，上为苍天，下为大地；拉开天与地的距离，创造空间
  - 在水中开辟大陆；确定东南西北方向；奠定年月日时概念
- 用自己的身体创造生灵
  - 自己身体的1/2 —变出— 妻子 莎维德丽第一个女神/创造科学与艺术
  - 心灵 —变出— 大儿子 摩里质 —生出— 儿子 仙人 迦叶波
  - 眼睛 —变出— 二儿子 阿底利 —生出— 正义之神 达摩
  - 嘴巴 —变出— 三儿子 吉罗仙人家族的鼻祖安吉多 —生出— 大儿子木星之主祭主众天神的导师
  - 右耳 —变出— 四儿子 补罗私底耶——儿子维什拉瓦斯——儿子俱毗罗财神 守护北方——儿子罗波那
  - 左耳 —变出— 五儿子 补罗阿
  - 鼻孔 —变出— 六儿子 克罗图
  - 右脚趾 —变出— 七儿子 达刹 夫
  - 左脚趾 —变出— 女儿 夜晚毗里妮 妻
    - —生出— 50个女儿
      - 大女儿底提巨妖底提耶族的母
      - 二女儿檀奴巨妖檀那婆族的母
      - 三女儿阿底提众神之母
      - 10个女儿
        - 苏罗萨 嫁给
        - 阿里什塔 嫁给
        - 毗那陀 嫁给
        - 苏罗毗 嫁给
        - 迦德鲁 嫁给
        - 牟妮 嫁给
        - 其他4个女儿 嫁给
        - 儿子
      - 10个女儿 嫁给
      - 27个女儿 嫁给
      - 达萨 嫁给
  - 一个深色眼睛的妇女死神
  - 前额 梵天愤怒的产物 鲁得罗湿婆
    - 萨蒂 嫁给
    - 大地女神布达维 嫁给
    - 喜马拉雅山神之女乌玛 嫁给
    - 21个儿子鲁罗
    - 儿子斯坎
    - 儿子伽内
  - 皮肤 —变出— 八儿子 阿力瞿 —生出— 儿子太北金星之主乌沙纳斯阿修罗最高的祭师与导师
  - 肚脐 —— 8个天神婆苏 天帝因驼罗的随员
    - 大儿子 阿亨白天
    - 二儿子 德鲁婆北极星之主
    - 三儿子 苏摩月神/婚礼守护者
    - 四儿子 达罗大地支柱
    - 五儿子 阿尼拉风神
    - 六儿子 阿纳拉/阿耆尼火神/婚礼守护者
    - 七儿子 普拉久沙拂晓
    - 八儿子 佳乌斯/普拉婆萨青天
  - 眼泪 —— 刹拉贾猴子鼻祖

人身献祭

在印度古代圣典吠陀经书中，对于宇宙的产生的另一种说法：宇宙产生于最先出现的人——普鲁沙的身体

创世之初，不朽的天神，以巨大的牺牲——人身献祭，创造了世界。

把普鲁沙的身体切成许多块

- 双唇——婆罗门——祭司
- 双手——刹帝利——武士
- 大腿——吠舍——农夫
- 双脚——首陀罗——奴隶
- 头——苍天
- 双脚——大地
- 理智——月亮
- 眼睛——太阳
- 口腔——火
- 呼吸——风
- 肚脐——空气
- 耳朵——方向

阿修罗

- 生出 大儿子希兰耶卡希普 阿修罗族的国王
- 生出 儿子牟质
- 儿子恶龙罗睺

给

给

嫁给

天神

生出12个儿子 其中

- 大儿子建筑天神陀湿多
  - 儿子/三头巨龙毗沙鲁帕/天神首席祭师
  - 女儿萨拉尼尤
- 儿子婆楼那守护西方
- 儿子密特罗
- 七儿子雷电之神因陀罗/婆萨婆天神之王 守护东方天神之国
- 八儿子太阳之神毗婆萨婆/苏利耶
- 小儿子守护神毗湿奴
  - 幸福女神拉克什米

生出

- 大儿子阎摩 掌管南方先人之国 中国传说中的阎罗王
- 大女儿阎密阎牟拿河的河神
- 双胞胎阿湿毗尼朝霞晚霞星光之神

影子桑吉耶

生出

- 二儿子摩奴人类始祖
- 三儿子沙尼土星之王
- 二女儿塔帕蒂

其他生灵

- 生出 奇异的巨龙
- 生出 飞禽
- 生出 太阳鸟鸟王迦楼陀蛇竭的天敌
- 生出 奶牛和马匹
- 生出 巨型蛇类那竭 地上国王多娶那竭之女为妻
- 生出 很多儿子乾达婆非常英俊永远年轻/其女友仙女阿卜娑罗
- 生出 其他生灵

风雨众神/因陀罗的侍从

神

头神/学识之神/写下《摩诃婆罗多》/商人和旅行者的守护神

- 毛发里生出波林毛发
- 颈项里生出须羯里婆妙项
- 儿子哈努曼栏下巴 须羯里婆猴王首席大臣

佛教 Buddhism

人道：人道中的苦源于自我、无明(无知)和贪欲。这些会使生老病死周而复始，永不止息。人道是六道中最重要的一道。因为只有此道的众生能自制，选择快乐觉悟之道。

被吸收到佛教中的印度神祇

随着佛教的发展，融入印度教诸神变成佛教的护法。

阎摩：死神阎摩用口和爪握住巨轮，象征在生命之轮上一切存在的局限。

阿修罗道：此道永无休止的战争是由众生无穷的妒忌所引起，常以争夺如意树果的人们为代表。绿色佛陀身着战士甲胄，手持火剑。他宣说持戒的功德，并命令阿修罗停止激烈的争夺。

四大天王

俗称“四大金刚”。古印度神话称须弥山腹有四大天王。佛教也采用其说，四大天王各护一天下：

东方持国天王，身白色，持琵琶
南方增长天王，身青色，持宝剑
西方广目天王，身红色，执绢索
北方多闻天王，身绿色，执宝幢

佛出生时，四大天王守护在其周围。(据说佛陀是由梵天和因陀罗所接生。)

六道轮回

六道：对佛教徒而言，生死轮回持续多生多劫。位于生命之轮内部的是六道，即众生转生处。由上向右转依序是：天道，阿修罗道、畜牲道、地狱道、饿鬼道、和人道，而人道的特征即生、老、病，死。

佛教产生及其流变

诞生于反传统信仰的思潮中

佛教出现于婆罗门教[1]之后，源于印度，诞生于公元前6世纪，佛教创建时，印度已经进入了封建领主统治的农奴社会。当时印度传统的以婆罗门作为一切智的垄断者和神权统治的代表的地位开始动摇，成为众矢之的。自由思想家中出现了种种反传统信仰的沙门思潮。佛教正式在这样的土壤中产生并发展。“佛”是“佛陀”的简称，为古印度的梵文Buddha的音译，也译成“佛陀”、“浮陀”、“浮屠”等。所谓“佛陀”，就是“觉者”、“智者”的意思，即是指对宇宙、人生的深奥谛理能够洞察与深刻了悟的人。“佛陀”后来成为古印度宗教革新家释迦牟尼的专称，由他创立的宗教就被称为佛教。

佛教的创始人

释迦牟尼(公元前563～前483年)，亦称佛，通常佛教徒称他为佛祖或佛陀。他是古印度北部迦毗罗卫国（今尼泊尔境内）净饭王的王子。属释加族，姓乔达摩，属于刹帝利[2]种姓，本名悉达多[3]。他在青少年时即感到人世变幻无常，深思解脱人生苦难之道，决心学道，29岁出家修行。得道成佛后，在印度恒河流域中部地区向大众宣传自己证悟的真理，拥有越来越多的信徒，从而组织教团，形成佛教。悉达多80岁时在拘尸那迦逝世。

对婆罗门权威的否定：

像当时的各种教派或思潮一样，佛教也力图对宇宙万象何以成立、人生何以存在、现世之痛苦磨难何以解脱、人最后归宿何处等方面的问题进行探讨与诠释。佛教认为宇宙与人生都是时刻变幻、刹那生灭的现象。佛教不承认神能完全主宰人的命运的说教，否定婆罗门教的神圣权威。主张“四姓平等”，不管高级种姓还是低级种姓，都可以根据自身的业报参加轮回。

出现大乘佛教：

佛陀逝世后，由于佛陀生前在世时于不同场合对不同的对象有着不同的说法，佛教内部由于对释迦牟尼所说的教义有不同的理解和阐发。为了适应越来越多的信仰者的要求，公元一世纪前后，产生了新的佛教派别——大乘佛教。

“乘”（梵文yana，音读“衍那”）

——指运载工具，比喻佛法济渡众生，像舟，车能载人由此达彼一样。

“小乘”（梵文Hinayana，音读“希那衍那”）

“大乘”（梵文Mahayana，音读“摩诃衍那”）

这一教派把自己称为“大乘”，比喻其能实现普度众生的“大业”，而把原有的部派佛教贬称为是“小业”、“小道”的“小乘”。而“大乘”则为该派对自己的褒誉。

但至今原来佛教保守的部派自称为“上座部佛教”，不接受“小乘”的称号。

大乘形成后，与小乘“分庭抗礼”，两派出现了并行发展的态势。大乘佛教经帕米尔高原传入中国，再由中国传入朝鲜、日本、越南等国，故大乘教也称为“北传佛教”。

小乘佛教完全根据佛陀所说的礼理行事，没有任何修改，故称之为“原始佛教”，小乘佛教最先传入斯里兰卡，后传入缅甸、泰国、柬埔寨、老挝、印度尼西亚，以及越南中南部的部分地区。故也称“南传佛教”。

①婆罗门教：见第56页

②婆罗门，刹帝利，吠舍和首陀罗，是印度四个主要的种姓。

③悉达多：意为『达到目的者』

吴哥窟北1300米，吴哥通王城南400米，67米高的小山上
走象道徒步上山15-20分钟，可以骑大象上山。
1小时

巴肯山 巴肯寺

Phnom Bakeng

其他中文名称：巴恒庙、普侬巴肯、百塔洲、巴庆山塔林、巴克恒神庙
建造者：耶输跋摩一世(Yasovarman Ⅰ)889-910年
建造时间：9世纪末-10世纪初，893年
信奉宗教：印度教（供奉湿婆神）
建筑风格：巴肯寺
骑大象上巴肯山或在吴哥城内游览，每人每次$15

巴肯寺供奉的主神：湿婆

其他中文名称：湿婆天、西哇、锡瓦

英文名称：Shiva、Siva

其他别称：玛修瓦拉、玛哈铁瓦（大神）、伊舍那（支配者）和巴修巴底（兽主），“青喉者”(Nila-kantha)、暴风神鲁得罗，在佛教中称“大自在天”。

居住地：盖罗沙山；坐骑：神牛南迪；配偶：帕尔瓦娣、萨蒂

常见的湿婆形象：（1）披象皮、束发；持三叉戟、斧头、剑和盾等。（2）5头、3眼、4手，头上有新月为饰；（3）面目狰狞的怒汉和一极美女子交合。

与毗湿奴是守护者的作用相反，湿婆是毁灭者，他掌握世界的轮回，他的舞蹈既预示着灭亡也孕育着重生。在现代印度都视其为最受崇拜的诸神之一。

印度教庙宇里，人们把林迦（男性生殖器）的造像当作湿婆形象来顶礼膜拜。

“湿婆”一语含有“喜事”、“昌盛”或“吉兆”的意思，同时又象征“毁灭”。同时也以恒河的守护神、舞蹈像、瑜伽、音乐、学问指导者等各种姿态出现。

湿婆一词，现代学者还有一种解释，认为它源于德罗毗荼语系，其意正如雅利安人语言中的鲁德罗一样，也是“红色的”。

Shiva Linga林迦

源于湿婆的生殖器崇拜

膜拜“林迦”的由来

湿婆大神自从妻子萨蒂死了之后，郁郁寡欢远离众神，忘情于严峻的刻苦修行。毗湿奴P40预言，萨蒂会再次来到世上并与湿婆重新结合。但是，湿婆无以宽慰。强烈地思念爱妻，像疯子一样满山游荡；找不到减轻悲痛的办法。有一回，湿婆来到喜马拉雅山的一座神圣的松树林子里，梵天P83的儿子们和他们的妻子，就住在这里。湿婆赤身露体，满身尘土，披头散发，双眼充血，手里拿着一截腐烂的木头，出现在神仙们的住处。他一会儿发出可怕的笑声，一会儿发出吓人的叫喊，一会儿又唱起歌来。在那些仙人们的妻子面前，手舞足蹈，跳起了粗野的、厚颜无耻的舞蹈。他的身肢动作使仙人们的妻子着了迷。湿婆边走边跳，她们紧跟不舍，目不转睛地看着他。

神仙们大发脾气。他们之中谁也不知道跳舞者就是湿婆。他们相互问道：“这是谁？是妖魔还是什么别的生灵？难道他想破坏我们的安宁和勾引我们的妻子吗？”仙人们诅咒他：“你像驴子一样的叫唤，就让你变成驴子吧！”然而，不管神仙们修行苦练的威力如何巨大，他们的诅咒丝毫也伤害不了湿婆，就像星辰不能遮住太阳一般。神仙们火气更大了。因为他们的妻子着了魔似的，总是围着手舞足蹈的疯子转。他们将修炼所得的威力联合起来，一同诅咒这个陌生人：“畸形怪状的生灵啊！失去你的男性标志吧！”顷刻间，跳舞者的生殖器掉了下来。湿婆自己却悄然无踪了。

周围的一切立即变得紊乱不堪，世界暗然失色，太阳不给温暖，圣火熄灭，星辰运行也乱了轨道。季节循环也遭破坏。仙人们虽然仍在继续修行，但他们对神圣法规则有些动摇。他们的精神和体质也都衰退了，并失去了自己的男性特征。

神仙们惶恐不安地来找梵天。梵天说，“你们不知道，跳舞者就是湿婆大神。你们要忘掉愤懑，尽力去恳求宽恕。你们要塑造林迦——湿婆的生殖器，并崇拜它。从现在起，你们应把林迦看成是强大的湿婆。”

仙人们回到自己的松树林里，并按梵天的吩咐，把林迦当作湿婆顶礼膜拜了整整一年。这样，当春天来临的时候，喜马拉雅山坡上，才花满枝头馨香扑鼻。湿婆大神再次来到仙人的净修林。仙人们赞颂湿婆大神。湿婆解释说，当时其所以赤身裸体一丝不挂，是洗涤罪过的需要，是为了压抑情欲和获得更大的法力。从此以后，到处都把林迦当作湿婆形象来顶礼膜拜。

——取自《古印度神话》

湿婆同时是“舞蹈的统治者”。

5月2日下午4:00，我的偏头疼开始发作，不算太厉害，就依原计划在黄昏上巴肯山。才到了一半山路，我的头疼到达极点，而这时太阳飞快的向山后躲。绝望的望着那些快要消失的光，以为自己再也上不去了，所以就向山顶按下快门。（右图）之后还是上去了，下山的时间用了半小时，那是我旅程中最痛苦又最漫长的半小时。

（山高才65米）

Phnom = 扶南 = 山

“扶南”国名来自古代高棉语 “Phnom”一词，即表示“山”的意思。(又有人认为是古代中国人称其为“扶我南邦”之国的意思，更有现代的学者认为Phnom不是指山，而是指“水居”之意)

每个民族都有自己的崇拜偶像，如同汉族人崇拜龙一样，高棉人崇拜山。漫步在这个历史古国，你会惊奇地发现：山，在这里享有崇高的地位：似乎一切都与山有关。

于是，只要有山，无论是山脚或山顶，都是高棉人拜神的地方。在都城内，如果有山，人们就在山上建祠拜神，如果没有山，就用石码土堆，也要造一座山，再在山上建神祠，供人膜拜。

高棉人建立的第一个王国是扶南国P165，它是吴哥王国的前身。扶南政权在东南亚土地上延续600多年，几易都城，每座王都均少不了这座神山。对山和山神的崇拜，是高棉人的原始信仰，它存在于高棉人的意识里，愈往后愈强烈，并向许多方面扩展。在高棉人的意识里，神与王是能够相通的，后来国王的宫殿也建到山上，为的是使山之王同上天息息相通，建在山上的宫殿被视为须弥山——宇宙的中心——是天地神圣的会合之地。这种意识代代相传，影响深远，直到后吴哥时代，这个理念仍旧被牢牢的延续着。

国王把宫殿建在山的最高处，以使自己能同神相会。

于是，真腊皇朝的第四位君主耶输跋摩一世登基后，把都城从洞里萨湖边的罗洛士向北迁移到巴肯山所在的一片平原上。并把新首都命名为“耶输特拉补罗”。并在巴肯山上建造了与神交会的宫殿。从此，巴肯不但是都城的中心，还是当时婆罗门世界的宇宙中心——须弥山。而且是国王死后恢复原身居住的地方。据说，巴肯寺中央最高的那座塔就藏着国王的林迦(男性生殖器)P65。

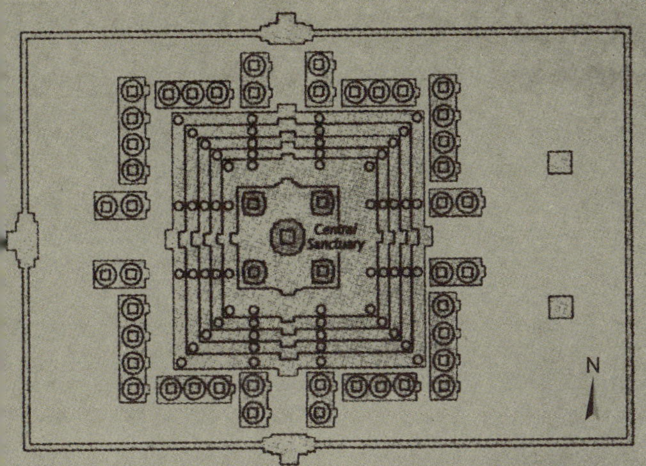

耶输跋摩一世的宗教信仰比较广泛，他在都城附近及全国各地建有湿婆教、毗湿奴教和佛教寺院100多所，巴肯寺供奉的是湿婆神P64。

太阳消失在远方的地平线上，游人终于散去，可以随心所欲的摆弄照相机了。

一部用石头写成的天文历法

神庙建在巴肯山顶一个13米高的正方形台基上，作为吴哥最著名的建筑之一，在建造者的创造力中融合了深刻的宇宙象征意义。

（巴肯寺又名“百塔洲”，是因为除去中央大塔不计，恰为一百座塔，故名。这可能是对寺庙数目的误传所致。）

109 塔的数目。108+1=109

7 神庙共分为七层，象征七重天国，最上面一层的中央高塔，代表世界的轴心，下面六层共108座塔，代表四个月相，每个月相有27天。4X27=108

60 其中的一至五层，每一层含有12座小塔，代表木星12年一个运行周期/黄道十二宫。12X5=60

33 从台基每一面的中心位置看这座神庙，都只能看到其中的33座。33这个数字正好是须弥上的众神的数目。

旷野、残垣

巴肯山虽不足70米，（高度与吴哥窟相近）但已成了吴哥区域为数不多的制高点之一。向北，近处的吴哥城被树林包裹的严严实实，不露一点痕迹；向南，吴哥寺从郁郁葱葱丛林中探出金灿灿的头来，本来黑灰的宫殿被夕阳镀上了金。特别是最中央的宝塔，它在夕阳的返照中正闪耀着熠熠金光。

聚>傍晚，这里就会聚满许多观看日落的游客。熙熙攘攘，潮拥上山，霸占制高点。石堆上甚至拱门上坐着等待日落的人。嘈杂、混乱，犹如坐到露天体育场的观众席。但等待的不是开球，而是一场叫《日落》的戏。

导演：神和大自然

演员：光影，云彩，广袤的森林，倒映着太阳的金汤般的西池，隐约错落在莽林中的石头宫殿。

散>太阳终于落到地平线的下面了。观众们前赴后继的退场。我还是坐着。都说这是与神交会的地方，虽然我不是国王，但也想伸出手去看能不能像米开朗基罗的天庭画里的亚当那样，可以触到上帝的指尖。当然不可能。只是无聊的想像。

但的确在人潮散去后，你才发现自己来到一个“天地接壤”的地方。空旷的天空泛着一种越来越浓的蓝。地上的一切都被黑色吞掉。这时候，人，矗立山端，眼中，没有大地，只有苍天。

曾经的疆域

...until the day there's no border line ...

边界

他们说，从这里向西望过去可以看到柬埔寨和泰国的边界。我努力地眺望，延绵无尽的林海铺展到天际，找不到边界。有点生气，因为我知道它就在那里。看不到它不代表它不存在。

它就藏在那里，被郁郁葱葱所遮盖。

它一直都存在，千百年来，地球上的所有的边界所埋葬和记录的都是：最后的战场、最后的胜败、最后的惨烈、最后的骷髅。所有这些换算成“边界”，换来暂时的和平和不知道什么时候又要继续的战争。

人们都说，战争是为了和平。站在这里，我突然明白：战争不是为了“和平”，而是为了“边界”。

什么时候才有“和平”？到没有“边界”的时候。

吴哥通王城

吴哥寺北1.7公里
暹粒出发，经南门进入
1/4小时

吴哥通王城
Angkor Thom

其他中文名称：

吴哥通城、吴哥城、大吴哥、州城

初建者：耶输跋摩一世（889-908年）

重建者：阇耶跋摩七世（1181-1220年）

建造时间：9世纪末-13世纪初

信奉宗教：印度教、佛教

Thom读“通”是“大”的意思；按梵文原义，Angkor即“城市”之意。因此Angkor Thom本义就是“大城市”。

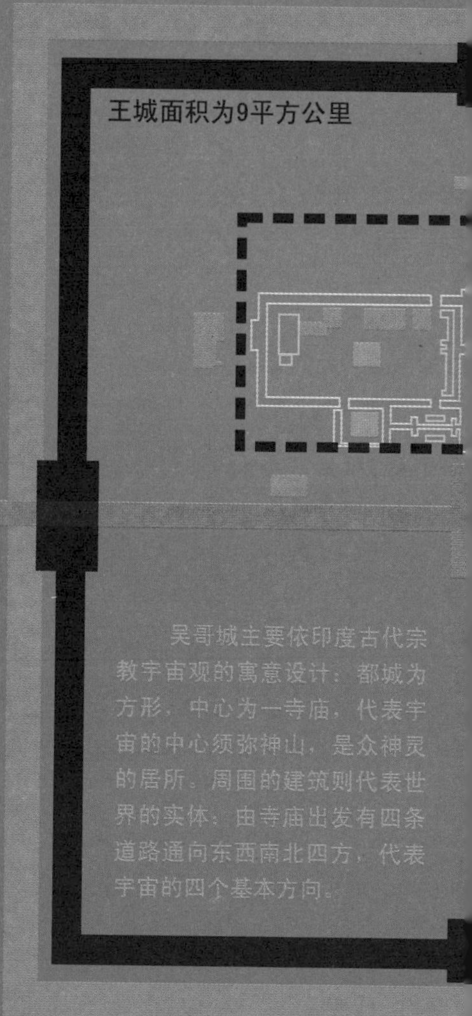

吴哥城是真腊王国吴哥王朝的国都。吴哥城初建于9世纪后期，是东南亚历史上最宏伟的一座都城。都城内，宝塔、皇宫等建筑鳞次栉比，庄严雄伟。庙宇形状奇特，建筑精美，雕饰华丽。据估算，这座城市鼎盛时拥有人口上百万，经济发达，商业繁荣，生机盎然。规模之大，远超过罗马城。这么多雄伟的建筑可不是一日之功，没有几代人的辛劳是造不起来的。

王城面积为9平方公里

吴哥城主要依印度古代宗教宇宙观的寓意设计：都城为方形，中心为一寺庙，代表宇宙的中心须弥神山，是众神灵的居所。周围的建筑则代表世界的实体；由寺庙出发有四条道路通向东西南北四方，代表宇宙的四个基本方向。

最早选择吴哥作为王都的国王是耶输跋摩一世。

他于公元889年继位，第二年，他即放弃旧都诃里诃罗洛耶[P67]，决定迁都到一个新的地方。他把眼光投向吴哥地区。他选择这里有充分的理由。这里不仅地域开阔，适宜建筑新的都市，尤为重要的是，这儿有一座天然的山——巴肯山[P62]，可供建庙供奉“林迦”[P64]，这与高棉人对山的崇拜是很合拍的。同时，这里丰富的水源可满足众多城市人口的需要。暹粒河流经这里，除食用外，还可灌溉农田，保证农业丰收，源源不断向人们提供粮食。国王可以在这里充分施展自己的才干去实现自己的抱负。新都定名为耶输特拉补罗，意为耶输跋摩之城，这是吴哥地区最早的都城。

现在要寻找最早的城廓决非易事，但从星星点点的遗迹中人们也能大体勾勒出最早王都的轮廓[P164]。在设计上，耶输特拉补罗体现了高棉人的信仰和国王的宗教观念，有着浓郁的文化内涵。该城占地广阔，约36平方公里。城呈正方形，城周约24里，每边6里。

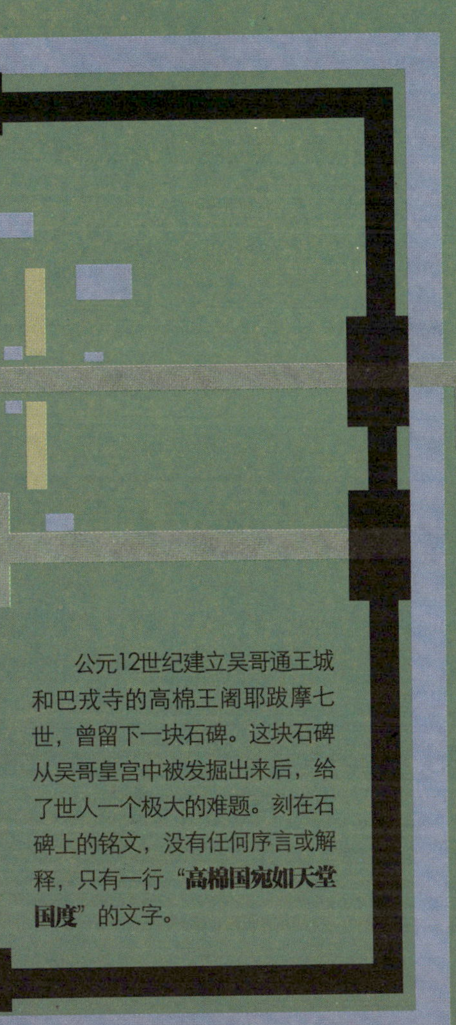

公元12世纪建立吴哥通王城和巴戎寺的高棉王阇耶跋摩七世，曾留下一块石碑。这块石碑从吴哥皇宫中被发掘出来后，给了世人一个极大的难题。刻在石碑上的铭文，没有任何序言或解释，只有一行“**高棉国宛如天堂国度**”的文字。

整个都城围绕着巴肯山建造。

在都城范围内，除相对集中的区域如王宫、官署、庙宇外，还有众多的村落、集市、稻田和数百个人工水池，排列在巴肯山麓，成几何图案。筑起城墙把广阔的都城围了起来，早期虽然比较简陋，不过是木栅栏之类，但它终究是作为“城墙”而建筑和存在的，发挥着“城墙”的功能。后来改为土墙，因不坚实，最后改用坚固的石头。

耶输跋摩一世之后，还有几位有作为的国王为吴哥城的建设作出了贡献。其间虽然发生过因王位争夺和对外斗争而引发的战乱，王都或暂时迁出，或遭到破坏，但由于国王们都致力于王都的恢复和重建，所以三四百年来王都总是越建越好，越建越繁华。

至12世纪末13世纪初吴哥达到全盛期。当时的高棉霸者：**阇耶跋摩七世从宗教倾向上把吴哥引向一个全新的时期：大兴佛教的时期。**这位神秘的统治者在残酷地对待敌人的同时又是一位虔诚的宗教信徒。皈依大乘佛教后，它采取了一种新的观念来神化其统治。在40年的统治期间，他尤其注重对祖先的崇拜，并修复了几乎所有的古寺。他为自己兴建了大量的建筑物，常常在建造期间还要不断改变原来的设计方案。我们现在所看到的巴戎寺、中央大道、中央广场及战象台阶、皇宫遗址、巴方寺、空中宫殿、癞王台阶、圣剑寺等及城廓，都是阇耶跋摩七世时所建造的。王城范围较早期吴哥城缩小，巴肯寺、吴哥寺等就都留在了王城之外。

15世纪上半叶，暹罗（今泰国）入侵柬埔寨时，柬埔寨人民与侵略者进行了英勇顽强的斗争，但终因难于抵御，**蓬黑阿·亚特国王于1426年被迫放弃首都吴哥。**从此，王城以森林为被褥，开始了它长达六个世纪的沉睡。

那张反反复复的脸 >

回来后，在朋友间触到“吴哥”的话题时，心里的画面就是那张脸，那总是微笑着的脸。第一眼看到他是我第一次乘摩托靠近城廓时。远远的，我就看见他，车朝他的方向疾速驶去，他在那么高的地方，我不得不仰头。在我最靠近他时，门洞挡住我的视线，而同时我却是在他里面通过。车子穿过高高的门洞，瞬间已在几丈外的路上。扭过头望，他背后的那张脸正朝我看。

他到底是谁？有人说他是高棉国王、大梵天、观世音菩萨，我只能认他是块巨大的磁铁。那里有一种力量，越靠是近他，越是压过来。它让你不断不断的接收，又无法收藏或安置。对他的感觉，可能一百个人有一百个完全不同演绎。或者很明确，或者不能言。

总是朝这个门进进出出，就是为了能一次次品尝穿过这个磁场的快感。那是关于速度、距离和一种力的东西。

石桥上的巨大天神和阿修罗列着队，吃力地搅拌着大海。

每次穿越南大门，走进吴哥通王城，都不由自主的想起两个人：一个是亨利·穆奥，另一个是周达观。

我每次靠近城门，都仍旧震撼和激动。穆奥一定也曾经站在我现在所站的地方。猜想他面临、承受或迎接一次又一次的“赫然看见”。那种激动该是如何？！我就想，穆奥一定有一个超强悍的心脏。

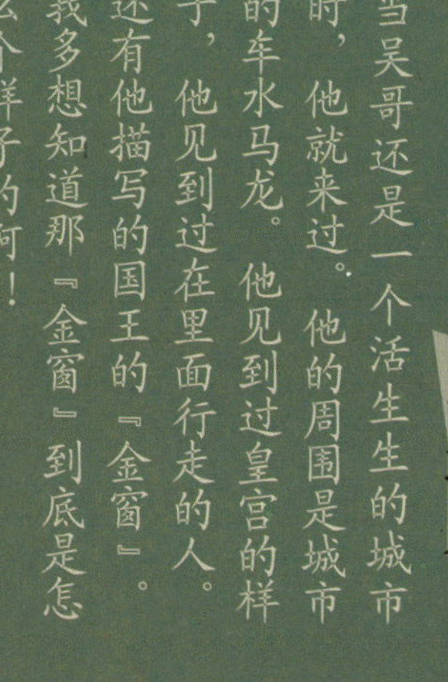

当吴哥还是一个活生生的城市时，他就来过。他的周围是城市的车水马龙。他见到过皇宫的样子，他见到过在里面行走的人。还有他描写的国王的『金窗』。我多想知道那『金窗』到底是怎么个样子的啊！

从“漫游癖”开始

亨利·穆奥1826年生于法国。18岁时到俄国，教授法语，并钻研摄影。后致力于自然史研究，这使他患上了“漫游癖”。就在这时，他无意中读到一本关于暹罗的书，东南亚的那些被丛林覆盖的已经废弃的古城具有强大的吸引力。他被这里的古老城市深深地吸引着。于是决心走访东南亚地区。1858年10月，他到达曼谷，开始了他的探险历程。1861年，穆奥来到柬埔寨。其旅行的目的是要到柬埔寨的腹地丛林中去采集珍稀的蝴蝶标本。

进入丛林

在1858年1月22日这一天，他来到一个村庄。村里人不多，衣着也很朴素，但他们的歌声却悠扬动听，音调很特别，似乎与某个遥远的时代有着联系。穆奥心情激动起来，他感到他已走近那传说中的古代文明的边缘了。这个小村庄在暹粒境内，当地人对这个陌生的探险者非常友好……

越往前走，随行的向导越感到害怕……

已经是进入森林的第五天了，随行的柬埔寨人再也不愿朝前走了，他们朝着穆奥叫道：“先生，不能再进去了！里边可怕的瘴气要把人弄死的！几百年前居住在森林中的都市的人们，受到可怕邪魔的诅咒，整个大城的居民一下都化为乌有。后来凡到这座城里来的人，也都受到邪神的诅咒而死去。”

随员的劝阻非但没有拖住穆奥，反而激起他极大的兴趣，为了让自己的眼睛证实这一传说，穆奥终于鼓动了这些随从往里走。

这里的丛林已遮天蔽日，树下则是密密麻麻的灌木丛，露出地面的树根向四周伸展，与那些向上攀爬的藤葛纠缠在一起，使人难以通过。地面有着厚厚的一层落叶，踩上去软绵绵的，随着脚步的起落，下层腐叶的气味开始在空气中弥漫，令人有一种死亡的恐惧感。向导们轮流挥舞着砍刀在前面开路，穆奥紧紧地跟在后面，密林深处野兽沉闷的吼叫声不时传来，令人毛骨悚然。

巨大的石塔

穆奥一行继续向东南走。树木渐渐稀疏起来，经过一大片沼泽地后，穆奥忽然发现脚下腐叶铺成的道路不知什么时候变得坚硬起来，他用砍刀向下挖掘，碰到了排列整齐的石块，他又开始兴奋起来，经验告诉他，这一定是一条用石块铺成的道路，实际上，他已走上了通向文明中心之路。沿着坚硬的路面大约前行了1个小时，雾气已基本退去，当朝霞映红了东方天空的时候，突然，五座巨大的石塔在红色云霞中呈现……

“在看到这些塔尖的一刹那，我感到心在颤栗，此时，你除了能够怀着敬慕的心情默默地凝视外，你没有办法再组合一个词去赞美这建筑史上奇妙的景物了。”“旅途的疲劳一扫而光”，心里充满的只是“崇敬和喜悦”。

他记录下那些被当地的柬埔寨人称为“巨人”所建造的神殿和寺庙群落。

为了把这隐没在密林中的惊人发现公之于众，穆奥赶忙回到法国。可是他诉诸公众的这个奇迹，居然没有人相信：“什么?密林中还有比巴黎更大的城市?有比巴黎圣母院更大的寺院？你不是热了头才这样耸人听闻吧？”

长眠在东南亚

无奈之余，又再度重返东南亚的丛林去进行他的科学探险。向老挝的湄公河进发。他沿路采集昆虫，特别是蝴蝶标本。但在离开琅勃拉邦重返东南亚雨林后不久，一路的艰辛和繁重的研究终于使莫霍特倒下了，于1861年11月10日去世。他就安葬在那里，年仅35岁的穆奥永远留在了东南亚这块土地上。

用生命写成的旅行日记

不幸中的幸事是，穆奥给后人留下了一部有关他发现考察吴哥的《环球游记》，它最终还是引起了人们的关注。

穆奥为科学的探险而付出了生命的代价，但由此也揭开了吴哥的神秘面纱。当皇家地理学会于1862年宣读他撰写的论文的时候，他已经去世一年了。

绘画的力量

穆奥的游记里充满了生动而形象的描述和插图。1863年，穆奥的妻子将他的游记发表，印刷商将他的素描制成雕版一同出版。

在穆奥到来之前，中国使节、葡萄牙和西班牙的游客以及法国的传教士都对吴哥古建筑做过描述。然而他们的记述对西方人并没有产生什么重要的影响，大概是因为任何人都没有办法将神秘而壮观的吴哥形诸笔端。而穆奥将他所观察到的都用素描的方法描绘下来，人们才得以重新目睹吴哥的壮美景象。

(上图)穆奥正在丛林里作画，他附近有几头大象。穆奥写道，在去往吴哥的途中，他遇到一群大象。领头的是“一头雄象”．象群发出“震天的”吼叫声，欢迎穆奥的到来。但是，随着一声枪响，“象群惊得鸦雀无声”，然后便退却了。

吴哥的见证者 周达观

亨利·穆奥之所以能发现吴哥，得益于一本书——《真腊风土记》。穆奥正是依着这本书的描述，在丛林中按图索骥找到吴哥遗迹的。而这本书的作者并不为当今中国人所熟悉，他就是与马可·波罗同时代的中国元朝外使周达观——

周达观，自号草庭逸民，浙江省温州永嘉县人，生卒年月不详。

蒙古灭南宋后，曾讨伐占城和安南，因受地形和气候的阻碍，並没有完全达到目的。元廷派遣使节团去说服真腊国及其邻近小国。为出使南洋真腊的需要，使团在温州招募人员，周达观极有可能是应招加入使团的。

他对海外尤其南洋的事情早有所闻，渴望探知海外的兴趣促使他走进使团。元成宗元贞元年（1296年），他奉命随元使“招谕”真腊(今柬埔寨)，第二年到达该国，居住一年多才返回中国。返国后，根据亲身见闻，写了《真腊风土记》。

《真腊风土记》

中国人最早知晓吴哥文明的存在，是透过周达观和他的著作传递的。之后，又以中国为桥梁，再把它传递到欧洲，乃至整个西方。至今为止，除了《真腊风土记》之外，人们尚没有发现任何其他一部同时代的著作记录这种古文明存在及繁荣的事实。也就是说，《真腊风土记》是惟一一部记录吴哥文明繁荣景况的著作。

《真腊风土记》全书共八千五百字，分为四十一节，详细的介绍了吴哥的政治、经济、民生、文化各个方面的狀况。在书中我们读到真腊国都中的伟大建筑和雕刻艺术、当地气候、种植季节、日出日落、山川形势；包括衣、食、住、行等情况等等。

周达观出访时，其实已是吴哥灿烂文明的最后時期。之后由于关山险阻，领土变迁不定，历史的湮灭，周达观的《真腊风土记》也就被后人束之高阁，更不为外国人所知。吴哥，作为东南亚的一个举世闻名的古代皇都也神秘地消失了。在局外人的眼中，这部奇书当然也就成了“天方夜谭”。

19世纪初，在西方人开始认识中国文化的同时，中国的《真腊风土记》也让他们开始把目光投向书中所指引的神秘地方：吴哥。法国汉学家雷米查，在1819年最早将《真腊风土记》译成法文，以后连续三次再版。吴哥文明使欧洲人大为惊诧!善于艺术创造的法国人在见识了吴哥窟之后，不得不发出即使古希腊和罗马遗迹在它面前也不禁黯然失色的感叹！

1902年，这本书新的法文译本问世，著名汉学家伯希和不但翻译了它，而且根据自己的研究为之作出笺注。

而在1971年，它才终于译成柬文，第一次以高棉的文字出现在书中所极致描述的土地上。

没有这本书，我们对吴哥文明可能一无所知。

——法国著名汉学家伯希和

成宗元贞二年（一二九六年）二月二十日，使团从温州拔锚出航。

一路顺风，船急速南行。经福建、广东，航行在海南岛东面和南面的海面上。这片水域，当时称「七洲洋」。这是一段艰险的航路。那时流传着「去怕九洲，回怕昆仑」。

三月十五日使船驶抵占城国。船泊在该国主要港口新洲（今越南归仁），市面繁盛，人员杂处。占城继续南行，今湄公河流域当时为真腊疆域。停靠港为真蒲（今越南巴地、头顿一带）。这段航程遇上逆风，航速减慢，冲破险阻，抵达真蒲，进入真腊领土。

真蒲开船后，调整航向，稍往南即向西，到达湄公河口外海。驶近岸边，只见到处修藤古木，黄沙白苇，很难找到进入河道的港口。觅到湄公河一条支流的人海口，使船就从这里进入湄公河。

逆水北行，在今金边地方，进入洞罗萨河。半月后，到达查南（今柬埔寨磅清扬）。再往上，河水变浅，大船不能通行，换乘小舟，沿河进入淡水洋（今洞里萨湖）。沿湖南岸西行到佛村（今柬埔寨菩萨）。从佛村起航，横穿洋水洋。七月到真腊首都吴哥。

使使节团地逗留年余，於大德元年起程返国，八月十二日抵 宁波。

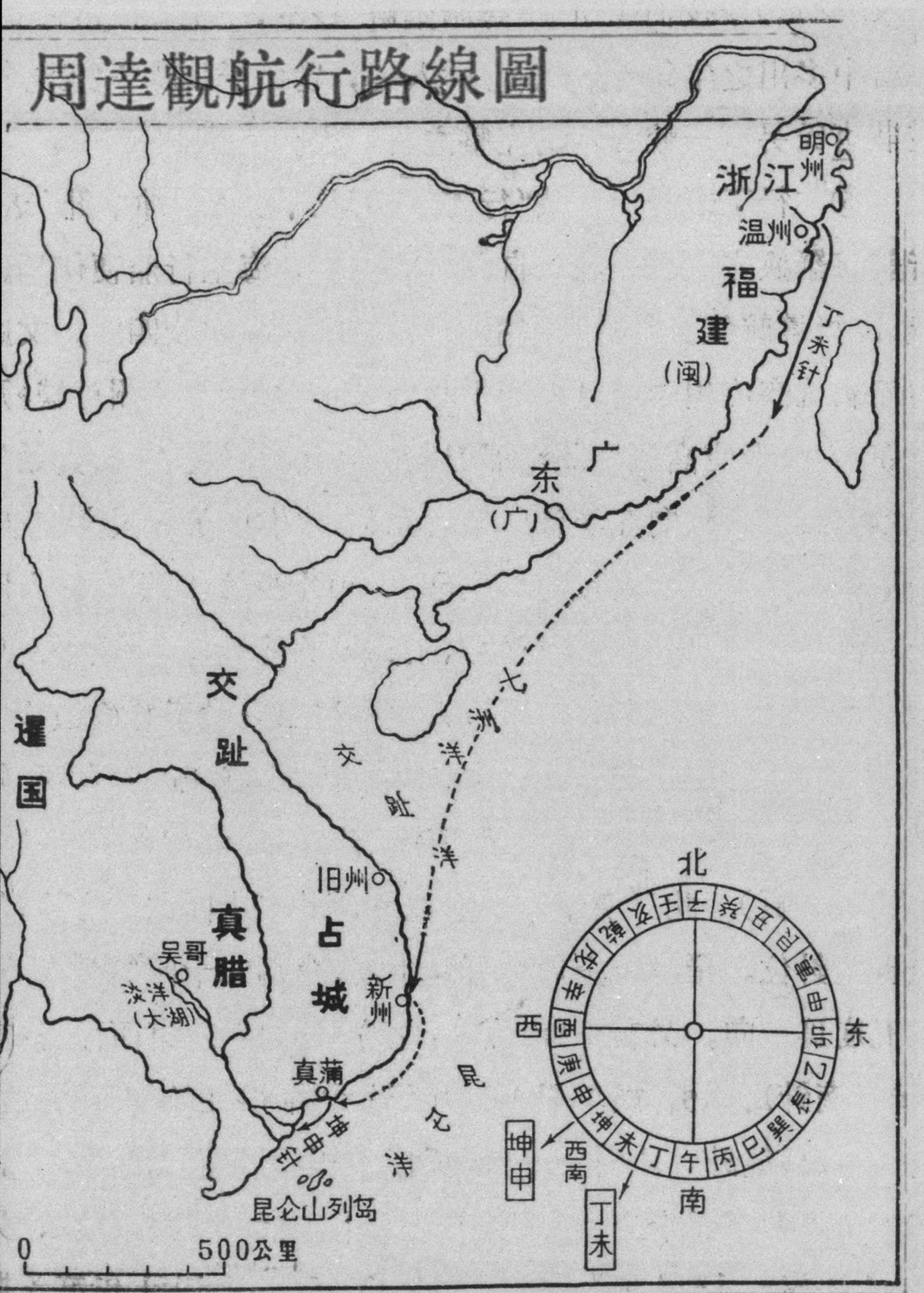

此图引用自中外交通史籍丛刊的《真腊风土记校注》

城墙

王城呈方形。城墙至今相当完整。
城墙内的四角都有雕刻着四面佛头像的角塔，分别刻着“圣水”、“圣山”等字样。
全部以红沙石砌成，故也称之为“红墙”。城墙厚约3.8米，高约7米。
每边长约3公里，周长约14公里。城外环以深壕，保护着都城。

城桥

护城河长16公里，宽六七十丈。城门外的护城河上建有雄伟的大桥。桥面宽阔，桥的两旁分别矗立着27尊抱着巨蛇的石神像。石神像每尊高2.2米。)左边神像的代表天神，右边代表妖魔阿修罗P84；雕像一起拉着七头巨蟒瓦苏基，这景象正是印度神话《搅拌乳海》P84中的序幕。（真佩服高棉人的想像力，如此富于创造性的用故事的情节架托起巨大的石桥，让人深信这些神煞不仅为国王求来不死的甘露P84，同时还在这里忠心耿耿地镇守着城门。）从眼睛的形状可以分辨谁是天神，谁是阿修罗.

城门

建造者：阇耶跋摩七世(JayaviravarmanⅦ)1181-1220年
建造时间：12世纪末-13世纪初
信奉宗教：佛教
建筑风格：巴戎寺

吴哥寺北1.7公里
巴肯往北，过石桥进入南门
1/4小时

全城共有五道城门，四道通向城中心的巴戎寺，还有一道通向皇宫。门宽7米，高23米（相当于8层楼高）。顶端有三座“四面像宝塔”，中间宝塔高大，两侧宝塔略小。

那“四面像”到底是谁？

有人说那是国王阇耶跋摩七世的面容。
有人说那是大乘佛教的观音P83。
有人说那是印度教的创造之神“梵天”P83。

他在干什么？

有人说他们在守护着都城。
有人说他们在欢迎对四方来客。
有人说他们眼观四面耳听八方守望着世界。

对考古而言，一个问题如果有两个或以上的答案，那就代表它还没有答案。

吴哥城的五道城门分别为：

胜利门——东门以北500米处，入城向西直通王宫。是国王通行之门，同时是检阅军队胜利归来的地方。
东门——死亡之门，百姓逝世后由此门送出火化。
西门——犯罪者所走的门。
南门及北门——百姓通行之门。

世界创造者：梵天
Brahma

在印度教神话中梵天（婆罗摩）为创造之神，宇宙之主。也是世界上惟一真实的存在。

梵天创造世界：世界混沌初开，他从金蛋中破壳而出，孤独惆怅，于是就开始创造世界。创造出一切生物、恶魔、灾难。宇宙万物，甚至连时间、语言、情感、欲望及一切矛盾相对的冷热、痛苦欢乐……甚至连“毁灭之神”湿婆和“世界的拯救者”毗湿奴都是他直接或间接创造出来的。

佛教形成后，又吸收了印度教神话的内容，将梵天变成护法天神。

四张脸的由来

创世之初，深感孤独寂寞的梵天，一分为二，用自己身体的一部分造出了一个女性。她叫莎维德丽。梵天一见这女人，心中便萌发了爱慕之情。梵天目不转睛地望着莎维德丽，她被看得不好意思，便转到梵天的右边去了。梵天还想看她，于是他又长出了一个目光朝右边的脑袋。莎维德丽来到左边，梵天又长出一个面向左边的脑袋。当莎维德丽躲到他背后时，梵天又长出一个脸面朝后的脑袋。变成了一个四面梵天。

观音：无上智慧者
Avalokita Svara

Avalokita“观”，Ssvara“音”，意即该菩萨时刻在观察人间一切众生的疾苦，听取其吁请，故汉文译作“观音”。也有人认为，avalokita义为“观境”或“正觉”、“无上智慧”，svara义为“进退无碍”、“一切自在”，义为该菩萨能够自由的达到无上智慧，故汉文译作“观自在”。

据说，观音最初乃是南印度的一个男性神祇，于公元3至7世纪期间被佛教的大乘教派所采用，和文殊菩萨一起，备受各地的崇拜。

普通大众视观音菩萨为彻底的慈悲怜悯之心的化身。

有关观音的一个传说云，他出于对天下一切众生的怜悯，故发重誓放弃成佛和达到最终寂灭，以便持续不断的广布佛教教义，直至最后一个生物得以觉悟，脱出轮回之苦。观音就这样无限期滞留在世上，自己却失去了最高佛果。他在普通大众心目中的地位却上升至无限高度。信徒凡遇急难之事，大多频颂观音名号，以脱离灾厄。

梵天创造了天地空间之后感到非常疲乏。
于是把统治世界的权力交给后代：即

su-ra 修罗 和 a-su-ra 阿修罗

天神是含蓄的杏眼

中国人一般把修罗称作“天神”。

梵文“阿”是否定冠词，阿修罗即非修罗之意。

阿修罗是凶刹的瞪圆眼

许多世纪以来，他们惟一的一次合作：《搅拌乳海》

天神、阿修罗、乾闼婆和阿卜娑罗等，聚会在须弥山上，就疾病和衰老发生了激烈的争论。那时候，天神们也有生老病死。他们想：我们如何才能避免生老病死，长生不老呢？毗湿奴说：“让我们与阿修罗一起去搅拌大海，从中提炼长生不老的琼浆玉液。”天神们都很赞同毗湿奴的建议；与阿修罗达成协议，一起去搅拌大海，得到永生药剂时，平均分配。

他们决定以蛇王瓦苏基来代替绳子，以曼多罗山作搅拌棒，还请求把世界驮在自己背上的龟王沉到海底，以便当作搅棒曼多罗山的撑点。龟王将背移近，天神和阿修罗把曼多罗山放在龟背上。然后把瓦苏基蛇当绳子缠在山腰。阿修罗抓住大蛇的头，天神抓住大蛇的尾巴，他们开始转动搅棒，一直搅拌了数百年。

冒着炎热的火焰和倾盆大雨，阿修罗和天神们不知疲倦地转动搅棒，海水经反复搅拌，开始变成奶。

海面上出现了新的宝物和神：

一轮明月；美丽的幸福女神拉克什米，成为毗湿奴妻子；阿卜娑罗中最美的仙女阿卜娑罗兰跋，她被乾闼婆抢走了；豪华的酒神；一匹神奇的白马乌蔡什罗婆，被天帝因陀罗收养；像太阳

一样闪光的魔石考斯图跋，它后来成了毗湿奴大神的胸前装饰物；云彩般巨大的白象伊罗婆陀，它成了因陀罗的坐骑；神奇的柏里贾塔树，它开的花芬芳扑鼻，也被因陀罗拿走了；神医檀般陀里，他手里拿着盛满长生不老药剂的贵重酒碗。

随后，海面上出现了可怕的剧毒物质。由于这种毒物蒸发，宇宙面临毁灭，天神、阿修罗以及所有生灵都惊恐不安，向湿婆大神求救。为了拯救宇宙。湿婆把这些剧毒吞了下去，由于毒性太大，湿婆的脖子都烧青了。从此，湿婆又叫“尼拉坎陀”，意为青颈。

阿修罗一见盛着药剂的器皿，蜂拥而上，发出了可怕的喧嚣。他们冲向酒碗，你争我夺，都想一口吞下这琼浆玉液。

毗湿奴大神一见这混乱场面，灵机一动，变成一个美丽的女人，来到阿修罗中间。阿修罗一见这绝妙女子，被美女魅力所迷惑，停止争夺盛药剂的碗，并把它交给这位姿容艳丽的女人。

顷刻间，美女和长生不老药剂不见了。阿修罗陷入一片混乱，而以毗湿奴为首的天神们则早已远走高飞，并开始传饮这长生不老药剂。阿修罗中，只有罗睺知道药剂的去处。他扮成天神。悄悄地接近盛药的器皿，这时，太阳神和月亮神发现了罗睺，并揭穿了他的伪装。毗湿奴大怒，砍下了罗睺的头。由于他刚刚喝了一点长生药，而且药还在喉咙里，所以罗睺的头是永生的了，并升到天上，但他的身子却掉了下来，砸得地动山摇。罗睺的头留在天上，他对太阳和月亮极端仇视。所以常常追逐他们，以报揭发之仇。有时他抓住太阳或月亮，想吞下去。这就是日蚀或月蚀的由来。罗睺的尾巴，有时也以彗星的形式，出现在天空。

阿修罗和天神之间，为了长生不老药剂爆发了最残酷的战斗。毗湿奴的铁饼，像焚烧一切的火焰，使阿修罗胆战心惊。阿修罗的尸体堆积如山，他们的血液横流似海。阿修罗虽然死伤惨重，但仍顽强地坚持战斗，最后实在坚守不住了，他们才撤退到地下和海底。

天神们获胜了，兴高采烈地各自回到自己的住处。把盛琼浆玉液的器皿交给达摩之子那罗保管。

王城中心建筑遗迹指示图

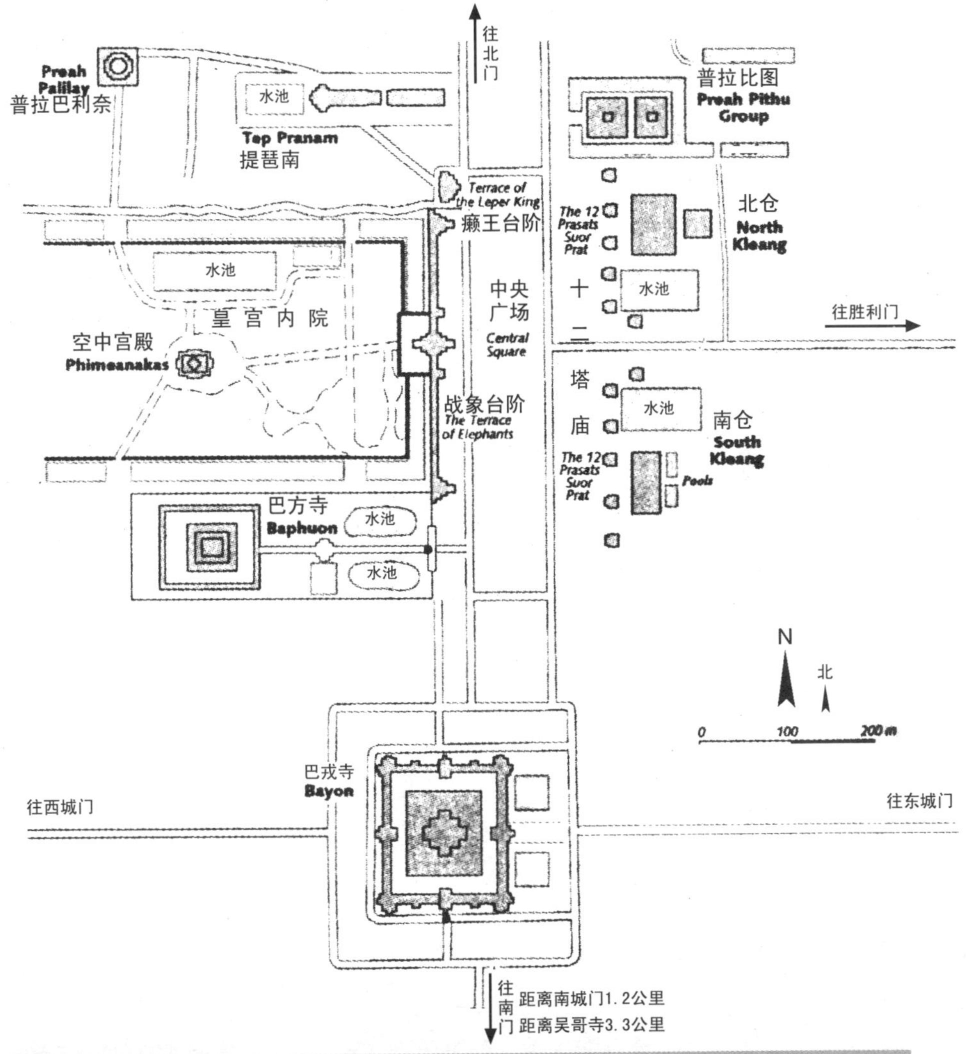

[阿修罗]比天神出生得早些，称为兄长。阿修罗非常强大，聪明而且懂得魔法，能随意隐形，财宝数不胜数。他们先后在天上和地上，用金、银、铁建筑了三个要塞。后来又将其合而为一，名叫“特里普拉”，即三连城。本来，阿修罗是极为虔诚和道德高尚的，严格遵循神圣的教礼，幸福总是伴随着他们。可是后来，他们因自己力量雄厚、才智超群，变得傲气十足专横跋扈起来。他们不再受到眷顾，幸福转向天神。天帝因陀罗在大会战中消灭了许许多多的阿修罗。梵天愤怒的产物——威严的“鲁得罗”（湿婆）进一步打击了阿修罗，并捣毁了他们的三连城。后在佛教中称阿修罗为非天、劣天、魔鬼。

战象台以北，中央大道西侧
中央大道西侧进出
1/4小时

癞王台阶
Terrace of the Leper King

其他中文名称：利泊王坛
建造者：阇耶跋摩七世(Jayaviravarman Ⅶ)1181-1220年
建造时间：12世纪末
信奉宗教：佛教
建筑风格：巴戎寺

是一个7米高的平台。在平台的顶端有一个全裸的没有性别的塑像。为什么叫癞王台阶，至今没有一个清楚的说法。这是吴哥的其中一个未解之谜。

解说一：当时发现雕像时，雕像被地衣附在上面，呈现就像长了癞一样，故名；解说二：那是高棉传说的历史上一个国王，因一位敬拜者在冲动之中的亲吻，使这位国王患上麻风病。

也有专家认为塑像是死神阎摩（塑像的右手持杖，后被破坏）；甚至出现新的观点认为那是阇耶跋摩七世和佛陀的合体。经过考古学家初步勘察，现初步推断癞王台所在地是当时的“皇家火葬场”。

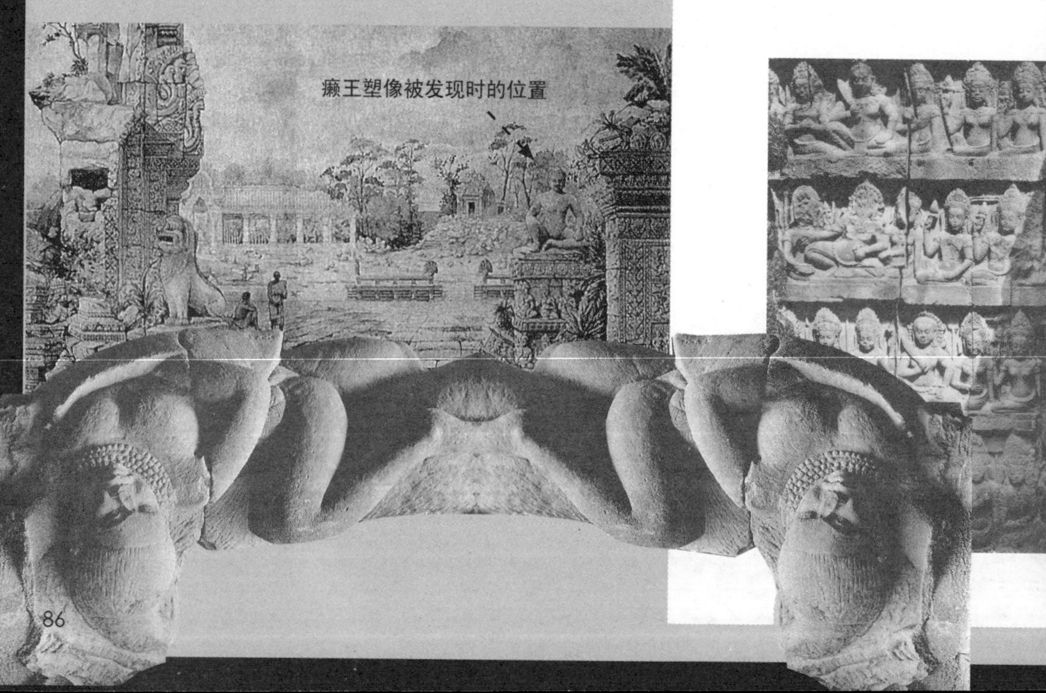
癞王塑像被发现时的位置

皇宫广场东端，中央大道西侧
中央大道西侧进出
1/4小时

战象台阶
Terrace of the Elephants

其他中文名称：大象坛、斗象台、群象台
建造者：阇耶跋摩七世(Jayaviravarman Ⅶ)1181-1220年
建造时间：12世纪末-13世纪初
信奉宗教：佛教
建筑风格：巴戎寺
提醒：中午前有好的光线。

古王朝王宫已是废墟一片，但它的战象台仍耸然屹立。它在过去是举行庆典仪式的地方，同时也是国王的阅礼台。你站在这里，尝试想像金色遮阳伞下的头冠金观的国王在这里检阅步兵、骑兵、马车和战象列队穿过中央广场的色彩斑斓的盛况。在吴哥时期，这里每年都举行盛大的斗象大会，只有在这场大搏斗中胜出的大象才能成为国王的坐骑。350米长的巨象石雕正是为我们讲述当年惨烈的斗象故事。

现在台阶上的癞王塑像是复制品，原来的那个藏在金边的国家博物馆里。

✦ 战象台以西
⇥ 登上战象台阶，进入皇宫遗址
◷ 1/2小时

皇宫(遗址)
Royal Palace

建造者：阇耶跋摩七世(Jayaviravarman Ⅶ)1181-1220年
建造时间：12世纪末-13世纪初
信奉宗教：佛教

经历战争、风雨和年轮洗礼，除了两个靠近北墙的砂岩石砌的宫廷浴池和考古学家开挖的沟壑和散落的瓷瓦片外，什么都没有剩下了。全木结构的王宫建筑已荡然无存。四周荒草颓垣、满目疮痍。

周达观P80则要幸运得多。他曾亲身进入戒备森严的宫城，目睹了宫殿的华丽和宫苑的不凡气派。这些，他都用笔记录了下来。手揣着《真腊风土记》，迂回于遗址沟壑间，跟随周达观走回13世纪吴哥王朝时辉煌华美的宫苑：

国宫及官舍府第皆面东。国宫在金塔、金桥之北，近北门。周围可

考古学家至今还没发现“金桥”所在

五六里。其正室之瓦以铅为之；余皆土瓦，黄色。梁柱甚巨，皆雕画

600X250米

土瓦上包锡

佛形。屋颇壮观，修廊复道，突兀参差，稍有规模。其事处有金窗，

棂左右方柱，上有镜约四五十面，列放于窗之旁。其下为象形。闻内

中多有奇处，防禁甚严，不可得而见也。

国王接见周达观时所处的“金窗”到底是怎么个样子？那些镜子是如何状态？作何用？所有都留待好奇者“天马行空”的去想像，考古学家去解答，文字学究们去翻译了。

其内中金塔，国主夜则卧其下，土人皆谓之中有九头蛇精，乃一国

空中宫殿

之土地主也。系女身，每夜则见，国主则先与之同寝交媾，虽其妻亦

不敢入。二鼓乃出，方可与妻妾同睡。若此精一夜不见，则番王死期至矣。若番王一夜不往，则必获灾祸。

其次如国戚大臣等屋，制度广袤，与常人家回别；周围皆用草盖，独家庙及正寝二处许用瓦。亦各随其官之等级，以为屋室广狭之制。其下如百姓之家，止用草盖，瓦片不敢上屋。期广狭虽随家之贫富，然终不敢府第制度也。

- 皇宫遗址内
- 用西梯登顶
- 1小时

空中宫殿
Phimeanakas

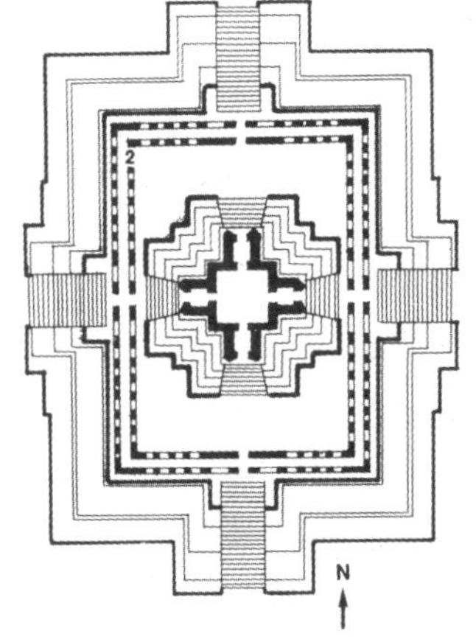

其他中文名称：菲米内克斯庙、金塔、非敏那卡寺、绯明纳卡寺

建造者：罗贞陀罗跋摩二世(Rajendravarma Ⅱ) 944-968年

建造时间：10世纪末-11世纪初

信奉宗教：印度教

⚠第三层台阶非常陡峭

建筑风格：南北仓

现存遗迹乃苏利耶跋摩一世(1002-1050年)拆毁重建，并于平台上中央建一涂金塔，当时碑刻称之为“金角山”，即周达观所谓国王庐中之金塔也。此为皇城中之圣庙。传说中以此即宫殿，称之为“空中宫殿”。

是吴哥城里最高的建筑。登顶的视野很好。整个建筑构筑于高台之上，由于台高，所以，给人以“空中”的感觉。“空中宫殿”的回廊建筑，可以说是后来吴哥寺回廊建筑的雏形。

曾经冠冕一个金顶——周达观称之为“金塔”。 金塔上藏着一蛇精，晚上变成一个女人。国王必须每天晚上与她同睡，否则国王或他的王国就会有灾难。

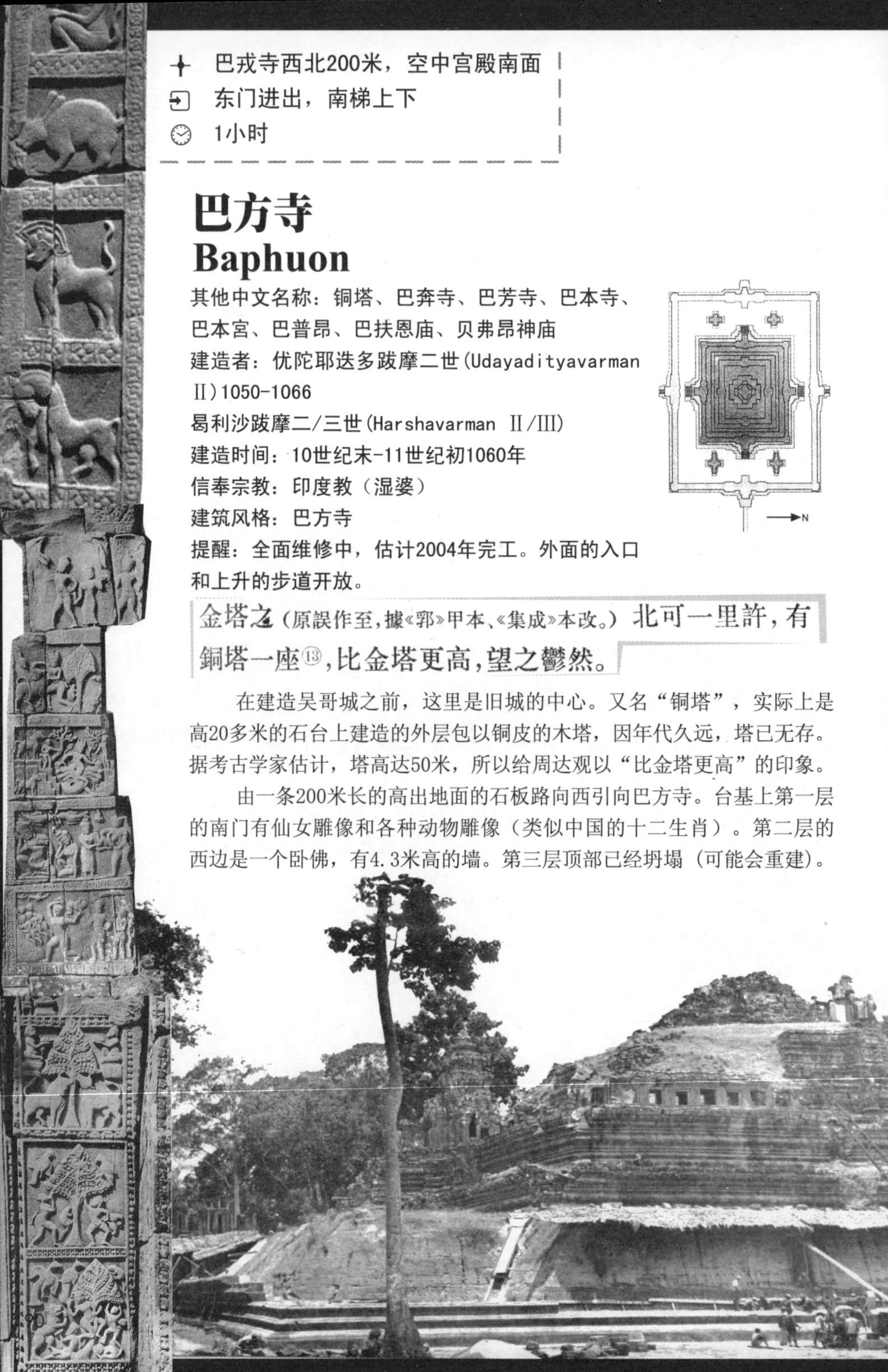

巴戎寺西北200米，空中宫殿南面

东门进出，南梯上下

1小时

巴方寺
Baphuon

其他中文名称：铜塔、巴奔寺、巴芳寺、巴本寺、巴本宫、巴普昂、巴扶恩庙、贝弗昂神庙

建造者：优陀耶迭多跋摩二世(Udayadityavarman Ⅱ)1050-1066

曷利沙跋摩二/三世(Harshavarman Ⅱ/Ⅲ)

建造时间：10世纪末-11世纪初1060年

信奉宗教：印度教（湿婆）

建筑风格：巴方寺

提醒：全面维修中，估计2004年完工。外面的入口和上升的步道开放。

金塔之(原誤作至，據«郛»甲本、«集成»本改。)北可一里許，有銅塔一座⑬，比金塔更高，望之鬱然。

在建造吴哥城之前，这里是旧城的中心。又名“铜塔”，实际上是高20多米的石台上建造的外层包以铜皮的木塔，因年代久远，塔已无存。据考古学家估计，塔高达50米，所以给周达观以“比金塔更高”的印象。

由一条200米长的高出地面的石板路向西引向巴方寺。台基上第一层的南门有仙女雕像和各种动物雕像（类似中国的十二生肖）。第二层的西边是一个卧佛，有4.3米高的墙。第三层顶部已经坍塌（可能会重建）。

✦ 癞王台阶西北100米
⊡ 从中央大道西边小径进出
◷ 1/2小时

提琶南
Tep Pranam

建造者：耶输跋摩一世(Yasovarman Ⅰ)889-910年
建造时间：9世纪末-13世纪
信奉宗教：佛教

在9世纪耶输跋摩一世把首都迁回吴哥时，提琶南还是一个佛教神龛。一段长道，在最末端有一个4.5米高佛陀的塑像。现在看到的是由原来的构件从新置装的。

现存的是12世纪修建的栏杆，13世纪的狮子和富有巴戎风格的外加部分。

✦ 皇宫北面，提琶南西面，癞王台阶后面
⊡ 东面进出。从皇宫林间小径穿过，到空中宫殿北；或从中央大道癞王台阶北进入。
◷ 1/2小时

普拉巴利奈
Preah Palilay

其他中文名称：圣琶丽
建造者：阇耶跋摩七世
建造时间：12世纪末-13世纪
信奉宗教：佛教
建筑风格：吴哥窟和巴戎寺

砂岩石和砖建造的塔在一个阴凉的树林里。十分破败的寺庙 。本来有一个佛像，现在遗失了。

✦ 癞王台阶东北
⊡ 从中央大道东面进出
◷ 1/2小时

普拉比图
Preah Pithu

其他中文名称：圣皮度寺
建造者：苏利耶跋摩二世 (Suryavarman Ⅱ) 1113-1150年
建造时间：12世纪上半叶（13世纪一部分）
信奉宗教：印度教（湿婆）
建筑风格：吴哥窟

✦ 十二塔庙东往东
分别位于胜利门主干道南北两侧
⊡ 从西面进出
◷ 1/2小时

南北仓
North Kleangs & South Kleangs

其他中文名称：南科郎和北科郎
建造者：阇耶跋摩五世(Jayaviravarman Ⅴ)968-1001年，苏利耶跋摩一世(Suryavarman Ⅰ)1002-1050年
建造时间：10世纪末-11世纪初
信奉宗教：印度教
建筑风格：南北仓

✦ 位于中央大道东面，往胜利门主干道南北各六个
⊡ 从中央大道进出 ◷ 1/2小时

十二塔庙
Prasat Suor Prats

建造者：（?不确切）
建造时间：12世纪末13世纪初
信奉宗教：佛教
建筑风格：巴戎寺

12个完全相同的的塔庙。其用途一直在争论中， 在12世纪，周达观给出一个浪漫的但很难令人信服的用途。他写道那是用于公判是非的地方：在那呆上一些日子，争辩是非。一说法是给濒临死亡的人在那儿等待死亡。

二零零二年，五月十日，巴戎寺

巴戎寺

Bayon

巴戎寺的塔共计49座（有说是37座），中间一座最大，高约40多米，其余48（有说是36座）座如众星拱月般全部簇拥在它的周围。这49座佛塔顶部分为四面，每面刻有一个巨大的佛像，共计196座之多。一位文物保护家把它比作“人用手塑造和雕刻出的一座山峰”。

吴哥城中心，南门以北1.5公里
四面皆可进出
1+1/2小时

巴戎寺
Bayon

其他中文名称：巴壤寺、巴云寺、巴扬寺、巴阳庙、拜云寺、百因庙、巴雍寺、拜容寺、大金塔
始建者：苏利耶跋摩一世(Suryavarman)1002-1050年
重建者：阇耶跋摩七世(Jayaviravarman Ⅶ)1181-1220年
建造时间：12世纪末
信奉宗教：佛教
建筑风格：巴戎寺

在阇耶跋摩七世亲自参与下，吴哥城真正成了他自己的都城，并在城中心建起了高耸的庙山——巴戎寺。他成功地将这类纪念建筑所具有的复杂而完善的象征性推向了巅峰。

巴戎寺位于吴哥王城的中央，原叫“耶输特拉芝里”，意即“耶输跋摩山”，象征着宇宙的中心。后称“巴戎干丹”，也有“中心”之意。

庙宇的建筑结构甚为复杂，经多次重修改建。整个建筑事实上是由两座造型不同的寺庙叠建在一起。穿行于巴戎寺里，如游弋在迷宫式的“大头林”中。

廊道内突然冒出来一个穿白衣服的秃头老妇，要我朝一个佛像跪拜，还指引我在黑暗的廊道中俯瞰一个深深的井。

不敢再多看一眼，生怕掉到“地狱”里去。

远远的看，那是山，不，是庙，跨进门洞，静寂，阴暗，潮湿，凝固着九百年前的空气，有声音，水滴声，隐隐约约，远远近近，缓急不一，脚步打滑，打开手电筒，青苔，藤黄的青苔，藻绿的青苔，青苔下裸露的浮雕，这里，那里，满天地都是，拐弯，再拐弯，同样的廊道，拐弯，有一道梯子，梯子顶端有道光，沿着梯道往上走，另一个世界，天庭，巨大的脸，反反复复，不笑不怒，不温不冷，好多神龛，没有佛，我坐到里面，呆呆看巨脸，巨脸微笑。天暗下来，蚊子叮，想离开，迷路，找到梯子，不是原来那道，经过潮湿的地（狱），回到人间，听到摩托车的马达声，司机正对我笑。

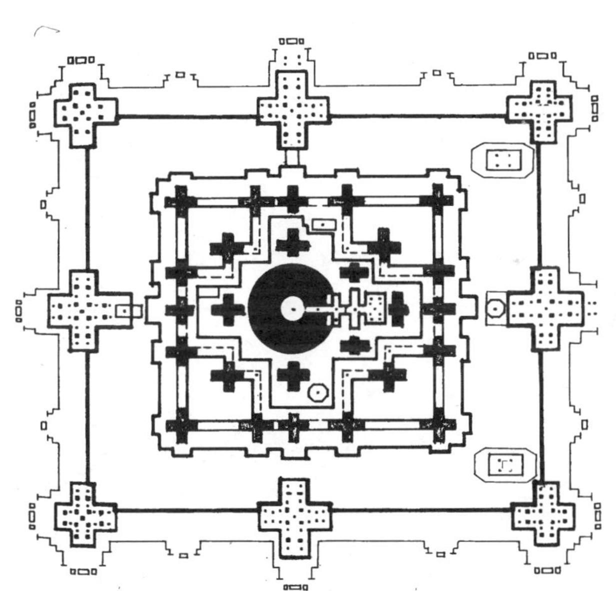

寺庙正中央矗立一宝塔，部分坍塌，现高45米。当时塔顶镀金；从上到下有54个犹如群山起伏的宝塔，塔顶刻有巨大的四面像；其中一组由16座相连的宝塔构成的建筑群，代表当时的16个省；宝塔下有多个呈放射状的礼拜堂，里面本来设有其他众神塑像。现在已空空如也，佛像大多都散落在欧洲的大小博物馆里了。

佛像眼睑下垂，眼睛微闭。

四张稍翘的厚唇、微垂的眼睑、扁平的鼻子、宽坦的前额和长长的耳朵，安详中带有几分神秘——悲喜不形于色。面对四方：象征着国家思想的高度统一；象征着天堂与地狱、天上与人间、国王与人民、佛教与婆罗门教之间的统一；代表着国家从上到下都应遵守的统一法规。神像既能看到从王都到边境每个人的活动，又能看到天堂和地狱中的一切情况。他时刻在监督着众人的一言一行，谁也不敢越雷池一步。

巴戎寺上层很多小神龛的用途不详，从建筑结构来看，有推测是用作摆放神像的。但从发现时起神龛已经是空无一物了。

这位国王

巴戎寺的建造者阇耶跋摩七世。（你如果想了解他在高棉历史上的功绩可以先跳到P169）他最吸引我的是：他是如何把如此摄人的“巴戎寺”给设计出来的？即使不是他自己亲手规划的图纸，那至少也是他敲定的。**那他也当对什么叫力量、完美、永恒有着惊人的判断力。**

他是一位君主，他要按照自己的意志来塑造都城的这坐标志性建筑，既要反映他的宗教理念，又要体现他的政治需要。

吴哥帝国的每座庙宇都供奉着主神。婆罗门教庙宇供奉“林迦”，佛教庙宇则供奉观世音菩萨。而作为统治者的国王无论信仰何种宗教，都无一例外地把自己当做是他信奉的主神的化身或转世。

阇耶跋摩七世没有把最大的神庙献给湿婆或毗湿奴，这些印度教的神灵未能保护他们的城市免遭占族人的侵略。他将吴哥最后的一座伟大的神庙献给了佛。

很久以来，塔上雕刻的四个面孔一直被认为代表着湿婆的模样。20世纪30年代，法国学者做出结论，认为雕刻这四个面孔的灵感很可能来自佛教，而不是印度教。且就是国王的容貌，他具有像神一样的地位，他的目光注视着远方，仿佛小心地看护着他的臣民。

在这个建筑物上，所有的构件都和谐、有力的相互造托出国王的意旨中的神殿，它的伟大在于——不仅唯神，且唯美。

巴戎寺，有小塔十六所。全国各省重要庙宇之佛像，皆有其复制品供奉于此十六小塔中。此或即《真腊风土记》中所指的“聚一国远近之佛”。

恩格斯说：

“宗教是窃取人和自然的一切内涵，转赋予一个彼岸的神的幻影，而神又从他这丰富的内涵中恩赐若干给人和自然。因此，对这个彼岸幻影的信仰只要是强烈而生动的，那么，人至少经过这条弯路总可取回若干内涵。中世纪的强烈信仰就这样赋予整个时代以显著的精力，不过这精力并不是外来的，而是存在于人性中的，尽管还是人所意识不到的，还是不发展的。”——《马克思恩格斯论宗教》，3—4页，人民出版社，1962年）。

忘掉批判

请原谅，每当我站在浩大的工程前，我总是无穷尽的赞颂，而略掉一些很“本质”的东西（书本上总是被隆重的放于文首或文末的关于劳役与被劳役，压迫与受压迫的话题），之后偶然自责。决心扫除这些思维盲点。却不曾成功。

为满足帝王们的永生的野心，而忽略千万劳动人民所承受的疾苦。

那是用血汗的劳动。但我相信当时的“劳动”与现在的纯粹“出卖”劳动力是不尽相同的。那是付之生命的劳动，是他们穷生命全部之美呈于他们所相信的神和天的劳动。他们在劳动之间是有所得的，那时候，可能物质更其次，是附属品，精神才是“存在”之食。

巴戎寺——国王出的很大的课题，劳动人民交出的很棒的作业。

被我略过的浮雕

走在阴暗的廊道里，青苔、爬虫和浮雕同时进入我的视线。我首先在乎的是爬虫，害怕它们跳到我身上；再就是地上的青苔，因为它们让我脚步打滑；最后才关心裸露在青苔间的浮雕，它们就像青苔一样无处不在的附在吴哥的大小建筑上，多得让我迷糊和麻木。错觉上那浮雕是自然而然的长成的，而不是用人力雕琢而成的。

关于这里浮雕——我主观上赞美它，在乎它；而客观上，我略过了它。

归咎于我的行色匆匆，归咎于它们的无处不在，归咎于我的囫囵吞枣，归咎于工匠们的不厌其烦。只能向自己保证：下回再踏足吴哥时，就是为浮雕而来的。

以前的灵魂被宗教挤压，现在的精神被物质挤压。我想，在某些程度上，后者不一定比前者幸运或进步。

吴哥的微笑

关于被高棉人刻凿在巴戎寺石头上的微笑（左图），人们各有各说法。

学者甲：

吴哥艺术有一个显著的特点，那就是它的人像、神像、佛像，总带有一种神秘而又富于魅力的微笑，即所谓“吴哥的微笑”。人面眼睛微闭，静观自在，慈祥而法力无边，微妙地体现了佛教的教义精神。

学者乙：

这种佛面人像是阇耶跋摩七世的面形，统治者的神性和无所不在的君权，他环视四方，审视着整个国家。

学者丙：

它是大慈大悲，救苦救难观世音的化身。

学者丁：

佛教的“四无量”(慈悲喜舍)的象征。

游者甲：

只不过是当时高棉人的喜怒哀乐四种表情。这类头像的面容，高颧厚唇，有着高棉人的强烈的世俗气息，倒是活现了他们在和平生活中的精神世界。

游者乙：

佛头像呈沉思状，同时带有男性的力量和女性的外貌，面容端庄俊美，头戴王冠，宽厚的嘴唇带着安详含蓄的微笑，有力的眼神显示出尊严和威力，随着阳光照射的变化，这些人面头像的面容表情也随之千变万化。

游者丙：

两百多个微笑浮现在葱绿的森林中，多变的光线或正或侧，时强时弱地探照，树草中的虫鸟此起彼落的交脂轮唱，国王的微笑反而胜过建筑本身的宏伟。

我更偏爱小仙女阿卜娑罗的微笑。

游者丁：

“这些面孔会使人感到不安，当抬头遥望那些淹没在翠绿丛中的石塔时，突然感到一阵战栗。我有一种不可名状的恐惧。这恐惧从头的上方直扑下来，伴着一阵痴呆狂笑。我已被来自四方的面孔所散射出来的寒光所征服，我不寒而栗！”

游者戊：

如果要把卢浮宫玻璃柜里《蒙娜丽莎》和吴哥作比较，讨论谁的微笑更有诱惑力的话，我选后者。为什么？不知道。可能是不喜欢在博物馆里排队吧。

《黄孩子》里有一首歌，其中一句：“黄土墙上的影子对我说——望着你自己，这就是你，这不是你，这才是你，这才是你自己。”

每座雕像都会随着光照的强弱及观看角度的不同，现出自己的多面形体与多种情状，显得变幻莫测。

有些时候，有某些东西必须被说出来，但是却说不出话来；有些时候，眼泪可以比语言说得更多；有些时候，笑声可以比语言说得更多；有些时候，姿势可以比语言说得更多；有些时候，沉默可以比语言说得更多。—— 奥修

洞里萨湖岸正在激战。将军骑在大象上，指挥着如潮的士兵。湖中千舟齐发，击
奋桨向前冲锋。士兵们挥舞着刀和盾牌
相互厮杀，有的倒下了还举着武器，有
负了伤还在抵御敌人刺来的长矛。

他们在“和平时期”是雕刻工匠，在“战争时期”成为士兵。

他们刻上了“战争与和平”

围绕着台基的建筑，有两个同心的方形回廊，分别建在两个层台上，

内层回廊的浮雕主要是神话故事、印度教传说和佛祖释迦牟尼的生活。

外层回廊的浮雕则是另外一番情景。艺术家们跳出了神话传说的圈子，选择了现实斗争作为题材，且罕有地记录了当时人们耕耘渔猎、集市贸易、婚礼祭祀等生活图景。使浮雕面目为之一新，充满着清新的生活气息。

腥风血雨的古战场：占婆人的入侵，对吴哥的占领和烧杀抢掠；高棉人与入侵者的搏斗，把国家和吴哥从占领者的铁蹄下解放出来……

正在做饭的高棉人

这些惨烈、悲壮、不屈不挠的战斗场面，都活生生地再现在石壁上。这些看似血腥的画面不是艺术家的凭空想像，而是高棉人战斗生活的写实。吴哥王朝的兴起与繁荣曾经经历怎样的浴血路程就烙在浮雕上。歌颂正义，缅怀先烈，激励后人，也是对领导他们的统帅阇耶跋摩七世的铭记和颂扬。

喜气洋洋的生活图景：有展示各种生产工具和牛车车辕、镰刀、小船和鱼网的画面；也有人们从事各种生产劳动的图景：有的耕作，有的捕鱼，有的狩猎；还有长胡子扎髻的中国人和高棉人做生意买卖的图景。有欢宴图、集市图，也有斗鸡或斗猪图。最为有趣的是一幅杂耍图。画面上，有乐队在伴奏，进行着各种形象的杂耍表演，有摔跤的，有走绳索的，有躺着用脚顶着车轮旋转的，还有玩猴的，不但有演员，还有观众，他们坐在大伞下面，观看表演。

雕塑家把战争图景和日常生活图景很好的安排在一起，对战争与和平进行如此生动的现实主义的概括，是要告诉人们，人民厌恶战争，但是，当有人要夺取他们的自由权利，把战争强加给他们时，他们将放下镰刀，拿起刀矛，无所畏惧地同敌人战斗。

然而，频繁的战争使回廊上的浮雕未能全部完成。杂耍图就是一件没有完成的作品，有的部分只是初步加以雕凿，有的部分只在壁上勾画了轮廓。更有一些墙壁是完全空白着的。占婆人以及后来暹罗人的入侵，迫使工匠们放下了刻刀，使巴戎寺成为一座没有完全建成的庙宇……

一个士兵不是死在战场就是回到家乡。——黄永玉

每当我坐在通王城庙宇前的面向大街的石阶上时，我总是努力想像当年有市民生活的城市那街道的样子和噪音。

我坐的地方可能以前也有人坐过，或是一个小贩或一个农妇。就像周达观为我们描述的那样，到处都是热热闹闹的。

而眼前，满目葱绿，安静非常。一切都像理直气壮的告诉我 “这里从来就不曾有我想像中的城市”一样。

城市里其他一切都没有了，可以剩下来的就是石头，凝视着它们散落在地上，像一面残破的镜子。碎片在太阳光下耀眼眩目，零零星星的映照着一个已逝去的伟大帝国的辉煌。

面对着这厚大的墙垣。伸手摸索这墙，我们离得很近——空间的距离。时间上，我们却相隔了很遥远，它属于吴哥时代。

我坐了下来，紧紧靠着它，靠进千年的怀抱里。靠进那个不寂静的时代。靠着实实在在的吴哥时的墙，吴哥时的城。像当年它的市民一样——靠进高大的阴影里，躲过正午最猛烈的太阳，好好的休息一会儿才继续上路。

这个城市在八个世纪前被人遗弃，从那时开始，他们再也没有回来。

我最喜欢的一张明信片

本来它只是我买的十多款里面的其中一张，回到GH后，发现那就是我所认识的“吴哥的微笑”。第二天又回去再买了三张，临离开暹粒时又拐回去，把人家货架上仅剩的两张都买了下来。到现在我手上只剩一张了。

巴戎，吴哥文明的最后一道光。

阇耶跋摩七世(最后一个具有神性的国王)的死亡加速了王朝衰败，中央集权的逐步衰落造成了经济的崩溃。原来由对王权和国王的崇所激发的艺术开始衰落，不耐久材料也被重新使用。

此后的建筑也注定无法超越这一历史时期的建筑艺术高峰。雄东南亚长达五个世纪的吴哥王朝同时也画上了句号。

高棉，重此走进了一个寂静幽暗的时代。

讲故事的人不在了，雕刻故事的工匠不在了，这耸立的石头还在，纪念碑还在。不要伟大的战争，不要英雄，要简单的和平，要生活，要琐碎而平凡的每一天。

王城以外的建筑：A→Z

胜利门东

		页码
A 托玛侬神庙	Thommanon	113
B 周萨神庙	Chau Say Tevoda	114
C 石桥	Spean Thma	116
D 医院	Chapel of the Hospita l	116
E 茶胶寺	Takeo	117

东池附近

F 塔布茏寺	Ta Prohm	118
G 皇家浴池	Srah Srang	120
H 斑黛喀蒂	Banteay Kdei	121
I 豆蔻寺	Prasat Kravan	122
J 比粒寺	Pre Rup	123
K 东梅奔	East Mebon	124
L 班提色玛寺	Banteay Samre	125

北池附近

M 塔逊	Ta Som	125
N 格劳尔哥寺	Krol Ko	125
O 圣剑寺	Preah Khan	126
P 龙蟠水池	Neak Pean	129

西池附近

Q 西梅奔	West Mebon	131
R 阿约寺	Ak Yum	131

荔枝山附近

S 女王宫	Banteay Srei	136
T 荔枝山	Kulen	144
U 高布思滨	Kbal Spean	146

罗洛士群 Rolous 147

V 巴公寺	Bakong	148
W 神牛寺	Preah Ko	150
X 罗莱寺	Lolei	150

洞里萨湖 Tonle Sap 151

Y 格罗姆寺	Phnom Krom	152
Z 越南浮村	Vietamese Floating Village	153

北池

东池

西池

吴哥城

吴哥寺

暹粒

寺庙名称常见字：

Wat——寺庙、僧舍

Ta——爷爷、老人家

Prasat——宫殿、寺

Preah——神圣的

Vihear——寺庙

Kleang——仓库

Spean——桥

Phnom——山

胜利门东，路北约70米
从南面进出
1/4小时

托玛侬神庙 Ⓐ
Thommanon

“如一座缩写的吴哥窟”。

其他中文名称：桐末能寺、托马嫩
建造者：苏利耶跋摩二世（Suryavarman Ⅱ）
1113-1150年
建造时间：12世纪上半叶。1960年重修。
信奉宗教：印度教（湿婆和毗湿奴）
建筑风格：吴哥寺

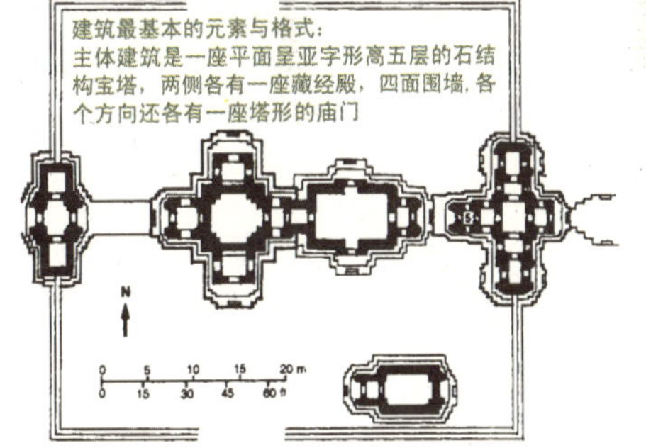

与其北边相距170米的周萨神庙为吴哥寺同一个时期建造。其建筑布局、结构形式与周萨神庙完全一样。但这两组建筑为何而建，目前尚不清楚。规模很小，看上去是“缩写了的吴哥寺”。

石头的颜色由于岁月和森林的洗礼，显得很有魅力。尤其在雨季。很舒服很舒服的地方，人坐到里面会不自觉地懒下来。

胜利门东，路南约70米
从北面进出
1/4小时

周萨神庙

Chau Say Tevoda

其他中文名称：朝塞特沃达寺、朝塞帖达、召塞
建造者：苏利耶跋摩二世（SuryavarmanⅡ）1113-1150年
建造时间：12世纪上半叶
信奉宗教：印度教（湿婆和毗湿奴）
建筑风格：吴哥寺

在19世纪后期，驻柬法国军官迪科在发现这组建筑时，从当地人口中得知该庙是供奉周萨神的，故法国人将其命名为周萨神庙。“Say”是一个高棉人的名，“Chau”一词是印度语“王”、“Tevoda”一词是印度语“神仙”，则整个名称的意思应是“Say王的神”。而“Say王”具体是谁，或是一种误传，尚不得而知。也有可能是为纪念苏利耶跋摩一世而建，或是与举行苏利耶跋摩一世遗留下的某种传统仪式有关。

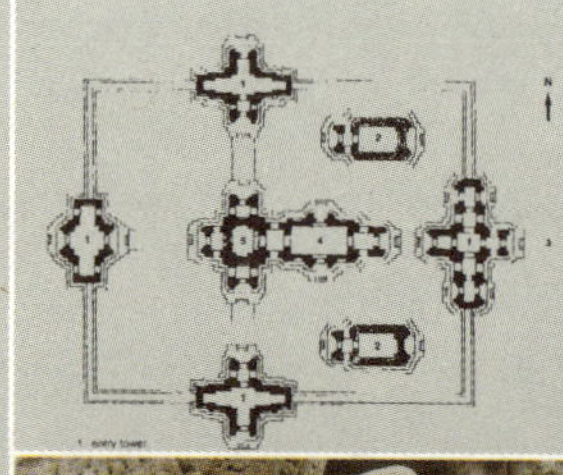

从周萨神庙的墙体上跌落的一块残片上的雕刻。是一个弥留的场景。一个男人在神的怀抱里离世。他的侍者在为他哭泣。

我一次又一次地错失

在吴哥，经常会路过一些修复工程，都会看到很醒目的外国国旗标在告示板上，最多是法国的，也有日本的。我就想：“什么时候会有我们中国的国旗也会在上面。”直到我回国后，在收集资料时才得知我国的工作队已在这里默默地工作两年多了！他们在修复“周萨神庙”。那到底它在哪，我有经过吗？我怎么没有发现？

对过资料后，我终于发现他们所说的“周萨神庙”就是Chau Say Tevoda，我曾经多次地从它身边走过。只是因为工地距离大路还有几十米的距离，我没有看到那标牌上小小的却是于我很重要的中国国旗。我面对着资料“啊”地大叫了一声。是一种“痛失”的感觉——我怎么就这样错过了。有些东西放在异国他乡就特别容易沉淀和漫溢——那就是对同胞的问好——国内的陌生途人，走到国外彼此就成了亲人——给他们来自家里的问候——用中文道声“你们好吗，你们辛苦了，谢谢你们！”或是和他们拍张合照，陪他们吃个午饭聊聊天，或用一整天看他们是怎样工作的。甚至用照相机给他们拍很多“工作特写”……

几经周折，很幸运的，我竟然和工作队的队长姜老师联络上了。我在给他的信中罗列的所有关于吴哥的问题，他都在翻阅资料和向当地人请教后给我详尽地作答。直到今天我都还没和他见过一面。但愿有天可以亲口对他说声：谢谢！

神庙里的中国工作队

1993年，柬埔寨政府和联合国教科文组织发起“拯救吴哥古迹”的国际行动，号召世界各国对吴哥的修复给予经济和技术上的支持。2000年3月，中国无偿援助柬埔寨吴哥周萨神庙的修复工程。这是中国首次参与对外国文物古迹的修复工程。整个工程将在5年内完成。承担这项工程的中国文物研究所是中国文物保护的专门机构，拥有一批经验丰富的文物保护专家。在柬埔寨，他们在工作之外，还担负起培训柬埔寨技术人员的责任等。

目前在吴哥古迹工作的队伍有法国、日本、德国、意大利、印尼、美国的民间组织“世界文化遗产基金会”和中国共十几个队。为了给国家增光、显示自己的实力，各国文物保护和修复专家都拿出了自己的看家本领。

页图片由姜怀英老师提供。

周萨神庙在吴哥古迹中虽然是一座规模不大的寺庙，但维修项目较多。现存9座单体建筑中除西塔门保存较好之外，其余8座建筑损坏情况极为严重，都要进行不同程度的维修保护。

在艰苦的环境中，中国工作队的工作不仅受到了柬方的好评，而且也得到了同行的认可。2002年夏天，著名的吴哥古迹专家，72岁的法国人吉托女士，在对来自各国的十几支工作队考察后评价：“中国工作队在石刻石雕、石材修补、构件安装、工人劳动和施工组织方面都非常好，是目前各国工作队中工作最出色的。”

“真有点像打擂台！”工作队队长介绍：法国队和日本队在维修工程的规模、投入的资金、参与的人才和时间上都是领先的，尤其在现场的考古发掘、资料研究方面花了很大精力，取得的成果多，许多施工设备都是比较先进的。在实验室和现场检测的手段上，日本队做得较全面。在科学档案记录和石雕风化保护修复技术上，德国队做得认真、细微。

虽然是第一次参加这样的国际项目，在现场施工机具，尤其是资料的掌握程度和考古发掘的深度方面，不如法国和日本队。但在维修原则的理解、勘察与维修技术、实验室和现场试验等方面的工作和法国、日本等国没有差别，显示了我国石质文物建筑保护技术水平已与国际接轨。

我们的不足之处是，由于我国技术人员掌握外语能进行对话交流的人太少，影响了我们与各国技术人员之间的更多交往。

另外，柬埔寨一年四季酷暑令人难耐，不少工作人员常常中暑。神庙蚊虫特别多，他们常常被蚊子咬得浑身起脓包。而最恐怖的是安全问题，尽管柬埔寨政府派出专门的警察负责安全，但一些武装的文物贩子和黑社会还是经常在这一带出没。

+ 茶胶寺西100米，托玛依神庙东200米

托玛依神庙和茶胶寺之间，跨过暹粒河的新桥北侧

1/4小时

石桥 C

Spean桥 Thma石

其他中文名称：思宾玛

建造者：阇耶跋摩七世(Jayaviravarman Ⅶ)1181-1220年

重建了很多次。现存的石桥是后吴哥建筑。在暹粒河的岸边上。（暹粒河道曾经改动过位置。）吴哥时期最后的建筑工程之一，这是吴哥周围惟一剩下的巨型的石桥。现在所见的桥的石材是从一个13世纪的寺庙拆下来的，是16世纪末国王重新回到吴哥时重建的。

+ 茶胶寺与石桥之间，西向东过桥后的路西侧

东面进出　　1/4小时

为了便利占城等国（今越南）信徒的朝圣，自吴哥到占城首邑（今越南东海岸的潘朗）开了多条驿道，每13-16公里建一客栈和诊所。

医院遗迹 D 点缀于朝圣之路上。

Chapel of the Hospital

建造者：阇耶跋摩七世(Jayaviravarman Ⅶ)

1181-1220年

建造时间：12世纪末

信奉宗教：佛教

建筑风格：巴戎寺

阇耶跋摩七世在位时在全国范围内修建了102家医院。它和吴哥寺对面的Ta Prohm Kel医院的样式一样。沙岩石建造。

托玛侬神庙东，暹粒河东
东面进出
1/2小时

茶胶寺 E

Ta Keo 一件未被完成的大作品。

其他中文名称：塔凯欧、塔丘、拓坷寺、塔寇寺、达高
中文意思：宝石爷爷
建造者：阇耶跋摩五世(Jayaviravarman Ⅴ)968-1001年
　　　　苏利耶跋摩一世(Suryavarman Ⅰ) 1002-1050年
建造时间：10世纪末-11世纪初
信奉宗教：印度教（湿婆）
建筑风格：南北仓

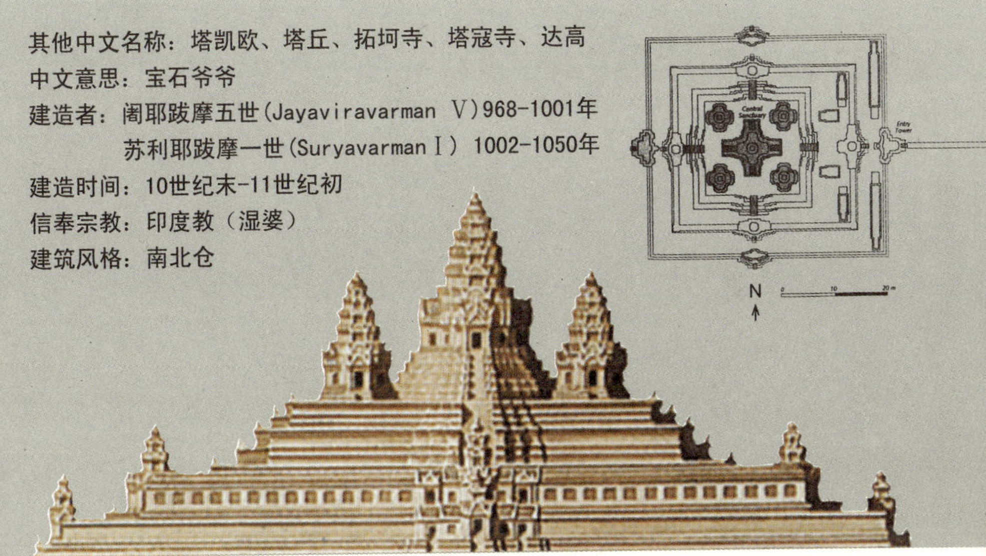

是高棉第一座全砂岩石建筑，坚硬的长条青石，整齐地堆积起三层平台，神山金字塔结构。茶胶寺的主体建成后确定了高棉塔山型寺庙的外观形式，从而为这种始于阿约寺(AkYom)的建筑型式的发展画上了圆满的句号。

阇耶跋摩五世把它建造作葬庙。他在位期间在都城外很多寺庙都没有完工。茶胶寺也不例外，在到做装饰工序的时候停工。这也可以成为吴哥建筑工艺的旁证——这些伟大的建筑都是先用石头堆砌，然后才刻出佛脸、浮雕等。

第一层平台长120米、宽100米、高2.2米。从东门进寺，朝西的方向有一小平台，平台两侧各有一个长方形大屋，屋两侧是官员朝拜的地方。第二层平台长80米、宽75米、高5.5米，其周围都是长方形大屋，其中有两个朝西的图书馆。平台有一圈回廊。第三层平台上有五个莲花形高塔，中间的塔最高（高于50米），其余4个塔分布于四角，塔与塔之间的距离为47米，角塔之间有东、西、南、北四个朝向的朝皇台。在最高一层平台上，按梅花瓣的布局方式放置了五个沙石塔。

通向圣殿的石阶陡峭无比，要连手带脚气喘吁吁地才爬上中央的圣坛。登上茶胶寺顶端，看到周围是一望无际的绿色海洋，荔枝山美丽的风景和吴哥通的全貌，尽收眼底。

茶胶寺东南，其东南紧邻斑黛喀蒂
东面进，西面出
1+1/2小时

塔布茏寺 Ⓕ
Ta Prohm

"塔"与"树"窒息的拥抱

其他中文名称：塔普伦寺、他蓬寺、特般窟、达布罗、达布隆、罗阇毗阿罗寺、塔勃珑寺、塔普罗姆寺、塔波隆、达波隆、达布罗

中文意思：Ta（爷爷） Prohm（婆罗门）Ta Prohm"婆罗门的祖先"

建造者：阇耶跋摩七世(Jayaviravarman Ⅶ)1181-1220年

建造时间：12世纪中-13世纪初 /1186年

信奉宗教：佛教（献给国王的母亲）（圣剑寺献给国王的父亲。）

建筑风格：巴戎寺

⚠走廊黑洞洞，手电筒和指南针全天候适用。

建议：最好找到当地人当导游，庙宇里有很多小孩子，很少的费用就可以带领你把整个寺庙游遍。

相互纠缠

大部分吴哥古迹被发现后逐渐修复，而塔布茏寺还保留着当时欧洲探险者第一次进入时所看到的状态：

整座寺庙被巨大的树木所包围，树根向四面八方匍匐伸展，长达十多米。发达粗壮的树根系盘根错节、巨蟒一般紧紧缠绕住佛塔和庙墙，如龙爪般紧紧地攀附在各式的寺塔和长廊上；树枝密密麻麻，使阳光难以穿透，甚至封住了寺庙的门窗。有的大树骑跨着围墙，撑破穿透了建筑，导致众多寺院顶部的砖石全部倒塌下来，形成了多个废墟。

头顶上树冠相连，脚下树根相接。高低交错的板根又高又大，像一堵墙，给树干添加了一个固定的支架，有些根却是又粗又圆，如输油管一般。挺身而立的大树东一棵西一棵，使原来规矩的寺院成了迷宫。

无花果树的树根和建造神庙用的岩石生长在了一起，天长日久，二者仿佛融合了。 两者紧紧拥抱在一起不能分开。

有人曾经写道："树和塔是两名相互抓着对方的摔跤手，只是这场比赛不是用分钟而是以世纪来计时的。"

维持？维护？

文物保护工作陷入了两难境地：如果任古树生长蔓延，已经部分受损的古建筑最终将分崩离析；如果将缠绕的古树砍倒，那些古建筑可能又会在瞬间坍塌。

到达塔布茏后，我换上新的胶卷，站在树影斑驳中，兴奋地、贪婪地拍啊拍。这个被青苔、树茎和乱石包裹的世界让手持相机的我乐疯了。直到第二天早晨，我才发现那个胶卷根本没有卷上。那就是说，所有的影像均为“0”。只能从电影《古墓丽影》里的一个镜头作视觉诱惑。

为此，纽约的“世界文物保护基金会”已经开始一项计划，力图不仅能够保护古庙精美的结构，而且也使生长在古庙上的那些巨树不遭破坏。

碑铭里的信息

在吴哥地区中，它是保存了碑刻为数不多的寺庙之一。碑刻上提供了关于寺庙的赡养者和居住者的资料。寺院里的奴隶可能包括有寺院奴隶（knum vihara）、敬神奴隶（knum vrah）、跳圣舞的奴隶（knum vrah rapam）。

当时许多大的寺庙都有属于自己的“村庄”，这些村庄里的人大都是寺庙的佃户，种寺庙的地，给寺庙交租，干活。

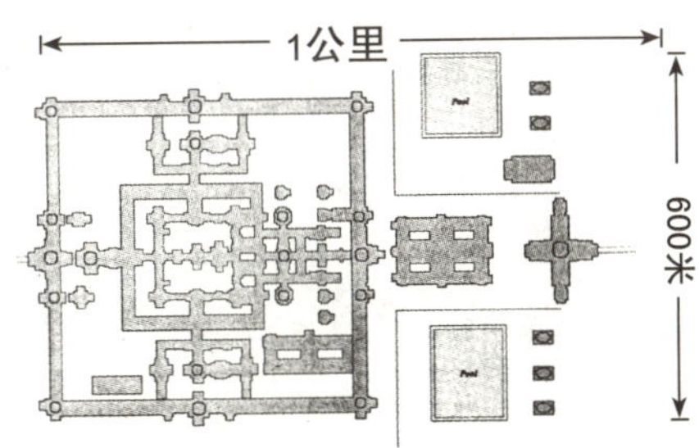

塔门旁石碑上记载：

人员组成：	收藏器物：
控制着3140村庄	一套5半吨重的金色盘子
由79365人口供奉	35颗钻石
高僧18位	40620颗珍珠
职员2740人	4540颗宝石
助理2202人	876块中国面纱
舞者615名	512张丝被单
	523把阳伞

斑黛喀蒂以东
路东侧往东看
1/4小时

皇家浴池

Srah Srang

这是电影《巴拉卡》中的一个日出的镜头。这时候的吴哥正值枯水期。

我在暹粒的Star Mart超市里买来的明信片。

其他中文名称：御浴池、色思壤湖、御浴池、是士芬、沙拉松池、色拉斯色容

建造者：阇耶跋摩七世(Jayaviravarman Ⅶ)1181-1220年

建造时间：12世纪中后期

规模：长800米，宽400米

提示：看日出的好地方。

皇家洗浴典礼的所在，也为皇家泳池，有一个很漂亮的看台。当水位低的时候，可以看到池中央的寺庙露出水面。(现在的寺庙只剩下石基。)

塔布茏寺的东南，皇家浴池对面

从东面进出

3/4小时

斑黛喀蒂
Banteay Kdei

除了偶尔的鸟声，院落周围一片静寂，寂静得能听见自己的心跳。离开时，参道上几个双目失明的人用不知名的乐器演奏着，乐声中有一份让人揪心的伤感。

摄影：王瑜萍

其他中文名称：斑黛喀德、斑迭格堆、斑迭克德寺、巴拉瓦塔哥德寺、邦迭克岱、班提可德寺、班蒂克戴寺
建造者：阇耶跋摩七世(Jayaviravarman Ⅶ)1181-1220年
建造时间：12世纪末-13世纪初
信奉宗教：佛教
建筑风格：吴哥寺和巴戎寺之间的过渡

中心寺塔和四周的长廊都已倒塌，很难感觉出曾经的总体布局。可能某些部分是在更早期的寺庙上面加建的。 是佛教僧院的建筑的形式。四个方向的门道都饰有神鸟伽鲁达，门洞上方是与吴哥城门相似样式的“四脸像”。

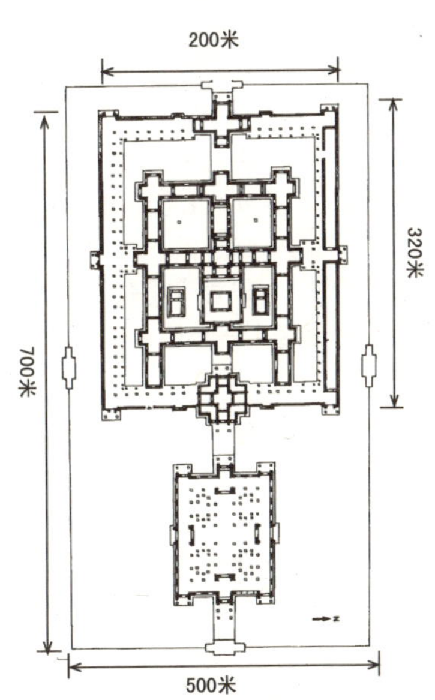

✚ 吴哥寺以东，斑黛喀蒂以南
吴哥寺南端向东北行，路东侧
1/2小时

豆蔻寺

Prasat Kravan

其他中文名称：琶撒卡云寺、巴刹克拉万、普拉萨特克拉温寺、帕萨克拉万寺、格罗瓦

建造朝代：曷利沙跋摩一世(Harshavarman Ⅰ)910-923年

建造时间：10世纪上半叶，921年。

信奉宗教：印度教

建筑风格：巴肯寺和高盖

提示!适合上午拍照。

砖结构的塔，巨大的墙上雕刻有毗湿奴和他的妻子拉克什米。原来的建筑可能不是由国王建造的，而是由一个当时贵族建造的。20世纪初考古学家们把它重修。（重新放上去的砖上有“CA”的标志。）

由呈南北向排列的五个塔组成，门向东。

墙上刻画着毗湿奴变作侏儒华玛那（Vamana）三步跨过世界，从魔王巴利（Bali）手里把世界拯救出来。

皇家浴池东北处，东池南500米
东面进出，使用东梯
3/4小时

比粒寺 J
Pre Rup

“塔山”建筑的典型例子。基座为砖红壤，上层为砖塔。

其他名称：Preah Rup、 布列鲁、布来鲁、勃利禄、白鲁、变身塔
建造者：罗贞陀罗跋摩二世(Rajendravarma Ⅱ）944-968年
建造时间：10世纪下半叶，961年
信奉宗教：印度教（湿婆）
建筑风格：比粒寺

这是罗贞陀罗跋摩二世把首都从高盖迁回吴哥后的第二个建筑。用来举行已逝国王火葬仪式的庙宇，看到了烧焦的痕迹，还有用来冲去骨灰的石槽。没有当年肃穆的痕迹，在树阴下却感觉冷冷的。

我走进一个神龛，黑暗中发现角落里有一双断掉的佛像的大脚。当时感觉有点恐怖。匆忙离开。

墙体上的洞洞不是日久风化所致，而是砖红壤干后自然形成。

比粒寺东北500米
东面进出
3/4小时

东梅奔 K
East Mebon

其他中文名称：东湄本
建造者：罗贞陀罗跋摩二世(Rajendravarma Ⅱ)
944-968年
建造时间：10世纪中 952年
信奉宗教：印度教（湿婆）供奉祖先
建筑风格：比粒寺

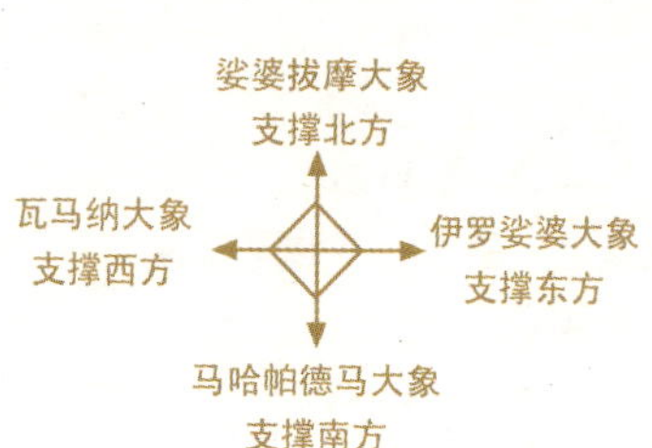

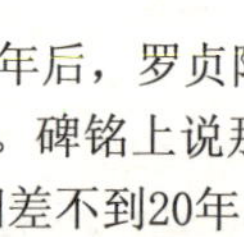

篡位者阇耶跋摩四世在928年把都城从吴哥迁到高盖。16年后，罗贞陀罗跋摩二世把首都又迁回吴哥，很快就在东池中央岛上建造了东梅奔寺。碑铭上说那是为重建吴哥皇朝而建。建造结构与比粒寺十分相似。之间的建造时间相差不到20年。

东梅奔寺在东池之中心岛上。一个三级平台，台上筑五砖塔。在东梅奔寺的第一层台阶和第二层台阶的四个角落上与真象同大小的大象雕塑，**源自古印度神话：四大神象分立四方以巨齿把宇宙支撑起来。**

✚ 东湖东岸往东400米，到女王宫可以拐进去参观。从西池南堤坐船到小岛，
⊡ 从东门进出
⏲ 1小时

班提色玛寺 L

Banteay Samre

其他中文名称：Samre人城堡
建造者：苏利耶跋摩二世(SuryavarmanⅡ) 1113-1150年
建造时间：12世纪
信奉宗教：印度教（毗湿奴）
建筑风格：吴哥窟
⚠位置较偏，游人很少。最好与当地导游一起前往。

与吴哥寺的建造时间是同期。环寺壕沟在寺内而不是寺外，壕沟边上的护栏全以七头蛇装饰，损坏较少。

✚ 龙蟠水池以东
⊡ 西面进出
⏲ 1/2小时

塔逊 M

Ta Som

其他中文名称：塔索姆、达绍姆寺、达逊、塔桑寺、达索姆、塔桑寺、它森寺
建造者：阇耶跋摩七世(Jayaviravarman Ⅶ) 1181-1220年
建造时间：12世纪下半叶
信奉宗教:佛教（供奉国王之父）
建筑风格：巴戎寺

意为Som的祖先之寺。是一个很小的佛寺，四周无花果树环抱，三层围墙单塔布局。西门可以回过头来欣赏一棵巨树包裹了整个门廊的景象。

✚ 龙蟠水池以北100米
⊡ 东面进出
⏲ 1/4小时

格劳尔哥寺

Krol Ko N

其他中文名称：牛场
建造者：阇耶跋摩七世(Jayaviravarman Ⅶ) 1181-1220年
建造时间：12世纪末-13世纪初
信奉宗教：佛教
建筑风格：巴戎寺

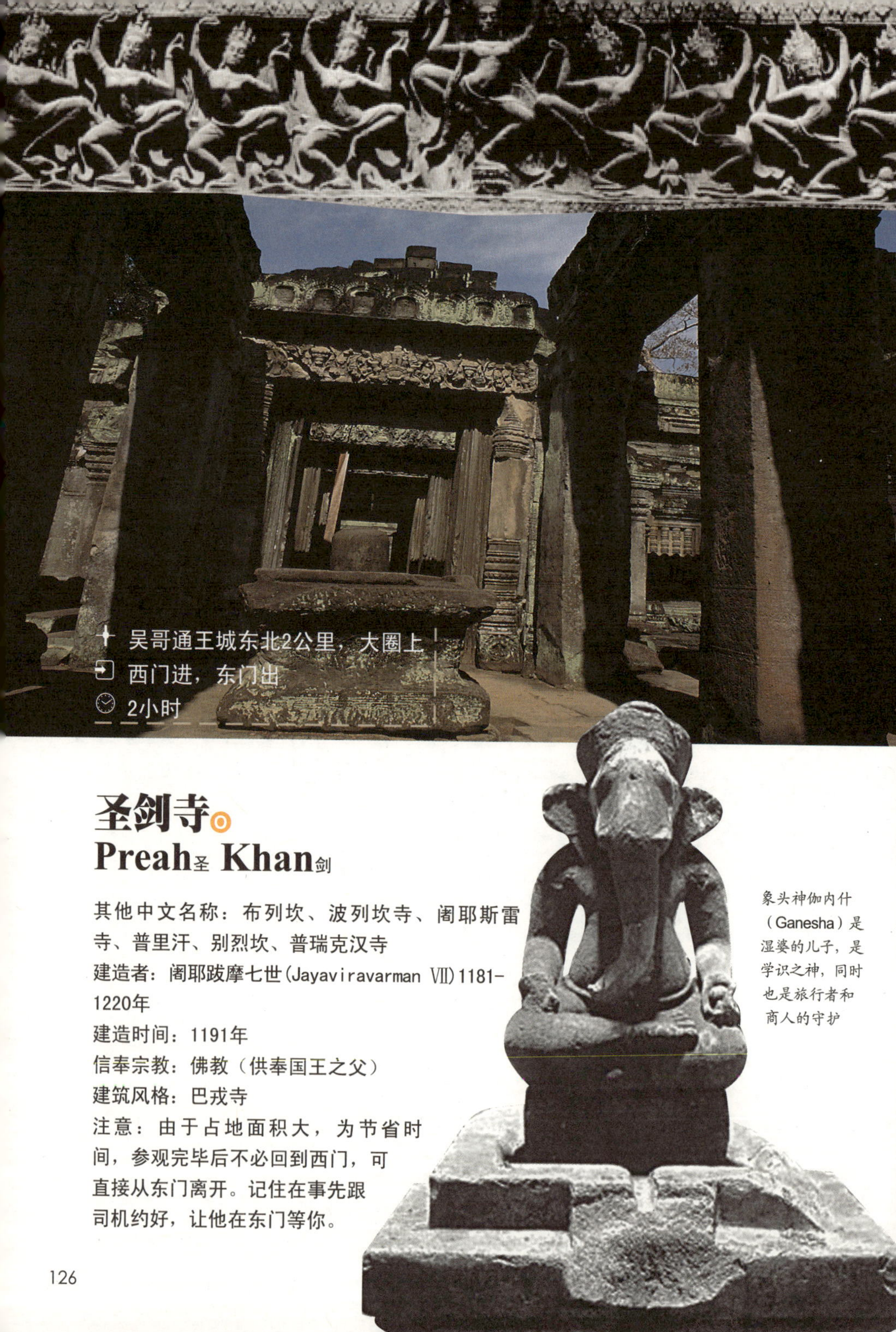

圣剑寺

Preah圣 Khan剑

其他中文名称：布列坎、波列坎寺、阇耶斯雷寺、普里汗、别烈坎、普瑞克汉寺
建造者：阇耶跋摩七世(Jayaviravarman Ⅶ)1181-1220年
建造时间：1191年
信奉宗教：佛教（供奉国王之父）
建筑风格：巴戎寺
注意：由于占地面积大，为节省时间，参观完毕后不必回到西门，可直接从东门离开。记住在事先跟司机约好，让他在东门等你。

象头神伽内什（Ganesha）是湿婆的儿子，是学识之神，同时也是旅行者和商人的守护

离开寺庙时，发现了她——这位西方老妇身穿蓝色花裙子，金黄色头发上插了朵鲜艳的大红花——红黄蓝三原色都被她用上了，且用得不赖。

传说中，阇耶跋摩二世给了他的继承人一把圣剑，故名。

是佛僧居住和学习的地方，也曾经是阇耶跋摩七世重建吴哥城时的暂居地。

有一个时期，高棉的18个重要的节日都在这里举行，一个数千人的队伍维持（供给、支持）这个寺庙。

寺庙规模很大，结构复杂。东西两个大门前巨石铺成的长长的参道两旁的阿修罗和天神手抱巨蛇，再次演绎“搅拌乳海”的场景。

围墙与林子间只有一条铺满落叶的小径，脚下是沙沙的落叶。沿着纵轴走，前后是暗暗的小小的塔洞，没完没了，从塔里再往两边看，又是一短串暗暗的塔洞。穿过一个又一个的塔和天井，时亮时暗，四周树林密不透光，真有点阴森的感觉。

靠近东门的一个两层石构建筑，塔的柱子的形式与古罗马时期地中海附近一带国家的古建筑十分相似。此建筑的对面就是藏剑台。

寺庙里其中一些部分陆续坍塌。大小石头散落一地。有时甚至堵住廊道。

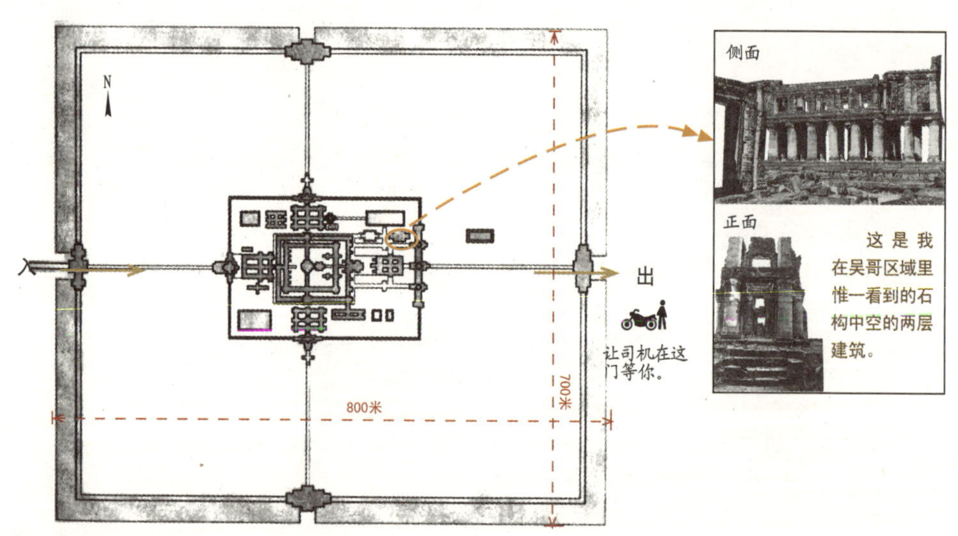

龙蟠水池 P

Neak龙蛇 Pean盘卷

圣剑寺往东300米

北面进出

1/2小时

其他名称：Preah Neak Pean、金方塔、尼奔寺、尼匹池、妮宾庙、罗雅室利、尼亚克波安、盘蛇水池、涅本、那伽斑、妮宾蟠寺、罗阁斯雷寺、普尼克平恩寺、阿耨达池、涅槃宫、尼亚克波安

建造者：阇耶跋摩七世(Jayaviravarman Ⅶ)1181-1220年

建造时间：12世纪下半叶

信奉宗教：佛教（初供奉佛陀，后改奉观音。）

建筑风格：巴戎寺

提示：雨季的时候水池是满的，适合拍照。

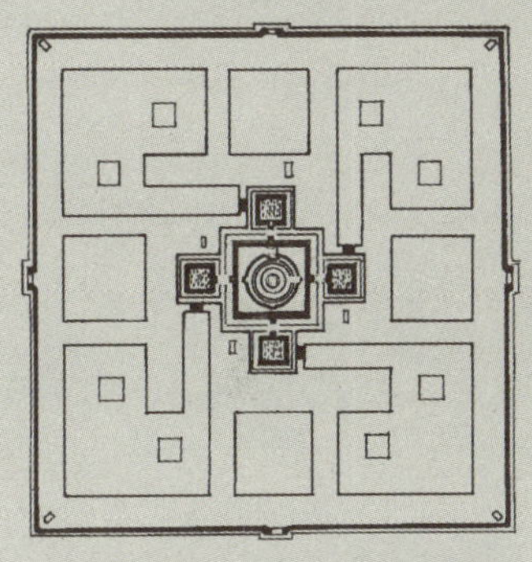

在中央池东面有一匹飞马，马头朝中央庙。传说，长翅膀的神马能够把遇难的人从魔鬼手中拯救出来。佛经中传说海上商人遇难，菩萨化身为马（Balaha），把受难者从水面驮起。这尊“飞马救难”石雕，历经八百年岁月，已残破不全。

龙蟠寺建在北池（现已干枯）的中央小岛上。

现存的位于寺院中央的龙蟠水池由4个方形小水池围着一个方形大水池组成，大水池中央有一突出的圆形小山，山下巨蛇盘绕，山上小塔屹立。中央的大方池每边长70米。当每年的10月份湖水涨满时，整个寺庙就像漂浮在刚刚露出水面的莲花座上。水从中心池向其他四个池内注入，在石雕的大象头、马头、狮子头、人头处形成喷泉。

据说“龙蟠水池”具医疗祈福的沐浴汤池，池水可以治病，医师祈祷后，往水池中放药草，经由狮、象、牛、马口中流出，病患借此服食或沐浴。不同的四个水池各自有不同的疗效。在圣剑寺发现一碑。碑中称龙蟠寺为“罗雅室利”(Rayasri)，“一岛屹立，绿水环绕，风景宜人，凡与接触之人，所有罪恶之泥，皆将荡涤洁清，慈航普渡。” 由此碑文，可见龙蟠寺之圣水具有涤秽去疾之效果。文中以为此寺代表喜马拉雅山的圣湖“阿耨达”，即阿耨波达多池Anavatapta(译为无热池、无热恼池，在佛教中，它是世界四大河流之源)。

疑问：龙蟠寺之实物，其中以一人头像代四兽中之马……现今仍觉此说颇有困难。例如何故以人头代马（牛），即不易解释。中国佛经中常有板于阿耨多池水由四兽口中流出之传说。中国佛教传说中，以象首在池南，狮首在池北，此恰与龙蟠寺中此二兽首之位置相反。——夏鼐《真腊风土记校注》。

这里不是海滨，这里是池子的边缘

人类历史上最大的一个人工池，也是吴哥帝国的一项伟大的工程，建于1060年，长8公里 ，宽2.3公里。

他们的乐园。

来到这里，我被眼前的美丽惊呆了，那是用钱或门票换不来的快乐风景。因为我在这里发现真正意义上的“市民”，而日常与我们打交道的不论是市场的档主、餐厅的老板、摩托车司机……给我们友善的微笑的人——他们都只是服务员。整个暹粒就是一个大宾馆，吴哥游区是一个没有围墙的大公园。

┼ 暹粒西北11公里

⊡ 西池南堤坐船到小岛，东门进出

◷ 1/2小时

西梅奔 Q

West Mebon

其他中文名称：西湄本

建造者：苏利耶跋摩二世（SuryavarmanⅡ）1002-1050年

建造时间：11世纪下半叶

信奉宗教：印度教（毗湿奴）

建筑风格：巴方寺

这里曾经立着一尊巨型的毗湿奴铜像，表现毗湿奴在宇宙的水体中休憩的姿态。（现被存放于金边博物馆内）。

┼ 西池南岸靠西段

◷ 1/4小时

阿约寺 R

Ak Yum

建造时间：7世纪-9世纪

建筑风格：印度教

不吸引人，但在建筑上有着重要的历史地位寺庙。建于前吴哥时代。扶南时期的样式。吴哥时代的“山庙”建筑的基础模式。

来到这里，才第一次听到那种共享天伦的笑声，才看到他们相互亲昵、相互叫喊嬉戏的情形。这里几乎没有游客，这里的啤酒卖给当地人，这里的席子也是租给当地人。这里完全属于他们。

照片无法传真，于是我用录音笔把这里的欢笑声录了下来。

他们的
家园。

高脚屋（学名：干栏式房屋）

柬埔寨气候湿热，雨季常有洪水泛滥，在丛林草莽中毒蛇猛兽经常出没，干栏式房屋就是这种环境的产物。干栏式住宅的特点是用竹或木为柱梁搭成小楼，上层卧室起居，下层作仓库和牲畜圈和作仓库使用。《旧唐书》解释："人并楼居，登梯而上，号为干栏。"干栏式民居又分高楼式和低楼式，即是指下层透空柱梁空间的高度而言.

这是在往女王宫的路上，花儿大大咧咧地开在大路与房子衔接的小径两旁。出落成一个热闹的花园，房子就不只是房子，该叫“家园”。

这是在往女王宫的路上看到的最气派的高脚屋。

从暹粒往洞里萨湖，一路上几乎都是这类样式的简陋房子。

屋顶有的盖瓦片有的盖茅草，屋墙用树叶或木板，屋前还有扶梯。

干栏式住宅尽管室内较暗，但出檐深远，遮住阳光的辐射，外廊也对此做了补救。

他们的校园。

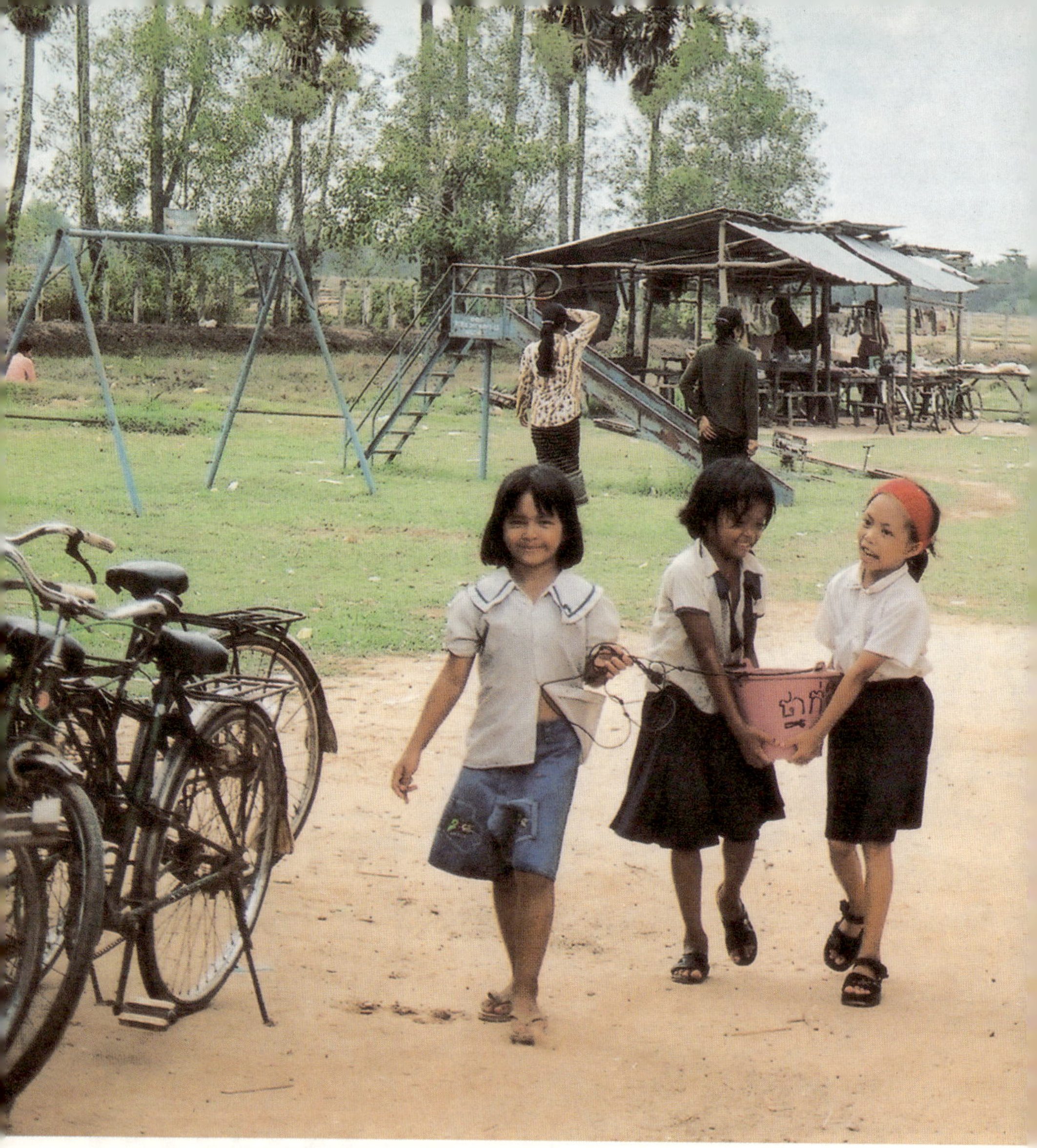

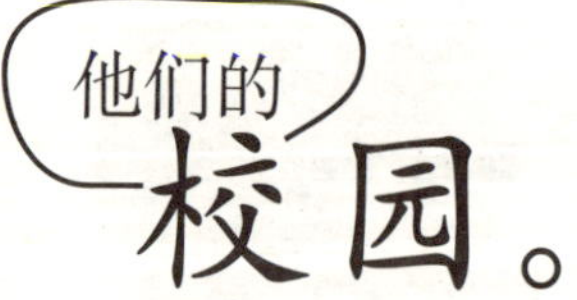

骑摩托车去女王宫，在灰尘和颠簸中东张西望，在路的西侧远远的就看到国旗在一个建筑物上迎风飘扬——那是一所小学！

它跟中国的乡村没有什么两样。孩子们都穿着统一的校服，在操场沙的地上耍闹。

在这里，能上学的小孩子都是幸福的小孩，

柬埔寨尽管在国家经济恢复和重建中面临各种困难，但仍然重视儿童健康与教育。自从王国政府成立后，许多流浪街头的儿童有了上学的机会。更为可喜的是，其中一些孤儿经过多年教育后已经成为政府工作人员，甚至是高级官员，还有许多成为私人企业的工作人员。尽管政府在经济建设方面还存在各种困难，但仍将逐年增加在儿童教育和儿童福利方面的投资，以便使所有学龄儿童都能上学，改善儿童的营养状况，减少婴幼儿死亡率和因疾病或事故致残率。呼吁政府各部门、各执法机构严厉打击拐卖、绑架儿童以及雇用童工的行为。

——选自洪森首相在
2001年六一儿童节上的讲话

2001年柬埔寨全国各级学校及师生人数：

	学校数目	学生人数	教师人数
小学	5026	201万	43000
初中	350	13万	8385
高中	125	17万	
中专	125	17万	8400
大学	9	11000	8435

摄影：王瑜萍

他们总是给你最灿烂的笑靥。你会在他们身上看到的希望是最确定的。

这里学校大多都是半日制的，一部分上午上课，另一部分下午去学校，因此他们有半天时间来这里卖东西。经常会在游客们喝饮料的同时向他们兜售纪念品。

东梅奔北25公里，荔枝山西面8公里
从东面进出
2小时

Banteay Srei
女王宫

女王宫
Banteay Srei

其他中文名称：女王庙、湿婆宫、斑黛丝丽寺、班迭斯蕾 班蒂斯蕾古刹、女子避难所

建造朝代：罗贞陀罗跋摩二世(Rajendravarma Ⅱ)944-968年 阇耶跋摩五世

建造时间：10世纪下半叶，967年

建造者：不确切

宗教：印度教（湿婆）

建筑风格：女王宫

提醒：上午10:30前和下午2:00后的色彩比较好看。

⚠与暹粒有一定的距离，所以摩托车司机会加收。

女王宫是吴哥古迹中最重要的建筑群之一。它的建筑以小巧玲珑、精致剔透、富丽堂皇而著名称世。被誉为“吴哥古迹明珠”和“吴哥艺术之钻”的美誉。

因为远离吴哥，且发现得晚。1914年法国的一位地理学家在荔枝山一带勘察地形时，才发现它。因而能保存得比较完整。（所说的完整其实也是相对的，神猴哈努曼的头还是被削走了。）

女王宫的美来自精致的雕刻。纵深百米的庙宇，每根石柱、每个门楣，都非常精细地雕刻着，或神、或鬼、或兽、或人，无一处遗漏。

女王宫采用方形或长方形的层层城廓式规划。它坐西向东，由三层红砂岩围墙环护。围墙外有一条濠沟。

第一道围墙长110米、宽95米。通过第三道墙正东的三个拱门，便见里面神塔梵宫。

门体突出于墙外，门上刻有浮雕，十分精美。

一两块这样的雕塑算不了什么，但是看着几百平方米的建筑的每一寸都是如此精细的雕塑不得不

寺庙里的浮雕大多都取材自印度著名史诗《摩诃婆罗多》与《罗摩衍那》的神话故事。如：魔鬼罗波那掳走罗摩的爱妻悉多的场景。

参道通向一个庭院，这里原有四座长方形前殿，但均已倒塌，现在剩下一些参差不齐的象征生命力量的短石柱“林迦”。

第二道围墙内侧有一道山形门阴，上面雕有精美的石刻，穿过第二道门，就能看到三座并列的神龛石塔。

第三道围墙即紧紧护卫着主体建筑，并与主体建筑连为一体。

三座祠塔南北成一字形，建在同一个一米多高宽大的台基之上。每座石塔宽3米，高约9米，三塔相距大约1米，和吴哥寺那高大的寺塔相比，显得小巧玲珑。塔祠用朱红色的石块砌成，分为五层，每层均刻有以佛教神话为素材的雕像。

塔门高仅1.2米，门上有七头蛇神翘首警戒着，礼拜者必须屈膝趋行方能进入。塔上每层皆有神鬼罗刹的雕像。

女王宫的三座祠塔中，供奉湿婆的位于正中，而供奉毗湿奴和梵天的祠塔则分立两侧。梵天神像现藏于金边博物馆，其他两尊不知去向。

这座小庙由于规模小，参观时不会有劳累感，又有精细的雕琢，适于近观。可惜为了保存，中央部分不准进入。

即使不是建筑师，也可像研究模型一样，了解其造型的组合。参观者到了那里，绕着圈看，实在舍不得离开。喜欢照相的朋友不停地按下快门。

乱石堆中的一块

周达观当年参观女王宫时，惊讶于此庙的雕工是所有吴哥古迹中最精致细美的，其中最令人赞赏的是创作者竟能将坚硬的石块，如雕刻木头般琢磨出层次分明、线条柔纤的精细作品，不论门楣或石壁或窗棂，都刻镂地一丝不苟，巧夺天工。人们告诉他，女王宫整座建筑都由粉红色的砂岩建成。由于红砂岩[P175]质地坚硬且附着性好，可以在石面上雕出原由灰泥塑成的细雕。这就便于艺术家们进行大胆的创作和细致的刻画。

女子庇护所所?

从出土碑文得知，女王宫实是“湿婆宫”，供奉的是婆罗门教的主神湿婆神（男性）。湿婆宫后来为什么会改称为“女王宫”，现已无从查考。

有人说，因寺庙是为女子建造的，所以每块石头都雕有玲珑剔透的各种花纹图案，每尊石雕像的造型也都特别巧妙逼真。

也有人说，这是女子庇护所。是供后妃居住的临时宫殿。吴哥王朝时期，柬埔寨经常与邻国发生战争，在远离吴哥王城的地方建造宫殿，是为了在战争期间藏匿后宫佳丽。

你喜欢哪个版本的解说？其实两个说法我都不大满意。

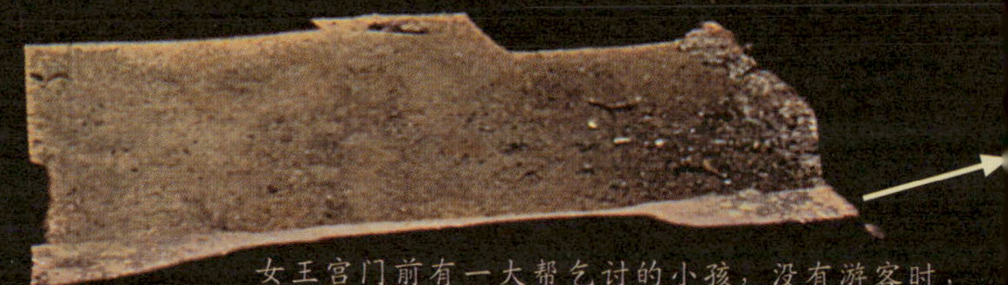

女王宫门前有一大帮乞讨的小孩，没有游客时，他们就抓紧时间继续奔跑追逐，这个女孩却例外，因为有一个更小的女孩在她怀里睡着了。

+ 暹粒北40公里，女王宫15公里
山脚——喷泉——山顶
3小时
$ $20（包括女王宫）/$10

荔枝山 T
Phnom Kulen

其他中文名称：古兰山、古冷山、昆仑山、固连山、库伦山、八角山
海拔:470米，

⚠1）在山里行进时，要走那些被人踩过的路，人迹罕至的地方少去为妙，因为那些地方可能还有战争时期留下的地雷。

⚠2）在山脚经常有穿军装的人向你索取保护费，其实这里的安全不是太大的问题，尽量不要给他们，而如果不得不给的话，那你可以要求他们全程跟随你上下山。

荔枝山，原名八角山。中国元朝使节周达观来此游览之时，将携带的荔枝种子撒于山上，后成长为大片的荔枝林，故改名荔枝山。

荔枝山被高棉人认为是柬埔寨最神圣的地方，在高棉王国的历史上扮演重要的角色。从802年开始，阇耶跋摩二世统一了真腊王国，在荔枝山顶上完成了灌顶仪式（灌顶——源于古代印度国王的登基典礼。国王登基时，取四大海水灌于其头顶，象征着掌握四海的权力。后被密法作为传承的特有仪式。）今天的柬埔寨王国从此诞生。

在遗址附近还有11座庙宇，距石刻群约5公里处有一尊雕刻于公元9世纪的石像，是阇耶跋摩二世拜神的庙宇。

几百年以来，由于季风带来的大量降雨的侵蚀以及纵横交错的树根的破坏，高塔古建筑毁坏殆尽。

这里不仅是柬埔寨最有价值的文化圣地之一，而且有着原始大森林、众多的鸟类、终年不断的泉水等。

从山脚沿弯曲的小道向上行走45分钟后，可见到圣塔和喷泉。这里的水就被视作圣水，高棉人会用瓶子把水装回家。水会汇进洞里萨湖，被认作是给柬带来吉祥的水。从这里到达山顶还需约45分钟。

波列昂通寺

位置：荔枝山顶。
注意：攀上寺庙的梯道前，必须把帽子和鞋子都脱掉。

寺庙坐东朝西，由十多块巨石筑成，建筑构造极为奇特。寺中一块高达25米的大石上，雕有一卧佛，长9米，宽3米。寺庙一侧还有一蘑菇形巨石，天然生动。

在海拔487米的山顶上，你可以看到一望无际的森林和北方的高原。

靠近波列昂通村，是柬埔寨著名瀑布。溪水在丛林中流出，从山上悬空而下，注入面积约100平方米的平台上，再流入落差约30米的悬崖，又再次跌落，形成宽100米的瀑布。你可以在那里游泳，水里有些石刻，包括有“林迦”。在节假日，瀑布旁边会有很多前来野餐的高棉人。

交通：

从高布思滨到荔枝山约有13公里。
摩托车（暹粒-荔枝山$10/往返）会按自己的路线带你到荔枝山。

⚠尽量走大路，因为小路可能会碰到地雷。

？这里到底是哪里？

听同房的加奈子说山里有个地方浮雕都在水里，于是第二天就叫司机带我去了。但直到离开柬埔寨，我都不知道自己去的这个奇妙的地方叫什么名字。

位于距离暹粒北面40公里的山上。沿山径往上走30分钟左右，途经一缓冲地，可坐下来欣赏一个小瀑布及享受成群的黄色蝴蝶在你周围飞舞。再往上走5分钟就看到瀑布上游清澈的溪流。溪水中错落着很多大大小小的石头，石壁上有浮雕及 “露天澡池”。

有落差的地方：水直接在浮雕上流过，遮盖了整个/一部分浮雕（视水流的大小）

无落差的地方：浸在水里或半裸露/全裸露在水面上（视当时溪水的高度）浮雕群人物：仙女或宫女或神；舞蹈、饮酒、俯卧在石面上。露天澡池：呈正方形1.5X1.5米，深度：刚好一个人可以站在里面。常年活水。

？遗迹的名字？建造的朝代？为什么而建？发现的时间？

？“澡池”状的东西真是用作洗澡的吗？

？所在地名字，所在山的名字

很久以后，才知道自己到的这个地方就是高布思滨——“千林迦河” P146

遇见蝴蝶

小时候在公园里捉蝴蝶，并不是要捉紧它，只是不希望它们飞走。这里的蝴蝶不但不逃，且围绕你飞舞。

当我来到这瀑布前的平台上，成群成群的黄色蝴蝶飞拢向我，又飞开去，来来回回，我张开臂膀——好把自己扩开得更大，好让它们像飞舞在花丛中那样围绕我。我开心地笑，婴儿般地痴笑，疯子般地狂笑，咯咯，咯咯。让我想起武侠书里的蝴碟谷，也想起找蝴碟的穆奥。

+ 暹粒北40公里，女王宫13公里
?
2小时
$?

交通：距离暹粒约1小时车程，出租车$35-40/往返，摩托车$10/往返。女王宫出发走大约9-13公里的土路，5分钟车程。可以顺路先去女王宫，然后再去高布思滨。 但如果你能砍价，可以把它放在女王宫和荔枝山的行程里作为其中一站点而不需要另付费。

高布思滨
Kbal Spean

其他名称：Kobal Spien、River of a Thousand Lingas、千林迦河、“林迦”雕塑、千阳之地
建造朝代：罗贞陀罗跋摩二世(Rajendravarma Ⅱ)944-968年，阇耶跋摩五世
建造时间：11世纪-13世纪
信奉宗教：印度教、佛教

⚠（1）有时收进山费用（名义上是门票）$1-3（2）偶尔会有人索取每人$10的保护费，不需理会。（3）在山里行进时，要走那些被人踩过的路，人迹罕至的地方少去为妙，因为那些地方可能还有战争时期留下的地雷。（4）带水，在山上买水很贵。（5）最好有人领着你，否则可能会错过一些雕刻。（6）为了节省时间和费用，可以与女王宫、荔枝山安排在同一天的行程。

前去“林迦”雕塑的山路已被游客走得清晰可辨。从山脚穿过原始森林去到该雕塑大概需要半个小时。继续向前，你会见到河道上的雕塑，有罗摩、拉克什米和哈努曼的形象。 在河的源头雕有1000个林迦，寓有给河水“开光”的意义，按照婆罗门教的理念，经林迦上流出来的水就是“圣水”了，圣水能洗掉晦气、罪恶、净化灵魂，得到神的佑护。在遗迹下面雕凿的那座“澡池”P145，也不是一般的澡池，应是教徒沐浴圣水的地方，属宗教活动场所。

对于高棉人来说，可能它不及荔枝山显赫，但它没有了喧嚣，这里的浮雕作品保存得更加完好。

崩密列
Beng Mealea

建造朝代：苏利耶跋摩二世(SuryavarmanⅡ) 1113-1150年
建造时间：12世纪　　信奉宗教：印度教　　建筑风格：吴哥寺
位置：距离巴戎寺往东大约40公里，荔枝山东南6.5公里
交通：道路十分崎岖，有点越野的感觉。在雨季道路情况就更恶劣了。最后的10公里车子无法通过。 出发前先咨询道路状况和安全问题。最好是连同荔枝山和高布思滨一起安排行程。暹粒城中没有多少人知道前往此遗迹群的路线，所以在你打摩托前先确认司机是否知道如何前往。最好的交通方式是到旧市场与人合租车子前往。 大约$50/（车+司机）

崩密列的护城河长1.2公里，宽0.9公里 ，是吴哥遗迹群中最值得去同时也是最难前往的遗迹。 它和吴哥寺几乎一样大的规模，但依然被丛林严密包裹着。 由于比较荒僻，所以很多浮雕和塑像已被掠夺，但寺庙的神秘氛围仍旧在森林深处弥漫。

暹粒走第6国道往东12公里，罗洛士镇西北，距离越南浮村1小时车程
暹粒沿第六国道往东走12公里
3小时
$ 免票

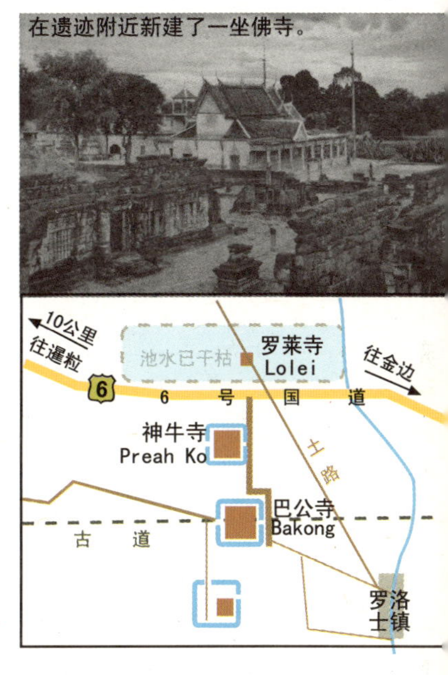

在遗迹附近新建了一坐佛寺。

罗洛士群
Rolous

其他中文名称：劳来、罗洛士遗址群、罗鲁豪斯建筑群、哈利豪莱古城、劳路士群、罗洛古寺群、诃里诃罗洛耶城遗址
其他英文名称：Hariharalaya
建造者：阇耶跋摩二世802-850年
因陀罗跋摩一世（Indravarman Ⅰ）877-889年
建造时间：9世纪末
信奉宗教：印度教（诃里诃洛P57）
建筑风格：神牛寺、荔枝山
提示：免费参观；游人罕至，注意安全。

罗洛士建筑群被人们称之为高棉艺术的开端。

吴哥王朝的创立者阇耶跋摩二世曾建立了数个首都。第一个首都叫“因陀罗补罗”，位于湄公河下游磅湛市东面。但阇耶跋摩二世对第一个首都所处的位置不甚满意，他认为这里既不容易抵御外族入侵，又没有可供他建筑庙宇的适合高地，于是，他便想把首都迁往洞里萨湖地区，那里渔业资源丰富，洞里萨湖泛滥区肥沃的土地也能生产出足够的粮食，供养众多的人口。基于这种考虑，他便在暹粒东南部的“诃里诃罗洛耶”建立了第二个首都，正好位于罗鲁豪斯建筑群遗址的中心。现存巴公庙、神牛寺、罗莱寺。

阇耶跋摩二世儿子阇耶跋摩三世(850-877年在位)死后，其表兄因陀罗跋摩一世继承了王位——这都城的最后一个国王，他不仅首先在吴哥地区建造了第一个人工大储水湖，为吴哥王朝历代统治者重视兴修水利开了先河，并在旧都附近建立了巴公寺，用来供奉国王的象征——林迦，称之为“因陀罗首罗”。这座建筑代表着柬埔寨历史和宗教发展都进入一个新的阶段。并在905年，告别这个辉煌了70年的都城，把都城迁移到以巴肯山为中心的现在的吴哥区域一带。

此遗址群现由法国主导下开展，为了设法保持遗址原貌，学者们对于建筑细节莫不费心研究，譬如每块砖的粘合並不用现代水泥取代，以棕糖、石灰、糯米浆混合而成，还有部分神庙的石块被一一编号拆下，准备在计算机的辅助下重新建造。

✛ 神牛寺南

⇥ 从东面进出

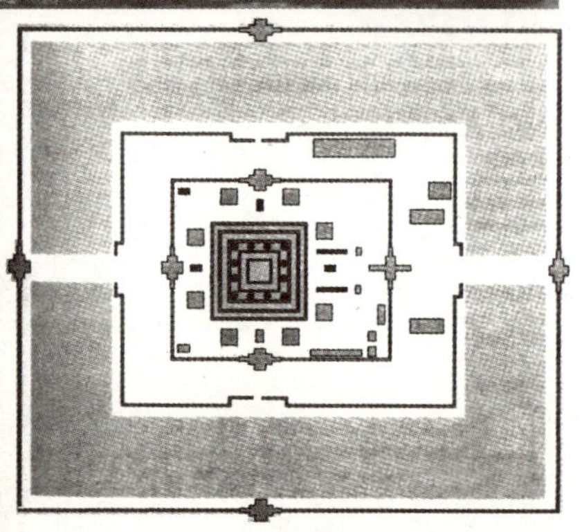

巴公寺 V
Bakong

其他中文名称：巴孔寺、巴谷庙、巴重、巴刚庙

建造者：因陀罗跋摩一世（Indravarman Ⅰ）877-889年

建造时间：9世纪末881年

信奉宗教：印度教（诃里诃洛）

建筑风格：神牛寺

罗洛士群里规模最大且最重要的寺庙。它曾经是城市中心的大型庙宇。

因陀罗跋摩一世建立巴公寺，用来供奉国王的象征——林迦，称之为“因陀罗首罗”，是诃里诃罗洛耶城的中央当时最重要的建筑。该庙宇是一个截顶式金字塔形建筑，由五层平台组成的基座上，建有神殿。考古学家们认为，这种建筑风格受爪哇宗教思想影响较大，因为它和婆罗浮屠极为相像。也有人认为，因陀罗跋摩一世建造与爪哇夏连特拉王朝一样的神殿，目的是表示独立，并与其分庭抗礼的决心。

可能是因为当时有一座三人连在一起的雕像（右图）放置于寺院里，这建筑群长期以来都被称做 Uma-ganga patishvara，所指的是湿婆和他的两个妻子。但据现代的学者考证，这雕塑是为毗湿奴及其妻子。（但你到这里已经看不到它，因为听说它很早就被挪到仓库或博物馆里了。）

湿婆站在他的两个妻子乌玛和恒河女神之间，
又有一说法是毗湿奴和他的妻子在一起。
是以整块石头雕成。
高棉的早期的雕塑代表作。

╋ 第6国道路南，巴公寺以北
⇥ 从东面进出

神牛寺 W

Preah神圣 Ko牛

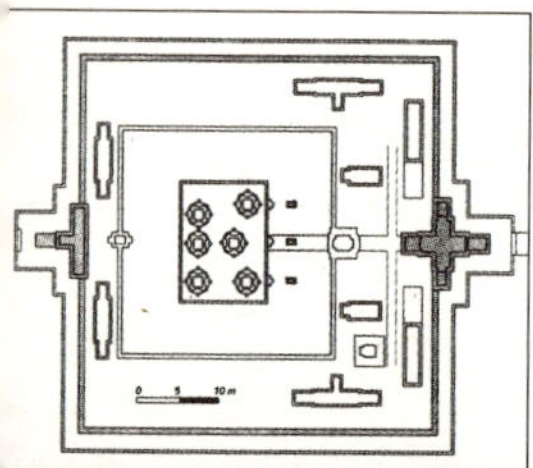

其他中文名称：波列科寺、波利科特寺、波列古、匹寇寺、普里柯庙、布里可
建造者：因陀罗跋摩一世（Indravarman Ⅰ）877-889年
建造时间：9世纪末879年
信奉宗教：印度教（湿婆）
建筑风格：神牛寺

罗洛士群中的第二个重要建筑。该寺底座为高高的台基，上面有6座塔，里面供奉的不是林迦，而是因陀罗跋摩一世的父母、外祖父母、阇耶跋摩二世及其王后的神像。前面的三塔供奉湿婆和国王的男性祖先，而后列的三塔则是供奉女神和女性祖先。这实际上是反映古代柬埔寨祖先崇拜的一座庙宇。三个圣牛南迪（Nandi）的雕像守护在塔群的前方。

每个塔的门框上都有梵文的篆刻。大门两侧的墙上有壁龛，壁龛中雕刻有站立的神和武士。女王宫的建筑风格就是在神牛寺风格的基础上继承与发展起来的。

╋ 第 6 国道路北
⇥ 穿过废弃的人工湖，使用东梯

罗莱寺 X

Lolei

其他中文名称：洛利寺、龙莱寺、罗蕾寺、洛累
建造者：耶输跋摩一世（Yasovarman Ⅰ）889-910年
竣工时间：893年7月12日
信奉宗教：印度教（湿婆）给父母及祖父母
建筑风格：神牛寺与巴肯寺之间过渡

建造在高棉历史上第一个人工池（现在是稻田）的中央一个小岛上 。是耶输跋摩一世迁都吴哥前的最后一个主要寺庙。寺内供奉着湿婆林迦。门框上有梵文篆刻。其中的铭刻上写着献给他建造此庙所恭奉的亲人。

洞里萨湖

Tonle河湖 Sap淡水

如同埃及是河的赐物一样，柬埔寨是大湖的赐物。

其他中文名称：大湖、淡水洋、金边湖

东南亚最大的淡水湖。洞里萨河和湄公河在金边附近交汇，是湄公河的天然调节水库，随水位涨落而进行大面积的伸缩。旱季湄公河水量少，洞里萨湖里的水就经洞里萨河向下补充到湄公河里；雨季湄公河水量充沛，由于柬埔寨处于平原地区，落差不大，于是湄公河的水就经洞里萨河向上倒灌进洞里萨湖。于是在金边就可看到洞里萨河的水半年向上流，半年向下流。

每年12-6月，湄公河枯水期，洞里萨湖作为湄公河水系的组成部分，自然要把湖水送入干流，湖的面积相应缩小，大致只有2500—2700平方公里，水深不足两米，甚至更浅；6—11月，湄公河涨水期，洞里萨湖便成了一座庞大的蓄水库，不但不向外送水，反而敞开“胸怀”，把湄公河以几百亿立方米计的洪水接纳入湖，湖面陡地扩大到1万多平方公里，相当枯水期面积的4倍。水深也增加到10-14米。洞里萨湖与湄公河的巧妙配合，大大减轻湄公河下游的洪水威胁，旱季时又能使湄公河保持足够的水量，供航运和灌溉之用。

洞里萨湖是世界上鱼类资源最为丰富的一个湖。

古代的“缘木求鱼”

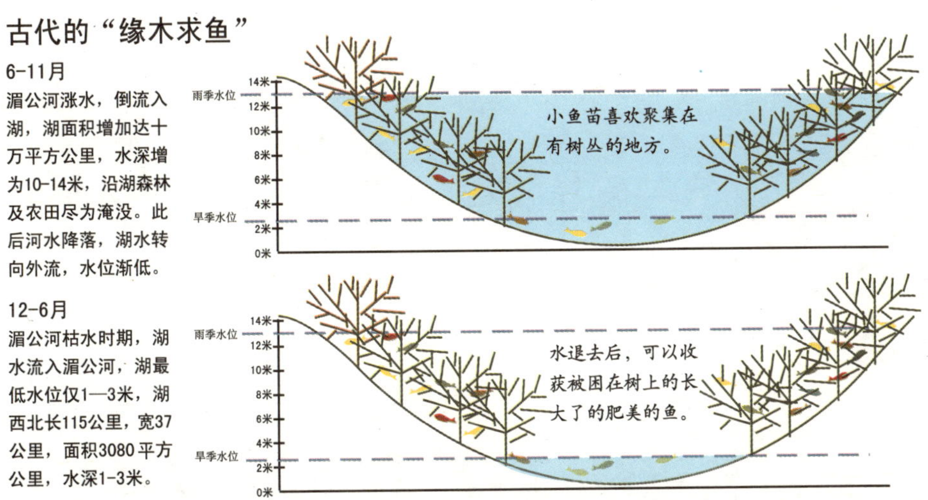

6-11月
湄公河涨水，倒流入湖，湖面积增加达十万平方公里，水深增为10-14米，沿湖森林及农田尽为淹没。此后河水降落，湖水转向外流，水位渐低。

12-6月
湄公河枯水时期，湖水流入湄公河，湖最低水位仅1—3米，湖西北长115公里，宽37公里，面积3080平方公里，水深1-3米。

暹粒西南12公里，洞里萨湖北岸，位于137米山上

沿阶梯及外延的山径向上，从碎石斜坡到达山顶一个现代的寺庙，穿过院子，向左走一段阶梯到达入口处。

1小时

格罗姆寺 Y ——大湖的“航标”

Phnom山 Krom下面

其他名称：The Mountain Below、普侬格罗姆、克隆山、郎奔囊克隆、华侨称之为狮山或猪山

建造者：耶输跋摩一世(Yasovarman Ⅰ) 889-910年；建造时间：9世纪末-10世纪初

信奉宗教：印度教；建筑风格：巴肯寺

注意：由于需要爬山，尽量避免选择正午消耗体力的时间上山。上山要半小时。

从金边来的快船就在此山附近靠岸。在上山途中可以观赏到洞里萨湖及周边地区的景致。大湖涨水时，沿湖居民须向后撤退。一般须撤至暹粒河口格罗姆山之后面数公里，始为安全地带。所谓“皆移入山后”。在雨季时也不会低于湖的水平面，山上的寺庙为大湖航行之指标。此种季节性的移居，今日犹然。

从罗洛士群到越南浮村要1小时车程。

租机动船游湖，约$7/小时。

越南浮村

Vietamese Floating Village

湖边的村落98%是越南人。他们在这里主要从事渔业，房屋和鱼塘都随着旱雨季水位的变化不断移动。这里至少有几百个浮动的房屋，下面绑着竹子，要固定的时候抛锚就可以了。村中有浮动的家园，浮动的小卖部，浮动的猪圈。还有水上淡水鱼博物馆，在这里可以看看浮村的历史和鱼塘技术的变迁。

偌大一个城邦，是如何建造起来的？又是如何被荒弃的？

50公里外的石料！
运输技术？建造技术
完整的水利枢纽系统

遭遇了什么灾难？
战争？洪荒？疾
疫？诅咒？
城市里的居民呢？
他们都到哪去了？
为什么没有再回
来？

从亨利·穆奥踏进这片废墟起，已经过去一个多世纪了，无数的学者为这些谜团填上一个又一个答案。而这些答案都是被“推测出”的，而不是被“考证了”的。于是，展现在我们面前的答案终究未能让人觉得圆满。它身上仍旧烙满“不解之谜”……

被淹没的不只是一个城市，而是一整段历史和一整个文明。现在我们找到的只是丛林里的一片沉默的废墟。

吴哥没能为自己光辉的文明留下他们的《史记》。散落在高棉大地上的几块残缺的碑铭也只是充当本来该有很多故事的老人的几句含糊不清的“碎语”。而中国的《真腊风土记》竟成了“吴哥”考古的惟一一块完整的化石。

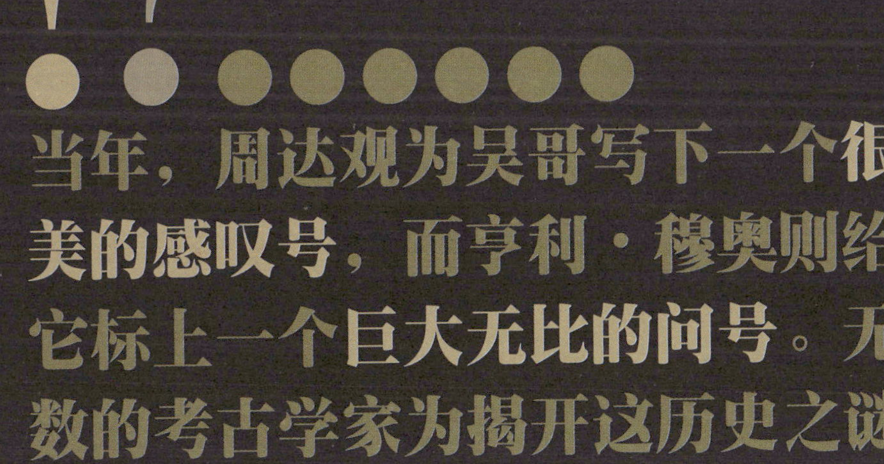

当年，周达观为吴哥写下一个很美的感叹号，而亨利·穆奥则给它标上一个巨大无比的问号。无数的考古学家为揭开这历史之谜正前赴后继地努力了超过一个世纪……

谜

1）吴哥人最初信奉的是印度教，他们后来是如何突然转向佛教的。且随着吴哥城的废弃，婆罗门教也随之神秘地消失了。此后，柬埔寨没有任何婆罗门教活动的迹象。

2）吴哥寺方位暗合日月运行的规律。每年的夏至日，也就是6月21日，太阳正好从中央高塔中心位置的背后升起，这是否表明建造吴哥的先人已掌握了高深的日月星辰运行的天文知识？

3）婆罗门寺庙都是坐西朝东的，吴哥寺却一反常规，它坐东朝西，这是什么原因呢？

4)吴哥寺内有一座回音室。为什么要建造这间回音室呢？它作何用？

5）吴哥寺是如何建造的？吴哥建筑的一些巨大石块，而且有类似石料的山距离吴哥50公里，那么，高棉人是用什么办法将如此巨大的石块运下山再搬运至吴哥的？仔细观察这些巨大的石块，其四角都凿有小孔，难道1000年前，吴哥人就已经发明了装载量巨大的运输工具？在建筑时，石块与石块之间没有使用任何灰浆和黏合剂，仅依靠石块自身的重量和被凿得十分整齐的形状自然吻合起来，当时的工人们又是依靠什么工具来垒起这些巨石的？

6）几百年来，柬埔寨人都相信在吴哥寺的地下埋藏着大量的圣物，全都是无价之宝。这里原先竖立着一尊印度教主神毗湿奴的雕像，守护着吴哥寺几十米深的中央井。20世纪30年代，法国人乔治·特罗弗带领一支探险队，开始探查吴哥寺的中央深井，他们相信这些宝藏就埋在井的底部。在井底一块巨石底下发现有两片金叶和两颗白宝石，难道这些就是那批神秘财宝的一部分？更令人感到奇怪的，作为当时最有前途的法国文物研究者，几个月后却自杀身亡，挖掘出来的宝石后来也不知去向，难道那些圣物后来依然被埋回那里？

7）为何吴哥的建筑如此有系统性，而且在约420年间要持续不断地将其规模加以扩大？为什么在如此偏离印度本土的高棉国度，会出现比印度寺庙更为宏伟壮观的宗教建筑？

8）吴哥文明消逝的原因？作为伟大的建筑，这些历史遗迹正在逐渐被森林所吞没。那么，高棉人为什么要废弃吴哥呢？关于吴哥城毁灭的传言众多，但又不能肯定，于是便把其视为一个“东方之谜”。

9）吴哥人精于石头建筑，但后来的柬埔寨人却普遍使用毛竹建造房屋。

10）吴哥城内反复出现的巨型四面象到底是谁的脸容？

文明是一把双刃的利剑，进步与痛苦常相伴随。我们在尽情享受文明成果的同时，也在被迫吞咽随之共生的苦果。

每个时代都有自己的文明与生态史观。今天，我们作为具有现代意识的旅行者，追踪着遍布世界各地的文明踪迹。当我们驻足在夕阳下那一处处历经极度辉煌，却又遭毁弃的仰望无尽深邃的苍穹，不由地会产生无尽的思索：

它是在怎样的环境中诞生的?它历经了怎样的盛世辉煌?它衰亡的真正原因是什么？是无限贪婪而引起的大规模毁灭战争？是人口过度的集中而引发的大规模瘟疫?是人类对自然的破坏性开发而导致资源耗竭?它给我们今天的人类带来怎样的启迪？我们的文明之舟明天又将驶向何方?

——摘自罗二虎写给《追访逝去的世界丛书》的导言《悠远的回音》

谜一般的吴哥古迹给我们留下了谜一般的建筑雕刻艺术、谜一般的故事和谜一般的历史。这座伟大的城市已在丛林中沉睡了六百多年。——谜底仍旧完好地被封存在这块神话般的土地上。

历史纪年对照

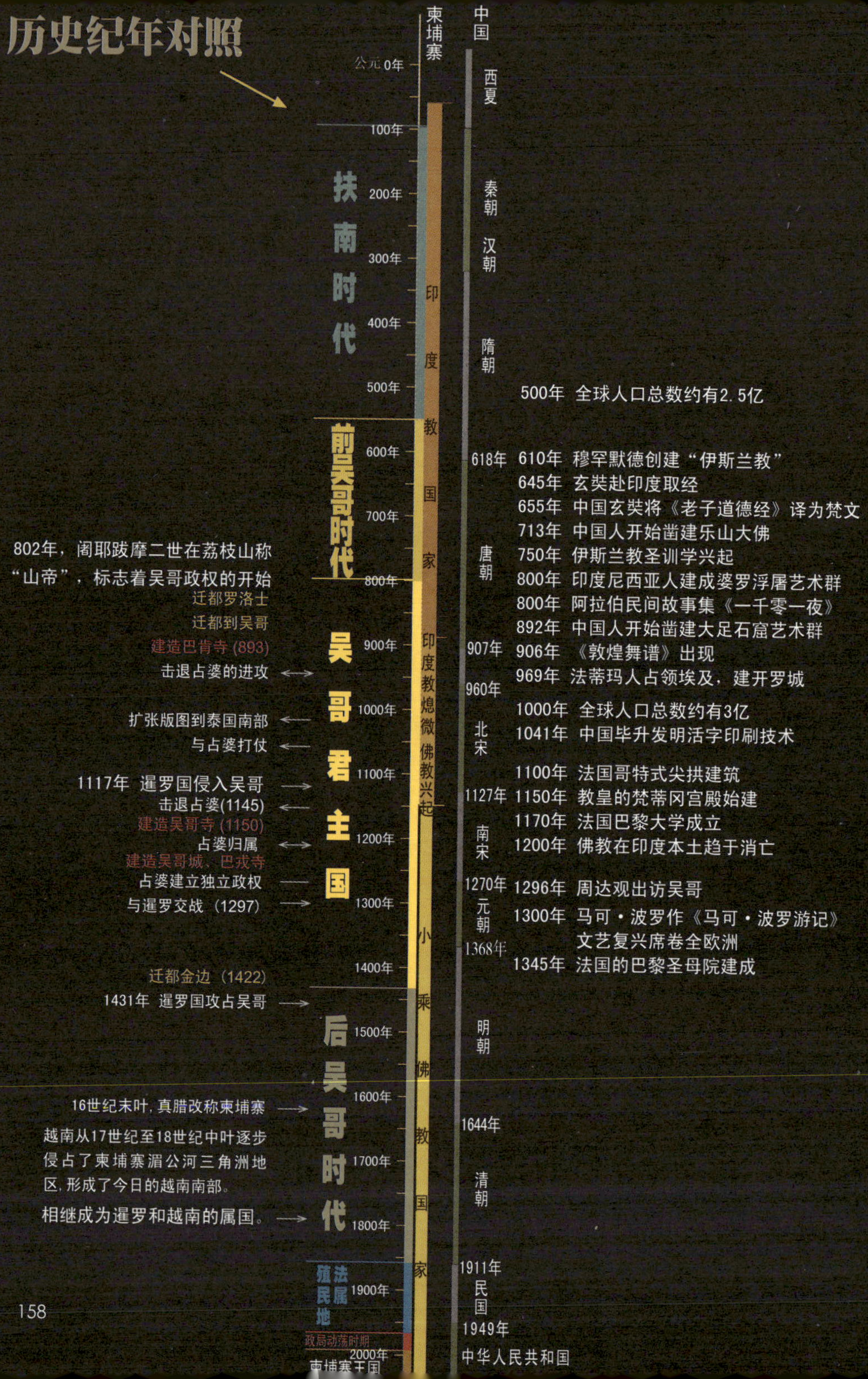

柬埔寨　中国

公元0年
100年
200年
300年
400年
500年
600年
700年
800年
900年
1000年
1100年
1200年
1300年
1400年
1500年
1600年
1700年
1800年
1900年
2000年

扶南时代

前吴哥时代

吴哥君主国

后吴哥时代

法属殖民地

政局动荡时期

柬埔寨王国

印度教国家

印度教熄微佛教兴起

小乘佛教国家

西夏

秦朝

汉朝

隋朝

618年

唐朝

907年

960年

北宋

1127年

南宋

1270年

元朝

1368年

明朝

1644年

清朝

1911年

民国

1949年

中华人民共和国

802年，阇耶跋摩二世在荔枝山称“山帝”，标志着吴哥政权的开始

迁都罗洛士

迁都到吴哥

建造巴肯寺（893）

击退占婆的进攻 ←→

扩张版图到泰国南部 ←

与占婆打仗 ←

1117年　暹罗国侵入吴哥 →

击退占婆(1145) ←

建造吴哥寺（1150）

占婆归属 ←→

建造吴哥城，巴戎寺

占婆建立独立政权 —

与暹罗交战（1297） →

迁都金边（1422）

1431年　暹罗国攻占吴哥 →

16世纪末叶，真腊改称柬埔寨 →

越南从17世纪至18世纪中叶逐步侵占了柬埔寨湄公河三角洲地区，形成了今日的越南南部。

相继成为暹罗和越南的属国。 →

500年　全球人口总数约有2.5亿

610年　穆罕默德创建“伊斯兰教”

645年　玄奘赴印度取经

655年　中国玄奘将《老子道德经》译为梵文

713年　中国人开始凿建乐山大佛

750年　伊斯兰教圣训学兴起

800年　印度尼西亚人建成婆罗浮屠艺术群

800年　阿拉伯民间故事集《一千零一夜》

892年　中国人开始凿建大足石窟艺术群

906年　《敦煌舞谱》出现

969年　法蒂玛人占领埃及，建开罗城

1000年　全球人口总数约有3亿

1041年　中国毕升发明活字印刷技术

1100年　法国哥特式尖拱建筑

1150年　教皇的梵蒂冈宫殿始建

1170年　法国巴黎大学成立

1200年　佛教在印度本土趋于消亡

1296年　周达观出访吴哥

1300年　马可·波罗作《马可·波罗游记》

文艺复兴席卷全欧洲

1345年　法国的巴黎圣母院建成

一切从“中印半岛”说起：

中印半岛——中国大陆和南亚的印度之间的交合点。失去中国与印度任何一个参考坐标轴，他们的地理位置将无从定标。这种地理位置命名的关系，也似乎暗示着这区域长期的历史命运。它自古就与中国大陆和南亚的印度发生了人种和文化的交流，这种不可分割的关系，随时代的推移也愈为明显。

高棉

柬埔寨对东南亚的古代文化曾作出重大贡献，但史前遗物发现极少，史前史更不清楚，甚至长久生活在这一地方的高棉人的起源仍然是个谜。

种族

ខ្មែរ

在越南、泰国和老挝也有高棉人分布。高棉人有着悠久的历史。他们所创造的古代文明对泰国人、越南人等民族进入中印半岛以前的历史有很深的影响，当时是那里最先进的文明。

唐代前后，古籍都把东南亚及南海岛屿的居民称为“昆仑”——皮肤黝黑，体格矮小但强壮。扶南处于蒙古人种和热带黑人种分布区的交接地带，自然其居民在体质特征诸方面也具有过渡的性质。作为南亚蒙古人种的古越族先民，从新石器时代晚期以来就不断地向东南亚大陆迁移，其血缘并不限于来自蒙古人种南亚类型，据人类学家的研究，马来族在南迁的过程，不仅和当地的热带黑人种混血通婚，同时还融入了来自印度的人种血液。由于马来族的混血程度较高，部分群族皮肤呈棕黑色，卷发垂耳，其双重眼帘的“马来眼”与北方蒙古人种狭长斜吊、眼帘不卷起的“蒙古眼”形成鲜明的对比，所以过去也有学者把他们划入了棕色人种的范畴。

推测中的高棉族的起源：

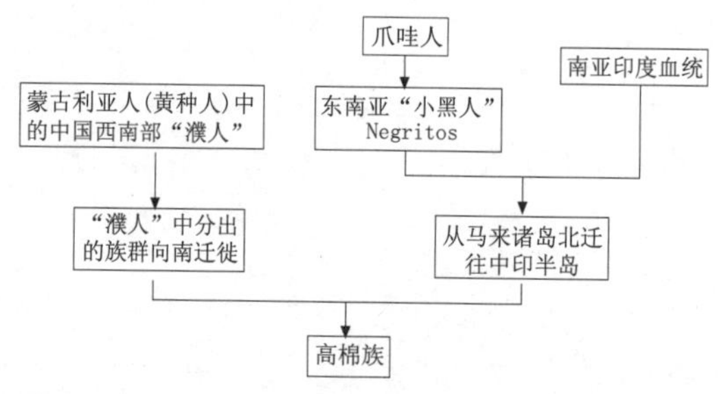

语言

高棉语，属南亚语系（孟-高棉语）。

高棉文字看上去与泰文相似，但它们却属于同一语族中的不同语系。高棉文起源比泰文早，是东南亚诸国中最为悠久的文字。高棉文最初源于印度南部，公元1世纪柬埔寨建成国后，在印度古代婆罗米字母的变体帕拉瓦字母的基础上改造而成。在6世纪出现了用古高棉文字刻成的碑文以来，高棉文进行了10次文字改革，古高棉文除了自身的发展变化外，还先后受到梵语、巴利语和法语等外来语的影响，因此古高棉文和现在使用的柬埔寨文存在着很大的差异。

高棉脸孔

高棉的雕塑中能体现出他们民族的审美标准：弯弯的眉宇，厚实的嘴唇，尤其那宽大的鼻翼，是东南亚男性美的见证。

古高棉国王神像

现代的柬埔寨青年

周达观对高棉语发音的描写：

国中语言，自成间声，虽近而占城、暹人，皆不通话说。如以一为梅，二为别，三为卑，四为般，五为孛蓝，六为孛蓝梅，七为孛蓝别，八为孛蓝卑，九为孛蓝般，十为答。呼父为巴驼，至叔伯亦呼为巴驼。呼母为米，姑、姨、婶姆以至令人之尊年者，亦呼为米。呼兄为邦，姊亦呼为邦。呼弟为补温。呼舅为吃赖，姑夫、姊夫、姨夫、妹夫亦呼为吃赖。大抵多以下字在上，如言此人乃张三之弟，则曰补温张三。彼人乃李四之舅，则曰吃赖李四。又如呼中国为备也，呼官人为巴丁，呼秀才为班诘。乃呼中国之官人，不曰备世巴丁，而曰巴丁备世。呼中国之秀才，不曰备世班诘，而曰班诘备世。大抵皆如此，此其大略耳。

至若官府则有官府之议论，秀才则有秀才之文谈，僧道自有僧道之语说。城市村落，言语各自不同，亦与中国无异也。

ព្រះរាជាណាចក្រកម្ពុជា

书写材料

吴哥时期通常用桦树皮和棕榈叶作为书写材料。他们将树皮和树叶在阳光下晒干，切成长条并加以压平，然后用芦苇秆做笔，用灯烟或炭制的墨水来写作。但随着棕榈树叶腐烂消失，现在的高棉人尽管说着和过去一样的语言，甚至在许多风俗传统上与多少年前依旧一致，但他们已无从追忆祖先的辉煌。

只能从中国的《梁书·扶南传》、《真腊风土记》里找到关于这个国家的昔日记录。

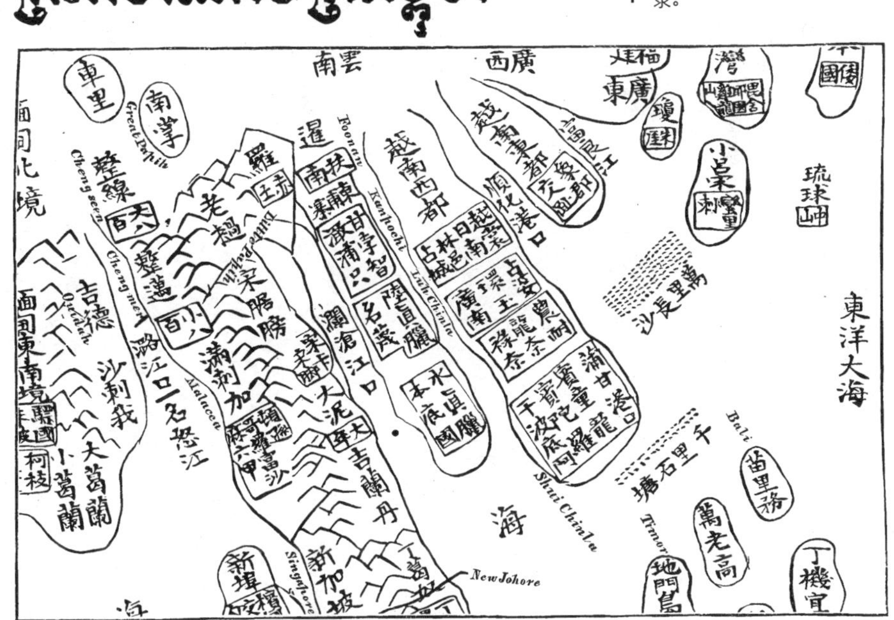

古代中国绘制的一张“南洋”水运线路图的一部分。

"这是用帝王名字缩写成的一部高棉史，让我们记住其
他们有的是白昼的太阳，有的是暗淡岁月里的北斗星。"

扶南王国

山帝

以下未注年份为即位年份

1. 侨陈如(Kaundinya)，即混填，1世纪后期
2. 混盘况(Hun Pan-huang)，2世纪下半叶
3. 盘盘(Pan-Pan)，前者之子，(在位3年)，3世纪初
4. 范师蔓将军(Fan Shih-mall)，205-225年
5. 范金生(Fan chin-sheng)，前者之子
6. 范旃(Fan Chan)，篡位者
7. 范长(Fan Chang)，范师蔓之子
8. 范寻(Fan Hsun)，篡位者，240年登位，287年统治
9. 竺旃檀(ChuChan-t'an)，357年开始统治
10. 侨陈如二世(Kaundinya Ⅱ)，434年前已死
11. 持梨拖跋摩(Che-pa-mo)，遣使来中国，434-435年
12. 侨陈如阇耶跋摩(Kaundinya Jayavarman)，484年统治，514年死
13. 律陀罗跋摩(Rudravarman)514年即位，539年开始统治

真腊王国

1. 拔婆跋摩(Bhavavrman)扶南王律陀罗跋摩之孙，550年
2. 摩诃因陀罗跋摩(Mahendravarman)，前者兄弟，600年
3. 伊奢那跋摩一世(Isanavarman)，前者之子，611年
4. 拔婆跋摩二世(Bhavavarman)，亲属关系不详，635年?
5. 阇耶跋摩一世(Jayavarman)，前者之子?650年
6. 阇耶提鞞(Jayadevi)，前王寡妇，713年开始统治

(a)阿宁迭多补罗(Aninditapura)

婆罗阿迭多(Baladitya)

尼栗波提因陀罗跋摩(Nripatindravarman)，前者之孙，7世纪后期补

什迦罗娑(Pushkaraksha)，前者之子，与商菩补罗嗣女结婚

(b)商菩补罗(Sambhupura)

商菩跋摩($ambhuvarman)补什迦罗娑之子，8世纪上半叶

罗贞陀罗跋摩(Rajendravarman)前者之子，死于8世纪末

摩希婆提跋摩(Mahipativarman)，前者之子

吴哥君主国

吴哥皇朝的开创者

1. 阇耶跋摩二世(JayavarmanⅡ)，802年统一全国，
2. 阇耶跋摩三世，前者之子，850年
3. 因陀罗跋摩一世(1ndravarman 1)，前者堂弟，877年

.耶输跋摩一世(Yasovarman 1)，前者之子，889年

5. 曷利沙跋摩一世(Harshavarman 1)，前者之子，900年
6. 伊奢那跋摩二世(1sanavannanⅡ)，前者之弟，922年
7. 阇耶跋摩四世，篡位者，前者之叔，928年
8. 曷利沙跋摩二世，前者之子，942年
9. 罗贞陀罗跋摩二世(RajendravarmaⅡ)前者之弟，因陀罗跋摩一世之孙，944年
10. 阇耶跋摩五世，前者之子，968年
11. 优陀耶迭多跋摩一世(Udayadityavarman)，前者母亲之侄，1001年
12. 阇耶毗罗跋摩(Jayaviravarman)，1002-1011年
13. 苏利耶跋摩一世(Suryavarman 1)，篡位者，1002年
14. 优陀耶迭多跋摩二世，前者之子，1050年
15. 曷利沙跋摩三世，前者之弟，1066年
16. 阇耶跋摩六世，篡位者，1080年
17. 陀罗尼因陀罗跋摩一世(Dharanindravarman 1)，前者之弟，1107年

太阳王

18. 苏利耶跋摩二世，前者母系曾侄孙，1113年
19. 陀罗尼因陀罗跋摩二世，前者堂弟，1150年
20. 耶输跋摩二世，前者之子，1160年
21. 特里布婆那迭多跋摩(Tribhuvanadityavannan)，篡位者，1166年
22. 阇耶跋摩七世，陀罗尼因陀罗跋摩二世之子，1181年

护国之君
建设之君

23. 因陀罗跋摩二世，前者之子，1219年
24. 阇耶跋摩八世，前者之孙，1243年
25. 因陀罗跋摩三世，前者女婿，1295年
26. 因陀罗阇耶跋摩(Indrajayavarman)，篡位者，前者一位亲戚，1308年
27. 阇耶跋摩波罗密首罗(Jayavarman Paramesvara)，篡位者，前者一位亲戚，1327-1353年

L·P·布里格斯所列其余吴哥国王世系表

28. 胡思纳(Hou-eul-na)，统治于1371年
29. 桑达·帕普亚(Samtac Preah Phaya)，死于1404或1405年
30. 桑达·昭普亚乎耶，或尼班巴特(Samtac Chao Phaya Phing-ya，Nippean Bat)，1405-1409年
31. 南邦·波罗摩罗阇(Lampong，or Lampang Paramaraja)，1409-1416年
32. 索里约旺(Sorijovong，Sorijong，or Lambang)，1416-

些闪亮的名字。

王系表

1425年

33. 巴隆拉嘉(Batom Racha)，或甘卡·拉玛底帕提(Gamkhat Ramad，hipati)，1425-1429年

34. 达摩索卡(Phommo-Soccorach，or Dharmasoka)，1429-1431年

35. 蓬黑阿·亚特(Ponha Yat，or Cam Yat)，1432年

(据O·W·沃尔特斯所著《巴山的吉蔑国王，1371-1373》一书，修正世系表，此文刊于(大亚细亚)，第12卷?第1部分，第88-89页。)

36. 尼班巴特，或涅槃波陀(Nippean Bat，or Nirvanapada)，约1362年?

(暹罗人在吴哥的空位期，1369-1375年)

37. 加罗弥迦(Kalamengha or Huerh-na)；在巴山统治，1371-1373年

38. 甘卡(K. mhujadhiraja，or Gamkat)，收复吴哥，遣使至中国，1377-1383年

39. 达摩索卡罗阇(Dharmasokaraja，or Pao-p'l-yeh)，1387和1388年遣使至中国，死于1389年的吴哥洗劫

40. 蓬黑阿·亚特(Ponhea Yat)，1389-1404年

41. 那罗衍·拉玛蒂菩提(NamyanaRamadhipati(Ping-ya)'Noreay')，1404-1428年

42. 斯雷(Sodaiya or Srey)，1429-1443年在吴哥，后逃到阿瑜陀耶

43. 达摩罗阇迭罗阇(Dharmarajadhiraja)，1444-1486年在金边，在普农山图克火葬

44. 斯雷索贡托(Srey Sukonthor)1486-1512年，前者长子

45. 坎(Kan)，篡位者，1512-1516年

46. 安赞(AngChan)，t516-1566年，达摩罗阇迭罗阇之幼子

1566年以来的统治者

47. 巴隆拉嘉一世(Barom Reachea 1)，前者之子，1566年

48. 萨塔(哲塔)(Satha)，前者之子，1576年

49. 雷密崇佩(Reamea Chung Prei)，篡位者，1594年

50. 巴隆拉嘉二世，萨塔之子，1596年

51. 巴隆拉嘉三世，巴隆拉嘉一世之子，1599年

52. 昭·庞埃阿·诺姆(Chau Ponhea Nhom)萨塔之子，1600年

53. 巴隆拉嘉四世，巴隆拉嘉一世之子，1603年

54. 哲塔二世(Chettha II)，前者之子，1618年

55. 波尼·笃(PonheaTo)，前者之子，1628年

56. 波尼·努(Ponhea Nu)，哲塔二世之子，1630年

57. 安侬一世(AnS Non 1)，巴隆拉嘉四世之子，1640年

58. 赞(Chan)，哲塔二世之子，1642年

59. 巴东·拉嘉(Batom Reachea)，哲塔二世之孙，1659年

60. 哲塔三世，前者之女婿和外甥，1672年

61. 安季(Ang Chei)，巴东·拉嘉之子，1673年

62. 安侬(Ang Non)，篡位者，1674年

63. 哲塔四世，巴东·拉嘉之子，1675年

64. 乌迭一世(Outey1)，前者之外甥，在位统治6个月，1695年

65. 哲塔四世(第二次登位)，1695年

66. 安恩(Ang Em)，哲塔四世之女婿，1699年

67. 哲塔四世(第三次登位)，1701年

68. 托摩·拉嘉(Thommo Reaehea)，哲塔四世之子，1702年

69. 哲塔四世(第四次登位)，1703年

70. 托摩·拉嘉(第二次登位)，1706年

71. 安恩(第二次登位)，1710年

72. 萨塔二世，前者之子，1722年

73. 托摩·拉嘉，(第三次登位)，1738年

74. 安东(Ane Ton)，前者之子，1747年

75. 哲塔五世，前者之侄，托摩·拉嘉之孙，1749年

76. 安东(第二次登位统治)，1755年

77. 帕·乌迭二世(Preah Outey II)，前者之孙，1758年

78. 安侬二世，安东之弟，1775年

71. 安英(Ang Eng)；安东之子，1779年

(1796-1806年系王国空位期)

79. 安赞二世，前者之子，1806年

80. 安眉(Ang Mey)，前者之女，1834年

81. 安东(Ang Duong)，安赞二世之子，1841或1845年

82. 诺罗敦(Norodom)，前者之子，1859年

83. 西索瓦(Sisovath)，安东之子，1904年

84. 莫尼旺(Monivong)，前者之子，1927年

85. 诺罗敦·西哈努克(Norodom Sihanouk)，前者之侄，诺罗敦之曾孙，1941年

86. 诺罗敦·苏腊马里(Norodom Suramarit)，前者之父，1955年

(诺罗敦·苏腊马里于1960年4月逝世，诺罗敦·西哈努克被任命为国家元首。)

历史

高棉的历史时代大致分为：扶南时代、前吴哥时代、吴哥时代 、后吴哥时代、法国殖民时代、建设民族国家时代

柬埔寨都城变迁（公元5世纪-1866年）

高盖
Kokor
吴哥
Angkor
罗洛士
Rolus
洞里萨湖
三坡布雷卡
Sambor Prei Kuk
松博
Sambor
乌栋
Oudong
洛韦
Lovek
斯雷桑托
（四盆口）金边
Phnom Penh

吴哥时期都城中心的变动（9世纪末-13世纪初）

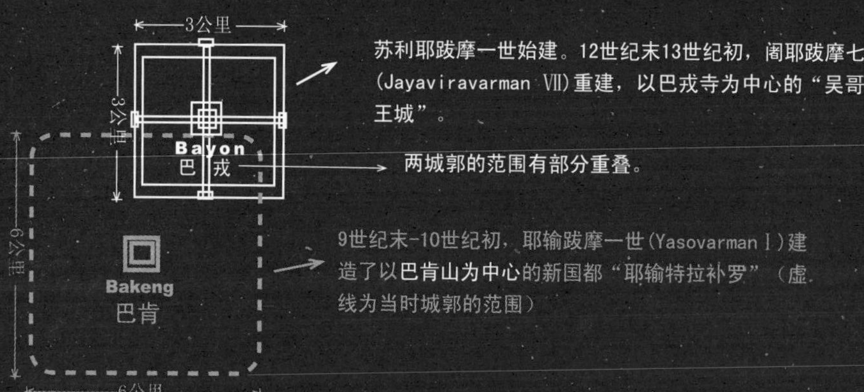

[扶南时代]

扶南
Phnom 东南亚文明的第一道曙光

其他英文名称：Funan、Foonan
其他中文名称：百囊、富南
政权年代：1世纪至6世纪中期
政权范围：中印半岛的湄公河下游
政权中心：特牧（地点不详）
开国君王：混填（Kaundinya）
信奉宗教：印度教、佛教

全球的经济中心

从公元1年到1500年，东南亚地区是全球的经济中心，也是世界上最活跃的意识形态中心和宗教中心。直到欧洲社会通过技术创新和经济变革，能够控制以南方为基础的香料贸易时，全球经济中心才由亚洲南部海域转移到北大西洋地区。

印度文明从海上丝路传入

任何历史上的盛世和强大的帝国，如果缺乏对外贸易，这种空前繁荣是无法想像的。

当季风吹起的时候，寻找黄金、香料和其他珍贵物品的印度航海者前往中国。他们穿过孟加拉湾，在东南亚湄公河三角洲地区离船上岸，建立定居点。乘船而来的有印度教的婆罗门传道僧，他们将其信仰带到这里，也把梵语带到这里。扶南人接受了那些航海者所带来的风俗习惯和宗教信仰。通过接触新的思想观念，扶南王国的统治者巩固了地位。公元3世纪的扶南国已是地道的印度化国家了。

山崇拜：来源于“扶南”的奠基人混填

公元1世纪，有一个叫混填的人，中国史书记载他来自“黄支国”。抵达扶南后用武力慑服了扶南，混填便娶柳叶为妻，建立了“山王国”的第一个王朝。他带来了对山神的信奉，对山帝的崇拜，而他本人也就成了新国度的“山帝”。传说他改变了当地人裸体、不知穿衣的习惯，教他们穿衣。他还教人建宫室，造文字，立制度，把扶南建成一个像模像样的国家。在他的治理下，国家井井有条，逐渐强大。

“扶南”作何解？

一般认为是柬埔寨语Phnom(古音作bnum）的音译。意为“山”，也有人认为纯属汉词，乃“扶我南邦”之意。另外的猜测：扶南不是Phnom，而是Paknam。扶南=濮南=跋南=北揽=水口=水居人。且历史上有扶南族，扶南人不属高棉族。

“黄支国”在哪里？

学究权威们各有说法：
法国学者伯希和：“他来自马来西亚东岸。”后来更正说“他来自印度东岸。”柬埔寨学者蒙峦玛匿冲柿：“他来自爪哇。” 泰国昙隆亲王：“他来自印度。” 法国学者A·多凡·默涅：“混填是印度北部婆罗门冒险家。” 美国学者马丁·弗·黑尔兹：“他是被放逐的印度王子。”中国学者也有不同的说法：陈序经：“他来自马来半岛北部西岸地区。” 余思伟：“他来自印度临海东部。” 谢光：“他来自泰国的甘烹碧。”

混填妻子柳叶的身份

还争论不休。有专家认为是“月亮神的女儿”。而法国的A·多凡·默涅和美国的马丁·弗·黑尔兹把她描绘成神话传说中的那伽蛇王的女儿：索玛。中国学者则认为柳叶就是一个真实的人物。柬埔寨学者蒙峦玛匿冲柿认为是林邑人的女王，并不是裸体公主索玛。[裸国：不属于高棉族，Lua,拉佤族或冲族人（porr波尔人）]

公元550年前后，扶南国势逐渐衰落，兴旺了几百年的扶南王国似乎走到了它的尽头，于公元7世纪为其北方新兴的国家所兼并。取代扶南的这个政权叫“真腊”。

[前吴哥时代]

真腊
Zhendla

政权开端年代：7世纪中期

开国君王：伊奢那跋摩一世Isanavarman(中国史书称伊奢那先，616-635年在位)

信奉宗教：印度教

真腊的崛起与分裂

在湄公河盆地中部崛起了个印度化政权“真腊”原本是“扶南”的一个属国，在公元6世纪前后吞并“扶南”。真腊不断扩张并最终于公元8世纪初几乎完全征服了扶南王国。

领导这一事业的是拔婆跋摩Bhavavrman与质多斯那（摩阿因陀罗跋摩）兄弟，在他们的打击下，扶南王国丧失师地。到质多斯那的儿子伊奢那跋摩一世时终于完全征服了扶南。

吴哥文明的先驱

伊奢那跋摩一世，是一位很有作为的君主。他曾派出使者出访中国，向中国皇帝讲述了自己国家历史的变迁，真腊兴起及取代扶南的过程、两代先王及在位君主的作为等等。中国史官们根据他们的叙述写成“真腊传”列入官史之中。《隋书·真腊传》记述的就是实现这个历史转变的真腊。要不是这个历史之举，别说外国人，连柬埔寨人自己恐怕现在也无法追忆他们祖先的丰功伟绩了。

真腊政权第一个都城：伊奢那补罗 Isanapura

其他中文名称：伊萨那普拉(中国《隋书》叫伊奢那城)

遗迹通用名称：三坡布雷卡遗址

遗迹位置：今磅同市以北的三坡布雷卡Sambor Prei Kuk

他的另一项壮举是建造了新的政权中心——伊奢那补罗。他放弃了湄公河东岸的旧都，选在伊奢那补罗这一个对经略东西部都有利的地方建都。作为王都，伊奢那补罗全城居民2万余户，10余万人。中国唐玄奘把伊赏那补罗国作为当时知名的佛教国家记传。

在伊奢那跋摩一世死后不久，统一的真腊面临分裂。真腊分裂为两个部分：水真腊和陆真腊。水真腊在今磅同以南一带，陆真腊，在今南部老挝(古称文单国，国都文单城即今万象)。

“真腊”作何解？

真腊——地区名、民族名还是政权的名号？这些说法只能存录在案，确切与否，都有待进一步的考证。在十分有把握的根据出现前，还很难做出定论，甚至它们究竟是否是这个国家的自称，都不易敲定。这一政权最早出现于公元6世纪，公元7-8世纪的碑文证实了真腊人源自高棉人。也有人认为也许是暹粒(Siem Reap)古音的近似音译。

富贵真腊

当时的真腊被人们喻为“富贵之国”，其地所产的金、银、铜器和各色玻璃饰品、犀角、象牙等一直是东西方商人梦寐以求的商品。

9世纪初始，吴哥王朝（802－1431）先后有过25位国王，统治着中印半岛南端以及越南和孟加拉湾之间的大片土地，其势力范围远远超出了今天柬埔寨的领土，盛极一时。

[吴哥时代]

吴哥
Angkor

阇耶跋摩二世 Jayavarman Ⅱ

在位时间：802-850年

成就：统一真腊，开创吴哥王朝，吴哥文明的奠基人。

在位时期建造工程：马亨德拉帕尔瓦塔(Mahendraparvata)城

公元790年，在爪哇夏连特拉王朝作人质的阇耶跋摩二世回国，成为高棉相互竞争的诸多君王之一。他为争夺湄公河下游洞里萨湖一带的平原而征战。在征服许多相邻的小政权后，统一了水、陆真腊，建立了统一的高棉帝国。

荔枝山上的加冕

阇耶跋摩二世通过建立一系列的城市，作好了重建真腊的准备，其中最重要的是马亨德拉帕尔瓦塔城(Mahendraparvata)（据推断在现在荔枝山上或附近）。他在此修建了一个象征湿婆神和他自身王权神性的“林迦”，这成了后来每一代高棉王的象征。

阇耶跋摩二世宣布不受阇婆（当时东南亚的强国）控制，公元802年，印度教婆罗门为他主持了一个仪式。（在仪式上，印度教婆罗门宣布，阇耶跋摩二世是整个宇宙的统治者，照着神的旨意他成为国王，他是道成肉身的湿婆。作为国王，阇耶跋摩二世有权要求其民众对他效忠。他宣布，神灵将使他成为“万王之王”和“山岳之帝”。“斯多克加克通”遗址的铭文有这件事情的记载。）

迁都罗洛士

在802年之前，阇耶跋摩二世已在前吴哥都城现在的罗洛士镇附近驻扎。但由于某些原因，可能是军事上的原因，他从罗洛士迁到荔枝山。

在802年登基后不久，他把首都迁到罗洛士地区，名叫“哈里哈亚雷亚”，以“湿婆和毗湿奴合二为一的偶像”命名。

他在哈里哈亚雷亚统治，直到850年逝世。

真腊政权第二个都城：哈里哈亚雷亚 Hariharalaya

其他中文名称：诃里诃罗洛耶、诃梨褐刺罗耶

信奉的神明：诃里诃洛

遗迹通用名称：罗洛士群

遗迹位置：暹粒东南13公里，现在的罗洛士镇西北方

跋摩

国王的名字后面都加有表示尊敬意思的跋摩，在梵语中，跋摩是“保护人”的意思。

建造城市

根据传统的印度宇宙论，把都城设想为象征性的宇宙，以传统上对待圣地的虔诚对待它。高棉国民有生之年，每年都要腾出一部分时间来参加建城工作。认为，这种劳动是对神灵的奉献。

“柬埔寨”中文名称的演变

扶　南 隋前
真　腊 隋唐后
究不事《后汉书》公元86年，究读“甘”
柬埔寨 元
澉埔只 元
甘菩遮 元
堪布甲 元
干不昔《元史》1281年
干不察《元史》1281年
甘孛智《真腊风土记》
甘破蔗《明史》
柬埔寨（Camboja）明万历后

因陀罗跋摩一世 Indravarman

在位时间：877-889年

成就：开创了建造大型设施的历史

吴哥第一个大型的水库——因陀罗塔卡（罗莱池）

879年吴哥第一座大型纪念性建筑物——神牛寺

881年吴哥第一座完全由石块建造而成的建筑物——巴公寺

阇耶跋摩二世建造国都的愿望，常常因为和邻国打仗而受阻。直到他的侄子因陀罗跋摩一世在公元877年登基以后，建造了吴哥时代的第二个都城：诃梨褐剌罗耶（位置不详）。

耶输跋摩一世 Yasovarman I

其他中文名称：耶索跋摩一世、雅苏跋摩一世、耶戍跋摩一世

在位时间：889-900年

成就：他是第一个在吴哥地区建立了都城的君王

在位时期建造工程：巴肯寺、东池

耶输跋摩一世——因陀罗跋摩一世的儿子， 可能是因为耶输跋摩一世在与他的兄弟王位的争夺中，被迫离开当时的罗洛士。把首都迁到吴哥地区，命名为“耶输特拉补罗”。

吴哥地区第一个都城

真腊政权第三个都城：耶输特拉补罗 Yasodharapura

其他中文名称：耶输跋摩之城

遗迹通用名称：耶输跋摩城遗址

遗迹位置：以巴肯山为中心的方圆36平方公里的区域。

从这时开始，一直到后来暹罗人占领吴哥，几百年间，吴哥王朝的都城大体上都在耶输跋摩一世选定的都城及其附近。然而正是这偶然的举措，开始了吴哥继后500年的建设。

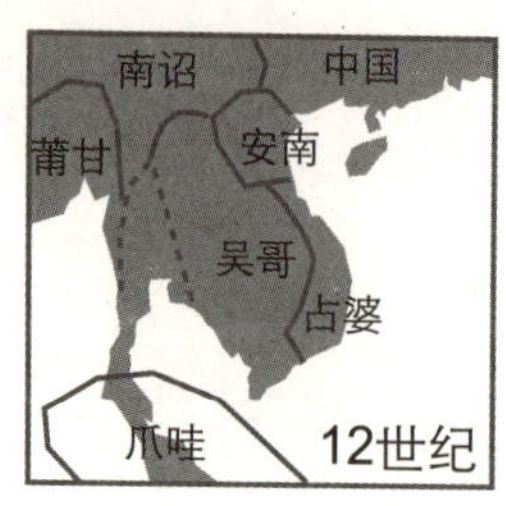

在耶输跋摩一世死后的200年里，他的许多儿子、侄子以及篡夺权位的人，交替掌握政权。可能是又一次的宫廷政变，阇耶跋摩四世Jayavarman Ⅳ（928-942年）篡夺了王位，并把都城从吴哥迁到东北面100公里的高盖P246，持续了20年。

当首都迁回吴哥，不是以巴肯山为都城中心，而是它东面的新葬庙：比粒寺（961年）。

第四个都城：（名称不详）

遗迹通用名称：高盖（KoKer）都城遗址

遗迹位置：今吴哥东100公里的高盖地区

吴哥迈进全盛时期

苏耶跋摩二世 Suryavarman Ⅱ

其他中文名称：瑟亚跋摩二世

别号：护日王

在位时间：1113-1150年

成就：击退占婆人的进攻，带领真腊王国达鼎盛时期

在位时期建造工程：吴哥寺、托玛侬神庙、豆蔻寺、崩密列、班迭奇马寺。

在12和13世纪，真腊王国达鼎盛时期。在这位新国王的统治下，不但屡屡抗击高棉东面的占婆人的进攻，而且把吴哥政权向四周进行扩张。向南到达马来半岛，向东到达占婆，向西到达暹罗，并继续扩张到缅甸的蒲甘王国边界。

高棉“毁于太多的荣耀”。吴哥因为载不动沉重的建筑负担而开始消亡。

吴哥王朝的第一次危机

当苏利耶跋摩二世于公元1150年前后去世的时候，他的王国已经因为过度扩张和国力丧失殆尽而岌岌可危。随着这位“日护王”的去世，政治动荡开始发生，同时吴哥也受到外来的威胁。

1177年，占族人入侵吴哥。他们沿湄公河而上，越过洞里萨湖，并焚毁了以木结构建筑为主的吴哥都城。

吴哥的拯救者——阇耶跋摩七世

其他中文名称：瑟亚跋摩二世、苏耶跋摩七世
在位时间：1181-1220年
成就：吴哥的拯救者与最后一位建造者
在位时期建造工程：吴哥通王城、巴戎寺、塔布茏寺、圣剑寺

阇耶跋摩七世是一位颇具传奇色彩的国王。他经历了帝国从高峰跌入低谷，再从低谷走向新的高峰的历史进程。他目睹了帝国的一度败落，蒙受羞辱，然后他又把将沉的大船托起，并把它驶向新的繁荣之途。他是陀罗尼因陀罗跋摩二世的长子，但两次失去继承王位的机会，为了国家的安宁，他处处顾全大局，不争不夺，表现得极为克制和大度，甚至暂时隐匿起来，与世无争。

从1150-1181年的30年间，国家遭受厄运，国内纷争引发外敌入侵。占婆人乘虚而入，国都沦陷，国王被杀，繁荣的吴哥，建筑被毁，财物遭劫，满目疮痍，一片残破。眼见国家一片混乱，他站了出来。1181年，阇耶跋摩七世重回朝廷，继承王位。其时他已经是一个年过半百(56岁)的佛教徒。

“要把国土从灾难之海里救出来。”

经过缜密准备后，他对侵略者发动了无情的攻击，把侵略者加在真腊人身上的暴行加倍报复。高超的军事技术，使他取得一个又一个胜利。他打败入侵者，并占领了他们的土地，重新占领的土地在后来的20年里成为吴哥的一个省。

在很长一段时间内，阇耶跋摩七世的赫赫功绩被湮没，人们只把他看做一个极普通的国王，20世纪考古的新发现才把他推到前台，成为历史的亮点。

1903年，考古学家在老挝万象附近的赛丰(吴哥帝国时期的一座城市)发现了一块石碑，这块石碑上用梵文书写记载了阇耶跋摩七世的丰功伟绩。在德朗省发现的同时期的另一个碑铭同样颂扬了这位国王，而在其他地方出土的碑铭，也多次提到他的名字和他对国家的贡献。碑铭述说了这位有作为的国王的生平事迹，勾画出一个明君的真实面容，使人们重新认识了这位伟大的国王。

阇耶跋摩七世还是一位建设之君。30年的混乱和衰落，国家残破，都城遭难，百废待兴。国王不顾年事已高，把国家的振兴视为最高使命，担当起重建国家的重任。他重建了吴哥城，使它成为一座崭新的国都。鉴于外族入侵的惨痛教训，他把都城建得极为坚固。为便利交通，也为了国防需要，在吴哥通向占婆和今泰国呵叻之间，筑起了宽阔的道路，可供大象和牛车通行。阇耶跋摩修建的道路系统，把帝国的都城和边远的中心联系起来。每13—16公里建一客栈和诊所。

在这位国王的统治下，高棉王国的领土比以前扩张得更大。把吴哥王朝导入黄金时代。

有一段铭文说：“国王与王城结合一起……为的是给全国带来普天欢乐。”

巴戎寺就是他的一块丰碑，把他的丰功伟绩浓缩进这座寺庙里。

他的另一块丰碑是他的后人在20世纪为他树立的，这是专为他雕塑的两尊石像，一尊放置在金边国家博物馆，另一尊放置在泰国曼谷。

最后也是最伟大的都城：吴哥通王城

最后的都城：**吴哥通王城 Angkor Thom**
其他中文名称：吴哥城
遗迹通用名称：吴哥通王城、大吴哥
遗迹位置：巴肯寺北

阇耶跋摩七世重建吴哥城，作为自己的王城。王城有一部分建在老城之上。

阇耶跋摩七世约于1219年逝世。他那庞大的建筑计划，使国家元气大伤，加速了国家的衰落。

陷落中的吴哥

吴哥所经历的伟大辉煌，就在侍奉众神的沉重负担中消耗殆尽。

年复一年地无止境地建造神庙，到真腊国王兰篷(即隆篷萨·拉嘉，1346-1352年在位)当政时，这片土地和这上面的人民已不胜负荷。结果，水利失修，水利排灌系统遭到破坏，天旱无以为灌，水涝无以为排，农业为之荒废。

一次又一次的失陷与光复

1351年，泰国阿瑜陀耶王朝的军队进攻吴哥，围城近一年后攻占吴哥。吴哥从此失去了安宁。此后三四十年内，她始终为战乱所困扰，完全没有了往日的宁静。

在反抗泰族人占领的斗争中，肖·蓬黑阿即位为王，他死后，儿子蓬黑阿·亚特继位。他登基后，经过不懈的努力，让吴哥再次光复。但是，吴哥已无法回到昔日的和平与平静。一次又一次光复一次又一次陷落，串成一条厄运之链，将吴哥牢牢锁住。

可怕的洪灾

传说中的吴哥大水灾即在这时发生了。这是一场特大洪水，大湖里的水位暴涨，淹没了周围的村庄和农田。洪水一直冲到吴哥通王城的城墙根，最后整座城池都浸泡在洪水之中。这场洪水造成了毁灭性的灾害，给人们留下了可怕的记忆。

这是水利灌溉系统失修的直接后果。

[后吴哥时代]

告别吴哥

1433年，国王蓬黑阿·亚特决定放弃吴哥。城是完整的，却又是残破的，没有了财富，也没有了生灵。

希望在哪里?

斯雷桑托（今磅湛省的斯雷桑托县）

国王先把他们带到一个名叫斯雷桑托的地方，将此暂定为王都。虽然人们很想在这里安顿下来，但天不遂人愿，仅仅一年，1434年，一场凶猛的洪水又把王都席卷。

四岔口（现在的金边）

国王只好另择新都。在群臣的帮助下，国王把眼光盯住了一个叫四岔口的地方(又叫札多本)。这里交通便利，是水陆交通的枢纽，地理条件优越，物产丰富，人口稠密，是一个理想的建都之地。安顿下来后，开始营造城池，正式以此为都。后来人们把这里称为百囊奔，也就是今日的金边。

洛韦

1528年，真腊国王安赞一世又把首都迁到金边西北约40公里的洛韦。1594年，真腊首都洛韦又被暹罗军队攻陷，城市遭到劫掠，元气大伤。

更令人惋惜的是，城内收藏有吴哥时代以来重要文献、文物的皇家图书馆也被大火焚毁，“吴哥帝国”所有的荣耀与衰落只能留给对真相所知不多的后人去重写或杜撰……

（以上8页的内容是根据不同材料，用时间为线索串联起来的。它们可能也是“杜撰”作品的组成部分。）

16世纪60年代，柬泰关系紧张，在一次军队集结中，曾有一个柬埔寨国王带领五六千人来到了他“发现”的吴哥，他命人砍去或烧掉灌木丛，几天后终于开辟出一个空间，待收拾干净之后，国王住进了城里，望着规模巨大的建筑和精美绝伦的雕刻，他陶醉了！柬埔寨国王决定将王宫迁到吴哥，享受昔日的辉煌。这件事在柬埔寨和泰国的编年史中都没有留下任何记录。后来在吴哥发现了载有日期的碑铭，不但证实了国王的光顾和发现，而且还提到1577-1578年在王室的帮助下，寺庙还局部得到修复。

公元16世纪柬王安赞（Ang Chan，1516-1566年）当政时期，在吴哥寺内供奉了1000尊佛像，号称亚洲的佛教中心，将婆罗门教寺庙变成了佛教寺庙。

建筑

吴哥建筑是世界建筑史上的奇迹，可是不论在西方，或在东方，都受到忽视。

于是，你会发现：在一本总页码有330页的《外国建筑史》大学教材里，共有23页是介绍日本建筑史的；而只有两页陈述到高棉建筑，且只是罗列了其中两个寺庙的建筑样式，完全没有提及其建筑发展进程。

吴哥建筑成就 = 大型纪念性建筑物 + 复杂的灌溉系统

印度的文化传到东南亚，把庙宇建筑与印度神祇的崇拜引进來了。吴哥的建筑受到印度文化的强烈影响。起初，它们大致和印度的相似，后来逐渐形成了民族的特色，发展出一种比印度本土还要有表现力的建筑形式。同时，吴哥的宗教建筑艺术对东南亚各国都有着深远的影响。

场所功能：神住的地方
设计依据：宇宙的序列
基本形式：庙山、塔殿
装饰元素：浮雕、塑像
建造材料：砖块、石材

庙宇完全为荣耀神的存在而存在

不论西方的修道院、穆斯林的清真寺还是中国的庙宇，虽有崇拜神祇的教堂为主体建筑，却是以僧众修行为庙宇建筑存在的主要目的。其空间也是供信众崇拜之用。至于后世建在城里的庙宇或教堂，更是为大众礼拜或听讲之用，几乎是一种讲堂的性质。

印度教就全不是这回事了。庙宇完全为荣耀神的存在而存在，因而沒有考虑人群聚集的空间，所以建筑的造型比建筑内部的空间重要。

与印度人一样，高棉人也将寺庙视作它们所崇拜的神的住处，而不是信徒们的聚会之所。它们相信神确实是以其真形居住在那里的。

最伟大的印度教建筑诞生在印度本土之外

印度在古代比较闭塞，佛教和婆罗门教建筑，土生土长，非常独特。11-15世纪末，从中亚来的伊斯兰教徒统一了印度的大部分地区。从此，印度文化在各方面都穆斯林化了，建筑也是远远脱离了古代的传统；而基本上与中亚和伊朗的雷同。

而东南亚国家的人们仍旧盛行着婆罗门教，继续热衷于建造印度神话里的天国神殿，于是最伟大的印度教建筑诞生在印度本土之外。

吴哥古迹中开放的寺塔大大小小近百座，从供奉的神灵、建筑风格、布局构思到建筑材料等等都各有千秋，即使有机会把拥有不同时期建筑风格和特点的吴哥古迹顺次游览，也有不知从何看起之感。

像散落在一个大玉盘里的大同小异的珠子，令人眼花缭乱，所以我努力尝试用“时间”这条丝线把它们重新串在一起。垒成右边的这个（很不专业的）“山形图”。

→

高棉王国1430年灭亡。中央集权的衰落造成经济崩溃。随着中央政权的消失，泰人破坏性的入侵又给这一衰亡中的地区以致命的打击。原来由对王权和国王的崇拜所激发的艺术开始衰落，不耐久材料被重新使用。此后的建筑也注定无法超越这一历史时期的建筑艺术高峰。

佛教建筑 | 石结构为主 | 砖石过渡期 | 砖结构为主 | 印度教建筑

顶峰

巴戎风格

巴戎寺
圣剑寺
蟠龙水池
塔布茏寺
吴哥通王城

巨大面型的建筑式样

阇耶跋摩七世 (JayaviravarmanⅦ) 1181-1220年

前后风格的过渡

斑黛喀蒂

成熟

吴哥寺风格

周萨神庙、托马侬神庙
吴哥寺、普拉比图、班提色玛寺

回廊展开式样
构思精巧的浅浮雕。

苏利耶跋摩二世 (SuryavarmanⅡ) 1113-1150年

发展

巴方寺风格

巴方寺、茶胶寺、西梅奔

出现了以砂岩为顶的双层回廊，紧紧环绕着寺塔，在回廊的四角则建有角亭。各层平台之间均有阶蹬相通，由于较为陡峭，阶磴两侧建有矮墙式扶手。

优陀耶迭多跋摩二世 (UdayadityavarmanⅡ) 1050-1066年

南北仓风格

南北仓、茶胶寺

着重发展了回廊和角塔形式。石材建造。在主入口的两侧通常设有经室。被护河和池塘环绕。

阇耶跋摩五世 (JayaviravarmanⅤ) 968-1001年

女王宫风格

女王宫

用以红砂岩石为主的砖石结构代替了以砖为主的砖石结构。全部采用石结构建筑方法的前奏。小型庙宇，设计与结构像盆景。过梁浮雕图案多仿神牛寺风格。

罗贞陀罗跋摩二世 (RajendravarmaⅡ) 944-968年

比粒寺风格

比粒寺、东梅奔、空中宫殿

增加了回廊，为前代所没有。是一种创新的标志。

曷利沙跋摩一世 (HarshavarmanⅠ) 910-944年

巴肯寺风格

巴肯寺、格罗姆寺、豆蔻寺

是一个真正的石质日历，在各层平台上都标有行星的位置和其所属时期。

因陀罗跋摩一世 (IndravarmanⅠ) 877-889年

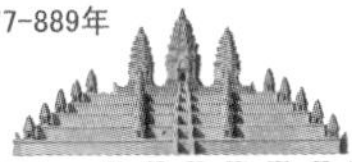

成型

神牛寺风格

神牛寺、巴公寺、罗莱寺

从简单的山形建筑上添加复杂的结构，其各层平台上都有大量的台阶和塔。寺的四周还交替环绕着两堵石墙和两条宽阔的护河。

耶输跋摩二世 (YasovarmanⅡ) 889-908年

萌芽

荔枝山风格

因陀罗补罗（斑迭帕诺科废墟）
诃里诃罗洛耶（罗洛士群）
荔枝山（摩诃因陀罗跋伐多）（摩诃因陀罗山）
马亨德拉帕尔瓦塔(Mahendraparvata)城

“山形建筑”——建筑物高大，而且多层。多建在山上，这同宗教理念相一致。

建筑里出现象征湿婆神和他自身王权神性的“林迦”，这成了后来每一代高棉王的象征。

阇耶跋摩二世 (JayaviravarmanⅡ) 802-850年

奠基

古印度建筑风格

达山寺[P255]，6世纪到7世纪
三坡布雷卡[P247]，七世纪上半叶
Prei Kmeng， 七世纪，大约公元635年到700年间

高棉建筑基本形式

塔殿和庙山，后来又增加了回廊的形式。较大规模的建筑群都是这三种要素的不同组合。

塔殿(tower-sanctuary):正面朝东，顶部由仿其主体形式但尺寸逐渐缩小的构件重叠构成。一种增加了内部空间的塔的形式，是高棉人对佛塔的发展，又称为prasat。

庙山(temple-mountain):是由多层平台筑成的角锥体形式(平台数量在不同时期都有变化)，顶部有一个塔殿或五个按梅花瓣状排开（中国称的金刚宝座式）的塔殿排布形式。这一基本结构通过在各层平台上增加的一系列沙石塔得以强化。（阿约(AkYom)的庙山是最早的实例，也是最简单的一种形式。）

典型金刚宝座塔：

在三层或五层台基上建造五座塔，中央一座，四角各一座。4个小塔同中央主塔对比，不仅反衬了主塔的高大，而且加强了它的动势。这种金刚宝座式塔以后传到东南亚，也传到中国。

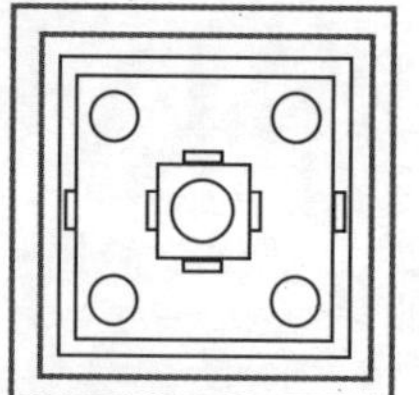

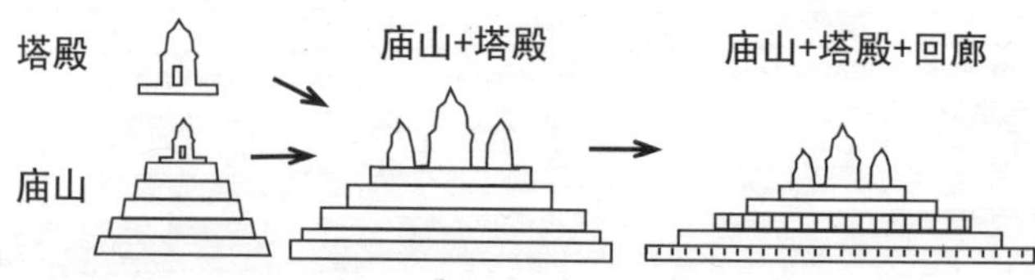

城市规划：

关于吴哥的建造程序，前人没有留下任何记载，只能从古印度神话故事的情节中窥探当时的婆罗门是如何建造和规划一个新城市：

《黑天带领雅度人建多门城》

雅度人在高大的帐篷里度过了这一夜。第二天早晨，他们举行了规定的沐浴仪式，向神仙祈祷和贡献祭品，然后就动手干了起来。一开始，酋长们标出了城界，画出了建筑要塞的地盘，用绳子量出了笔直而宽阔的街道，标出了房屋、宫殿、庙宇、市场、作坊、商店、畜棚和马厩。然后，挖掘工人、木匠和石匠开始在这片土地上建设一座空前的城池。首先，他们挖了既宽又深的护城河，然后修筑了既高又厚的要塞墙，并在城墙上修建了带有炮眼的雄伟的防御炮台。而在城墙的内侧，雅度人着手建筑住宅、作坊和商店。根据黑天的请求，上天的建筑师毗首竭摩前来支援雅度人，帮助他们把各个街道与各个广场连接起来，并以树林、水池和花园来点缀这座城市。

只有神灵才能住进砖石造的建筑里

平民百姓王公大臣都只能住在木竹造的房屋里。吴哥通王城里的皇宫也是木竹结构，经过千年的风吹雨淋和蚀化，现已荡然无存，遗留下来的只有石柱、台基等遗址。

有碑文证实吴哥还存在过为公众服务的“世俗”建筑，如医院和为旅客提供住宿的带火塘的房子。但也是因为由不耐久材料建造的，如今亦已消失在我们的视线里。

使用不同的材料建造出红色的女王宫，青色的吴哥寺

砖红壤：（红砂岩）

工匠们对高棉特有的红土的加工和使用。红土黏性极强，但在自然状态下却是松软的，因为此种土中含有大量水分。这种松软、零散的红土运输起来较为容易，柬埔寨人把红土放在特制的大模具里，夯实成形，经过晾晒风干，红土块就变得结实无比。这些人工石块就是砖红壤或称红砂岩。在风干的过程中，红土块表面黏性较好但并不那么坚硬，因此，工匠们可以随心所欲地在上面精雕细刻，画面往往线条分明，栩栩如生。当土块完全风干后，即变得异常坚硬，用手抚摸，大有触刃的感觉。（如女王宫）

砂岩石：（青砂岩）

10世纪下半叶，易于雕刻的砂石开始取代了砖红壤，到11世纪时砂石已大量使用。距吴哥40公里的荔枝山出产的砂岩石，石质松软，颗粒细密，其内部结构与木头相似，雕刻家很容易在上面精雕细琢。（如吴哥寺、巴戎寺）

石材运输

有资料上说寺庙有些石块重达8吨以上，其实经专家作测量后，基本每一块石头从100公斤到1000公斤不等，它们大多采自50公里外的荔枝山上。到底这成千上万的巨石是如何被运送的呢？

除了使用大象作为运输工具外，四通八达的河渠与护城河也许是运送巨石的通道。当洞里萨湖水上涨时从河上用木筏将砂石运来吴哥。

相信几个世纪以前建造吴哥所使用的就是这样的筏子。他们从位于东北方向50公里外的采石场将数百万块砂石运到吴哥。

水利

吴哥纵横交错的排水沟渠，以及星罗棋布的人工池塘或储水池相连而构成庞大的水利系统，不仅是柬埔寨人生存、繁衍的力量源泉，而且与吴哥的诞生、帝国的强盛与衰亡也有着某种潜在的或必然的联系。

吴哥大型水利遗迹

建造年代	建造者	名称		规模	中央建筑物
9世纪末/889年	因陀罗跋摩一世	罗莱池	已干枯	3.8 X 0.9公里	罗莱寺
10世纪初/895年	耶输跋摩一世	东池	已干枯	7 X 1.8公里	东梅奔
11世纪初1060年	优陀耶迭多跋摩二世	西池		8.0 X 2.3公里	西梅奔
12世纪上半叶	苏利耶跋摩二世	吴哥寺护城河		1.5 X 1.3公里，河宽190米	吴哥寺
12世纪中后期	阇耶跋摩七世	北池	已干枯	3.7 X 0.88公里	蟠龙水池
12世纪中后期	阇耶跋摩七世	吴哥通王城护城河		12 X 8公里，河宽100米	通王城
12世纪中后期	阇耶跋摩七世	皇家浴池		0.8 X 0.4公里	（寺名不详）

长方形的人工蓄水湖，是吴哥时代最宏伟的人造水利灌溉工程，配合高棉大地的旱雨两季，调节水位。同时通过精巧的灌溉网络将附近河水汇集到湖中，然后分流到吴哥整个地区。在古都吴哥的辉煌岁月里，设计精巧的水利网络给高棉人带来1年2～3次的水稻丰收。1932年以来发掘工作，才知道吴哥古城的水池，当年在千数以上。大者阔14米，长数百米，以水管互相沟通，且与城濠相通以引水及排水。

许多水利专家感到难以置信，他们认为这些河塘相间的水利灌溉系统简直就是一个人间奇迹，完全可以同柬埔寨那精美的浮雕和宏大的宗教建筑相媲美。

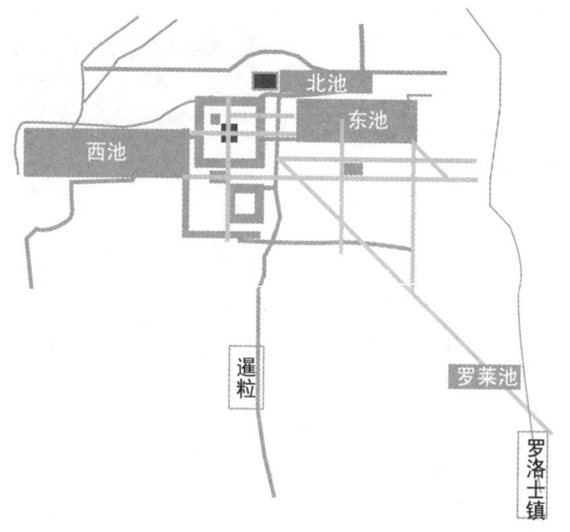

这是一幅描绘吴哥护城河、河道、水坝和水库网络结构的示图。这个网络具有多种用途，如举行仪式、进行防御外敌、灌溉排水、交通运输、鱼类和水禽养殖、以及饮水和沐浴等。

神庙周围的护壕还可有效阻挡白蚁，防止它们咬噬神庙里面用棕榈树叶写成的宗教书卷。

国王的水池

塔泰卡tataka（梵语）=Baray（高棉语）=池（中文）

罗莱池：因陀罗之池（Indra-tataka）
东池：耶输跋摩之池（Yashodhara-tataka）、East Baray
北池：阇耶之池(Jaya-tatika)、神圣的利赤达克（Preah Reach Dak）、圣剑寺池

高棉人在政治和经济方面一次极其重要的革新要归功于因陀罗跋摩一世(公元877-889年)。他为了使这里的农业生产环境得到进一步改善，并解决城市用水问题，在罗洛士监督完成的一个出色的水利系统，为这个国家带来了3年的繁荣。他首先建起一个人工湖(名为“因陀罗塔卡”)，通过水道网将水引入稻田进行灌溉，随后水又被送到环城的壕沟中供城市使用。原来依靠天然河流的建材运输也能够通过人工的水道网来完成。

自此以后，吴哥城不再只是那些围在庇护神庙周围的简单居民区了，水库成了一个富于理性的土地耕作系统的支撑点，能够以最佳的方式利用自然资源。

其后继者便纷纷效仿其兴修水利。耶输跋摩一世在吴哥城东北修建了一座长3.8公里，宽0.8公里的大水库——东池。为了使水库水源充足，他征集民工改变暹粒河的河道，将活水引进水库。优陀耶迭多跋摩二世(1050-1066年)时期，又在吴哥西部修建了一座长8公里，宽2.2公里，面积为18.4平方公里的大水库——西池，是世界上最大的人工池。

到11世纪，吴哥帝国的统治者又陆续在吴哥城及周围地区修建了许多大蓄水池、壕沟、池塘、渠道、喷泉等，各地不仅设置了精巧的送水装置，而且多数水池、护城河都与河道相通。是流动的活水构成吴哥城内完善的水利系统。

14世纪以后

随着小乘佛教的兴起，吴哥君主政体和婆罗门所代表的玄虚世界消失，水利设施失修甚至废弃，田地荒芜，以善于控制水而闻名的柬埔寨人在农业生产上只好听天由命。终于在阇耶跋摩九世统治时期，吴哥洪水泛滥成灾，一场突如其来的大洪水悄悄逼近吴哥城……

如果说是灌溉工程浇开了吴哥文明之花的话，柬埔寨人对水控制能力的减弱和丧失则使吴哥帝国的大厦在一夜之间被无情的洪水冲垮。

通过对吴哥寺建筑结构的研究，人们还发现吴哥寺内铺设有合理、完备的排水系统。柬埔寨属热带气候区，雨季降水量较大，为了使雨季的大量降水能迅速排到护城河或寺内的蓄水池里，建筑者们从顶到底，在寺内各个部分都设立了明暗相通、纵横交错的排水管道。更奇特的是，这套排水系统把雨水引至寺内四个大蓄水池，供祭祀者在朝拜之前洁身用，可谓一举两得。排水系统的设计，使吴哥寺的建筑结构更加合理、科学和完美，也反映了古代柬埔寨人民的高度智慧。

地苦炎热，每日非数次澡洗则不可过，入夜亦不免一二次。初无浴室盂桶之类，但每家须有一池；否则亦两三家合一池。不分男女，皆裸体入池。

——周达观《真腊风土记》

拯救 掠夺

遗址的诸多破坏性因素当中，包括战争、自然力量的肆虐和人为的掠夺，让我们始料不及的是，由战争造成的直接破坏是最少的。

在吴哥文明隐没的数百年中，如果说还能大体保持其原貌的话，那得感谢大自然的庇护，丛林像一把巨伞撑在它的头顶，护佑着这人类的宝藏。“遗忘”带来的是宁静。宁静保护了古迹。当人类的喧闹闯进这里后，出现的则是另一番景象。

在吴哥古迹被发现的同时，对古迹、文物的疯狂劫掠、人为破坏也开始了。

疯狂的掠夺破坏

自吴哥被“发现”以来，长期以来遭到了国际盗贼的疯狂掠夺。数以千计的雕像的头部、浮雕被偷走，许多古物被盗离柬埔寨，并在国际黑市上出售。曾在此矗立了几百年的塑像，如今只有一小部分还保存完好。

明火执仗的强盗行劫刚罢，另一批貌似“文雅”的掠夺者又到了。有些掠夺者，更打着“考古”、“保护文物”的幌子，对吴哥文明进行明目张胆的抢劫。冒险家们深信在吴哥古迹的中央宝塔下埋有稀世珍宝，为了得到这些宝物，他们竟不惜拆毁这些宝塔，使塔体一度遭到严重毁坏。

贫穷的柬埔寨人饮鸩止渴

掠夺行为在柬埔寨大行其道的原因其实很简单，柬埔寨是世界上最穷的国家之一，且仍时而受饥荒之苦。无论是在田地里找到一尊雕像的贫穷农夫，或是在深夜从庙里拆下雕像的军人，他们都知道只要把雕像卖给走私贩，便能养活全家好几年。

到20世纪90年代，当地的农民只要拿到10-50美元就可以将雕像的头取下来或者说用牛车把它们运到边境。艺术品甚至是按照客户的订单（买主从古建筑的照片上预选所需的艺术品）被盗走的。

另一方面，吴哥古迹绵延的范围实在太大了，柬埔寨政府根本没有财力和人力保护好它的每一寸土地。在一些偏远的寺庙里，观光者甚至会和文物掠夺者不期而遇。

以下为《吴哥窟“磨难远未结束”》一文的片断

作者：道格拉斯·普瑞斯顿

偷盗的破坏力比战争更大。

20世纪80年代，柬埔寨政府将大部分独立雕像搬到一处有警卫看守的仓库储放。尽管如此，仍有武装盗匪攻进仓库里并带走库中的无价之宝。

如今最恶劣的掠夺已经转移至数百座偏远的寺庙，如班迭奇马。班迭奇马是这些废弃的寺庙中最具魅力，但也最鲜为人知的庙宇之一。由于班迭奇马地处孤绝且邻近泰国边境，因此更容易成为觊觎的目标。

在细查过寺庙南方墙壁上的裂缝之后，杨绍昆和我朝西面的城墙推进，却见到一个破坏更为惨重的景象。整面墙几乎都被拆垮了。一段2.5米高、11米长的墙已不见踪影。一些残余的墙垣也已被标记上紫色的号码，只待搬走。上百块破碎的浮雕及损坏的雕像倒在一堆堆瓦砾中，显然掠夺者将石块背部凿去，减轻重量以便于运送。

杨绍昆脸上露出一丝厌恶的恐惧：“刚刚那里又有新的轮胎痕，是军车的。”

盗贼们把难以运输的大块浮雕切割分装。无价的艺术瑰宝得到的就是这样的待遇。

我们看到**吴哥哭**了!?
窟

保护与研究

1993年联合国作了这样的估计:吴哥文物被盗的频度是一天一件。

联合国教科文组织的顾问Claude Jacques认为，“保护寺庙的工作正在与时间赛跑”。而且，不仅是赛跑，更是障碍赛。政府试图拯救这些寺庙的行动被腐败、经费的缺乏和掠夺所困扰。

除非采取紧急措施加以保护，否则这个伟大的古建筑群将有被彻底毁坏的危险。

国际拯救

联合国教科文组织的指挥棒日益受到全世界的重视，发展中国家保护古建筑的任务日益受到全世界的重视，联合国教科文组织成为协调保护工作的主要机构。

为了解吴哥这个失落的文明，研究人员走遍柬埔寨的丛林，把这个国家所有的神庙古建筑都统统记录下来，列出清单。他们记录下的神庙古建筑总共有910个。不论其规模大小以及名气如何，他们给每个神庙古建筑分配一个代号。吴哥寺的代号则是497。

……（接前页）

曼谷“河流城购物中心”是专门出售吴哥文物的跳蚤市场，而这个市场就在曼谷兰花酒店的隔壁。

在集市上，我从容走进了第一间商店，令人吃惊的是，挨个儿摆放的都是来自吴哥古迹的雕像，更令人吃惊的是，雕像的标签上都明目张胆地写着“吴哥文物”。店主从抽屉里拿出一叠照片，照片上全是各色吴哥雕像或浮雕，无论我喜欢哪一个，都可以帮我搞到手。相片中的雕像，有的在其他文物贩子的手中，有的还“有幸”继续保留在吴哥古迹中。掠夺者们把它们拍下来，向文物收集者们展示，一旦价钱谈妥，它们都在劫难逃。

曾经的保护计划

在法国殖民期间，盗窃问题的严重程度，使监管古建筑的法国方面不得不采取预防措施。成立的“吴哥保护组织”负责对这里的古建筑进行维护，这是一个装备精良的组织。它拥有上百种车辆，其中包括一台200英尺长的起重机，还有装备有空调的实验室以及电厂和气象站。维持保护工作的收入由柬埔寨政府、西哈努克国王、法国以及每年多达7万的游客共同提供。

但进入70年代，战争把吴哥的保护计划给搁置了……

当1981年，修复者们试图继续开展工作的时候，原本由柬埔寨人担任的保护组织新任负责人所能够获得的技术资源只剩下一辆卡车和一辆自行车了。

《The Road to Angkor》
作者沿着高棉古道的轨迹，从今越南的东部，经上丁跨过湄公河向西走进吴哥，

保护它，解救它，就从认识它开始。

西方人是从中国的一本古书《真腊风土记》开始了对吴哥的追寻，而当他们找到这书中之“大城”后，也是依着书的描绘去研究它。到今天，在我们想靠近吴哥时，发现几乎所有导向与引述都来自西方。资料从英文法文翻译回中文，在这种搬字过纸的过程中，有遗漏、有偏离，也有了似是而非的杜撰。

同时不难发现，西方对“吴哥”研究的局限在于他们在以西方人的思维去理解和解释东方的事物。于是很多的答案摆在我们面前时，都显得机械而无力。而我同时发现中国的一些学者们对“吴哥”的考证方法是常年坐在自己的书斋中引经据典、彼此争论不休，自己却一步不曾踏进过东南亚的腹地。

于是我有个大胆及乐观的设想：将来在“吴哥”研究这一领域的成就者该是一条拥有多个触脚的蜈蚣——文化混血儿——一个柬埔寨土生土长的潮州人，他在普通话、潮州话、高棉语三母语环境中长大。酷爱阅读中文历史古籍，且能流利使用英语及法语；在西方接受过地理学、人类学、社会学、考古学等的正规教育和考古发掘的严格训练，且拥有良好的体格、喜欢实地考察，严谨而活泼。能灵活应用西方的科学分析方法和东方人的特有灵感，去破解这些历史之谜。哦，还有，他必须是一位绝对的专注者。

题外话——

为什么在新中国成立前有那么多的关于“吴哥”的书？

那天我去广东省立中山图书馆查资料，当对着电脑输入“Angkor”一词后，发现外文图书外借库里有大量的关于吴哥的书籍。他的数量之多令我惊讶（其实说起来只是十多本，只是对比起书店里供应的零星一两本，它就显得意外的多）。

迫不及待地取出每一本叫“Angkor”的书，它们都被厚厚的尘埃封存着。轻轻地打开，一股强烈的（书页因长期处于潮湿环境而生成的）发霉的气味扑面而来。

这些书都是新中国成立前的藏书。

最早的一本是著于1874年，也就是说，它是在吴哥被发现后的第16年出版的。当时书里所有的插图都是手绘的。

我还从这十多本书后面的“借还资料袋”里发现，他们在1958年被同一个人借阅过，继后的借阅人就是我了。它们在这角落里安静地相互挨靠了45年，不曾被人打扰过。面对着它们，有一种很奇怪的感觉，因为它们一个世纪到半个世纪前就来到这个世界上，他们的主人消失很久了，而它们还在，被一个后世代的人如获至宝捧在手里，它们重新回到了读者的视线。

由于我的英文阅读能力有限，无法在我写这本书的时候把这些宝库里的资料有效转移到书里。但我相信自己在完成这本工具书后，会回去把它们一本本慢慢地读完。

法国殖民时期，位于西贡的旅游局发行的吴哥导游册

服饰 歌舞

当年离弃吴哥，高棉人把自己的家园及宗教都决绝地丢弃了。而他们独特的衣饰和曼妙的舞姿却跟随他们来到今天。

把发束于头顶

下半身以布围腰

赤脚

袒胸露臂

吴哥的浮雕与周达观《真腊风土记》里的描写一一对应——

大抵一布缠腰，不论男女皆露出酥胸，椎髻跣足。虽国主之妻，亦皆如此。

古高棉人衣着

古高棉人无论男女都袒胸露臂，赤脚，把发束于头顶，下半身以布围腰。

布有两条：

里面围小布，即腰布，（又叫兰古提），呈带形，环绕在腰部，在前边打结后垂下；

外面加围大布，（今称松波Sampot或沙笼），是用一条横幅的布缠绕在腰间小布上面，好像半身裙一般。

大小布合在一起，就成为一套。

穿整套是外出时打扮，平常在家里只用小布。

在身上涂抹香药是真腊人的风俗。香药是用檀麝等香混合成的。妇女的装饰集中在手上，臂上戴金镯，手指套金指环。

围布是很有讲究的，因人而异

质地：国王的精美华贵，来自印度的棉布；大臣们用的是从暹罗来的布；一般百姓用的是本地产的布，很粗糙。

花色：国王打纯花布；大臣打疏花布；官人打两头花布；百姓只有妇人可打两头花布，还可染手足掌。

Photo by Sam Frost，2002

在家里时，有些男子把水布围在腰间，洗澡时用来当替换的短裤。

在外面劳动，可以围脖子，还可以缠头，或系在腰间当汗巾。步行时用来披在头上遮太阳。

妇女头上顶物时，可用来当垫子。

现代人穿的高棉传统服装：

纱笼、筒裙、凤尾裙、紧身衣。

纱笼——是柬埔寨人的传统便服，只在家中穿，正式场合不能穿。用丝绸、方格布或印花布做成。古代纱笼叠缝在中间，现代纱笼叠缝在侧面。

筒裙——和纱笼式样相同，用料幅面也一样，惟一的区别是，筒裙可以在公开场合穿出，而纱笼只能在家穿，不能外出。筒裙多为黑色或其他深色，用料比较考究。

凤尾裙——又称插尾裙，是一种历史悠久的传统服装，男女都可以穿用。一般在正式的公开场合，特别是在喜庆或重大庆典时穿出。用料质地良好，布长3米、宽90厘米。穿时，先把裙布围在腰间，上面两角对齐拉紧，然后在腰部把裙掖紧。这时上两角下垂，再从边缘开始向里卷，卷成一个布卷，从双腿之间拉向身后，将裙尾掖进背后的裙腰。

紧身衣——是柬妇女喜爱的一种上衣。衣长只到腰间，用以衬托妇女优美的上部形体。领子有圆领、方领或鸡心领，也有无领的。袖子分短袖、中袖或无袖。衣扣或拉链一般缝在身后或侧面。紧身衣颜色多为浅色或淡色，很多人喜欢白色。

必不可少的“水布”Kalama

柬埔寨语称做“格罗麻”，译成中文叫做“水布”。

所谓水布，就是一块长1米、宽85厘米左右的白布、方格布或花条布，用棉纱或蚕丝织成。有的留出一段线头编成穗状，有的则直接收口。

柬埔寨地处热带，旱季里骄阳似火，为了避免阳光直射，柬埔寨人，劳作时喜欢把水布摊开，用头顶住中间，让水布披在肩和背后，抵御炙热的太阳。

水布是柬埔寨人必备之物，用途广泛：

1）**当纱笼**：洗澡时，妇女把纱笼（筒裙）系到乳房上部，赤裸双臂和肩膀；男人则用水布当纱笼围在腰间，赤裸上身，非常方便。有的男人平时也把水布当纱笼围住下身。

2）**做包袱**：人们出门为了便于携带零散物品，就用水布把东西包起来，或顶在头上，或挎在肩上。有时他们把东西分包在水布的两头，挂在脖子上。

3）**当头垫**：柬埔寨妇女善于用头顶东西，有些很重的物品，她们顶在头上，走起路来也轻松自如，这和水布的作用有很大关系。她们把水布折叠成细长条，再盘曲成一个圆形软垫，垫在头和东西之间，起到了保持平稳和分散压力的作用。

音乐

柬埔寨人的民族音乐分交响乐、宾柏乐和高棉乐三种。

交响乐：多指民乐合奏，音色各异的传统乐器放在一起合奏，多为传统的戏剧伴奏。是轻音乐，一般为戏剧伴奏。

宾柏乐：是一种舞蹈伴奏乐，高棉人是一个能歌善舞的民族，喜庆节日里，田间地头都能看到他们欢快的舞姿，哪里有舞蹈，哪里就响起宾柏乐那欢快的曲调。节奏较快，一般为舞蹈伴奏。

高棉乐：是具有喜庆色彩的传统音乐，只在婚礼时演奏，节奏明快动听，颇具感染力。在柬埔寨文化中占有重要地位，不管是在各种庆典和宴会上，还是在儿童游戏、青年男女求爱的娱乐场所，都离不开演唱，少不了音乐。

舞蹈

高棉是一个善舞的民族，其民族舞蹈分为民间舞蹈和古典舞蹈两大类。

古典舞蹈：

历史悠久，可追溯到1000多年以前，舞蹈的舞姿和造型在吴哥古迹的许多壁画和浮雕作品中都能看到。受印度文化影响较深，所表现的内容也多与印度神话故事有关。舞蹈在表现完整的故事情节的时候，往往有乐队伴奏和演员伴唱，更增加了舞蹈者的艺术表现力和感染力。柬埔寨人创作了许多优秀的舞蹈作品，如“祝福舞”、“蝴蝶舞”和“百花园中的仙女”等。柬埔寨人还创作了许多舞剧，多以印度神话故事为表现题材，深受人们喜爱。舞蹈时唱和跳是分开的，舞蹈演员在前台表演，歌唱演员与乐队在幕后伴奏伴唱。舞蹈表演以手部和臀部的动作为主，每个动作都有一定的含意，并配有固定的音乐曲调。所以古典舞蹈可以说是一种综合艺术。

民间舞蹈：

自由轻松，种类繁多，跳法各异。如德洛舞、牛角舞、跳竹竿舞、恰亚舞、南旺舞、孔雀舞、圆圈舞等均各具特色。“恰亚舞”表演者都是男演员，动作滑稽，表情生动，可随着曲调任意发挥，气氛十分热烈。

或许是因为扶南乐自身的特色，或许是在宫廷的历史悠久，中国的史书特别对扶南乐舞的表演作了具体的描述。

《幽冥王子》的编舞忠于柬埔寨传统宫廷的古典舞蹈，动作细致流利；金光闪烁的服饰，反照四壁上金光荡漾。

西哈努克的女儿，美丽的波派帕·黛薇公主
ıppha Dhevi)在翩翩起舞。

告别吴哥

船向东驶，告别辉煌而遥远的“过去式”，回到活生生的“现在进行时”。

这场“吴哥盛宴”太庞大，只能打包回家，慢慢用心消化

路上写的

真相》 神没有了，信仰没有了，那种叫“永远”的东西逝去了，信仰它的一切生灵都没有了。建造它，相信它，知道它的人都在很久以前远去了。时代过去了，地球上轰轰烈烈爆破着的日新月异的“现代化”不会容许它再回来。不要把这些断掉的历史强加在现代的高棉人的脖子上。它是昨天的辉煌，对于今天它已不再有力量，现在看到的只是时间对久远的折射。像我们看到光年外的星，那是光年前已湮灭的光。星那样的光，但没有照射到我们的身上，我们只是看到而已。而真实打落我们身上的是太阳的光——那全人类共享着的真实的光。

家里写的

角色》 曾经的宇宙中心，曾经的世界角落。一个被年轮、战争、自然力洗掉的城市。前五个世纪，是人和神共居的城市；后五个世纪，是野生动植物繁衍生息的天堂；再后来的世纪，成了人类需购票进入的公园。

留存》 除了刹那的震撼，就是随之而来的连串疑惑。不是它的陷落，而是它的存留。它留给我们的是什么？是一处观光地？一个精神遗像？一林子的大型艺术品？ 古代高棉国王们留给后代的一笔客观的秘密遗产？——封存了八个世纪的秘密却被一个法国人掀开。经过蹂躏之后，终于回到继承者的手上。

刚才补写的

写给自己，写给以后》

在整理关于吴哥的资料时，越是深入，越是发现很多资料都是华丽而无力，总是说着顺理成章但不一定是真相的话。于是提醒自己不要再重复这些“猜测”中的东西，因为它被重复一百次后就会被当做“事实”。但最后我还是不自觉地成为这“雕琢历史”队伍中的一个生力军。我预感到，在谜团被破解时，我书本里的这些大大咧咧的支撑场面的东西都会轰然坍塌。而那时，读者们更是会为这一知半解的作者当年书上的堆砌之举而哈哈大笑。

金边
Phnom Penh

这是我到达金边后拍摄的第一张照片。所有的事物，包括人，包括他们的笑脸，都被夕阳的光裹上一层喜庆的金色。

交通

国际交通：P303-305
省际交通：P312-315
来往机场：出租车$3-7，摩托车$1-2；20-30分钟。

市内交通：

1）步行：
景点集中在中央市场和河边一带，步行可达。

2）包车（带司机）：
小汽车：$20-35/天，中央市场很容易找到。大型越野车：250cc,$14—60/天。

3）乘人力三轮车(Cyclo)：
虽然不如汽车安全也不如摩托车快，却是游金边的好方式，可以好好领略路上风光。客人在前面，司机在后面。雨天受欢迎。三轮车的价钱视距离的远近和搭车人数而定，1000-2000R/单程；晚上多加500R。人力车夫的英语较差。要耐心反复地说清楚哪个地名或旅馆名，同时手里出示准备付的钞票，免得说不清价钱。

4）乘摩托车：
到处都可找到摩托，乘摩托车是最多也是最方便的交通工具。
金边市区内摩托车一般开价2000R，可以讲到1000R，市内最远路程不超过1美金，本地人应该只要500R。$5/天

5）自驾摩托：
100-650cc $5-9/日。(Lucky! Lucky! Motorcycles：#413, Monivong Tel:212788)

6）骑自行车：
有些旅馆有自行车出租（如Capitol GH)$1/天。

住宿

金边住宿供应非常充足，从上百美金的五星级酒店到两美元的单人房，应有尽有。且价格比暹粒市低。

1）宾馆Hotel：
星级宾馆主要集中在中央市场和河边一带。五星级:$100/天，四星级：$35-80/天，三星级:$25-30/天，二星级:$15-25/天，单人间$10-15/天。加床$10。面河的房间比向内街的贵些。其他私人旅馆，干净舒适，$10-25/天。

2）廉价旅馆GH：
单人间不带卫生间：$2-3；单人间（单、双人床）带卫生间$3-4；双人间带空调卫生$7-10。几乎都附设餐厅，可帮忙订车船票。金边上百家的廉价旅馆服务范围及价格大致相同，但入住感受却有非常大的差异。它们各有特点。给你迥然不同的入住感受。我把他们归纳为三大类型

A）“货如轮转”型：
如Capitol GH (St.182)
房间多，客流量大，所有人都来去匆匆。有长途客车，组织短途旅游，提供兑换、签证等旅社经营的服务。

B)“家庭温暖”型：
如：Sunday GH (#97.St.141)
规模小，服务周到。甚至可以和主人一家同吃，同乐，同看电视，如家里自在而温暖。

C)“偏远流放”型：
如No.9 GH(万谷湖东岸)（右图）
远离交通集中区，不提供接送服务，环境及景观却一流。住着各色懒散人群。周边治安差，不时有人向你兜售大麻。

饮食

1）餐厅及大排档：
河边及中央市场一带餐馆较多。晚上的河边灯火通明、凉爽宜人。中餐、西餐、越南菜、高棉菜、泰国菜，韩日料理、各式自助餐、平民大排档等等，且丰俭由人。高棉火锅、金边粉、大头虾、水壳鱼，油炸蝎子，油炸蜘蛛等等回味无穷。

⚠注意：其中的餐厅都有分柬币标价和美元标价。价格会有些不同。蔬菜供应较少，且很贵。

2）超级市场：
加油站的Star Mart、西哈努克大道上的Lucky Super store等，可以找到熟悉牌子的有安全保证的牛奶、果汁、新鲜水果、巧克力等保持体力、营养含量高的食品。

3）水果摊：
价格与国内相当。中央市场南翼一带有好几个水果摊，品种多样，新鲜，先试吃，再买。价格合理。

上网@

在你住宿的地方附近定都能找到网吧。只是要找到中文输入的就相对困难点。在Capitol GH旁边有一家网吧，$1.5/小时。在Capitol GH的斜对面，182街不到Monivong Blvd.的地方有一家则只要$1/小时，中文输入和MSN都可以。

购物

1）**中央市场** Central Market
其他名称：新街市、Psah Thmei
建造时间：1935-1937
位置：金边市千隆街
商品：见P213

2）**俄罗斯市场** Russian Market
其他名称：株德奔市场、Pash Toul Tom Poung
淘古董的好地方。唱片、VCD。传统织物、旅游纪念品、地图、书籍、服装、音像制品、粮食、蔬菜等。

3）**旧市场** Old Market
其他名称：Psah Chas
当地人的市场，水果蔬菜，摩托配件。午后在第13街有食摊、水果夜市

4）**乌亚西市场** Orussey Market
位置：金边市182街东段
华人经营店铺集中地。药材、百货、家电、文化用品、蔬菜、粮食、自行车、摩托车、钟表、眼镜等。

5）**奥林匹克市场** Olympic Market
位置：奥林匹克运动场南
是金边最大最现代化的市场。以自行车零件、进口衣服和进口电器用品为主。

6）**国际书店** International Book Center：西哈努克大道37E0号；
7）**蚁绍庆书店** Hea Siev Kheng Stationery & Bookshop：63和154街转角71-73号中央市场南面
8）The London Book Centre：第240街，51号。

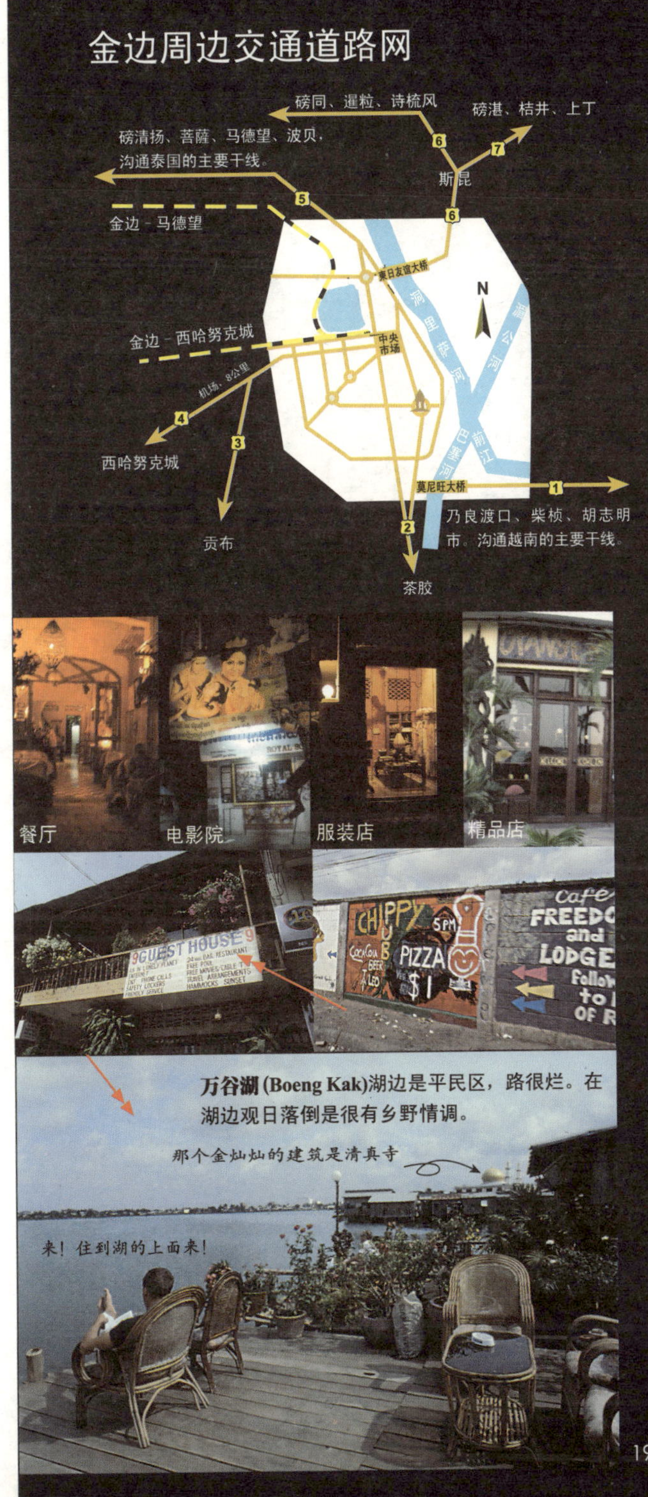

万谷湖(Boeng Kak)湖边是平民区，路很烂。在湖边观日落倒是很有乡野情调。

主要**街道**仍然用文字命名，而次要的小街则以数字排列。南北向的街道配以奇数，自东向西数字从小到大；而东西向的街道则为偶数，从北到南数字从小到大。

金边市街道新旧名对照

1施梳越街(海傍街) St.Preah Sisowath Soriyavong
82 柏威夏街 St.Preah Vihea
84 尼利卡拉汉街 St.Neary Khlahan
84 育第旺街 St.Preah Sisowath Youtevong
88 沙德街 St.Phsar Dek
90 苏提旺街 St.Preah Sotheavong
92 隆边街 St.Daun Penh
93 莫尼旺大道 Preah Monivong Blvd
102 安衣街 St.Preah Ang Non
106 哥苏玛王后街St.Mohaksat Treiyani Kossomak
107 速福街 St.Sok Hok
108 福隆街 St.Oknha Plong
110 安良街 St.Preah Ang Duong
110 俄罗斯大道 Russia Blvd.

3 苏他罗大道 Samdech Sothearos Blvd
5 安哥街 St.Angkor
13 安英街 St.Preah Ang Eng
15 曾拉查街 St.Preah Chan Reachea
19 育干托街 St.Preah Ang Yukanthor
21 鸭都加林街 St.Abdul Carime
41 诺罗敦大道 Preah Norodom Blvd
47 法兰西大道 St.France
51 巴士多街 St.Pasteur
53 甘密街 St.Calmette
63 巴奄街 St.Preah Trasak Paem
67 沙里佛祖街 St.Samdech Sangkhak Neayok Srei
75 宝东苏里亚旺街 St.Preah Botum

144 格拉蒙索街 St. Kramuon Sar
126 诺哥街 St.Prey Nokor
128 干隆街 Kampuchea Krom Blvd.
130 普明街 St.Khemarak Phoumin
136 苏克佛祖街 St.Sangkhak NeayOk SOUk
144 赫沙干街 St.Hassakan
148 奥伦街 St.Oknha Ouk Lonn
154 谭丁街 St.Dekcho Damdin
161 波兰大道 Pologne Blvd
169 捷克大道 Techecoslovaquie Blvd
172 李悦来街 St.Ly Yoat Lay
172阇耶跋摩七世大街 St. Jayavarman VII
174 屋也局街 St.Oknha Keth
178 孟邦街 St.Preah Sokun Meanbon,
178 麦加环街 St.P Ang Makhak Vanr
182 狄潘街 St.Oknha Tep Phan
184 乔治街 St.Kev Chea
184 李吉奥街 St.Preah Theamak Lethet Ouk
200 屋也明街 St. Oknha Men
208 乍哥雷街 St.Chakrey Ponn
214 森德邦街 St.Samdech Pan
215 尼赫鲁大道 Nerhu Blvd.
217 戴高乐大道 Charles de Gaulle Blv
217 莫尼历大道 Monireth Blvd.
222 森力典街 St.Sangkreach Tieng
228 蒙哥炎街 St.Mongkol Iem
240 帕努旺街 St.Pha Nau Vong
240 屋也春街 St.Oknha Chhun

242 屋也碧街 St.Oknha Pech
245 毛泽东大道 Mao Tse Tong Blvd.
268 苏拉玛烈大道 Preah Suramarit Blvd
271 皇家军大道 Yothapol Khemarak Phoumin Blvd.
274 西哈努克大道 Preah Sihanouk Blvd.
282 李吉炎街 St.Samdech Louis Em
289 金日成大道 Kim Il Sung Blvd.
294 存如合街 St.Chrun Youhak
466 刁龙大道 Cahkrey Nhiek Tioulong Blvd.
214 南斯拉夫大道 Yougoslavie Blvd.
214 铁托大道 Jose BrozTito BlVd.

金边发展的时间轴线

1400

蓬黑阿·亚特国王(1405-1467)迁都金边(1422)

1500

迁都乌东，再迁都洛韦

越南政权控制

和泰族人的战争

1860

安东国王Ang Duong (1848-1960)

诺罗敦国王King Norodom (1860-1904)

沦为法国保护国(1863)

诺罗敦王 定都金边(1866)

1870

建金边皇宫(1870)

1900

使用电力照明(1901)

建造银塔(1902)

1910

西索瓦国王King Sisowath (1804-1927)

建造国家博物馆(1920)

1920

Wetlands dranied

莫尼旺国王King Monivong (1827-1941)

1930

建造中央市场 (1937)

1940

西哈努克国王登基(1941)

完全脱离法国统治 (1954)

1950

建造独立碑 (1958)

1960

1970

朗诺政变(1970)

1980

内战

1990

巴黎和会和平协定 (1991)联合国维和部队进驻

国家大选 (1998)进入和平时期

2000

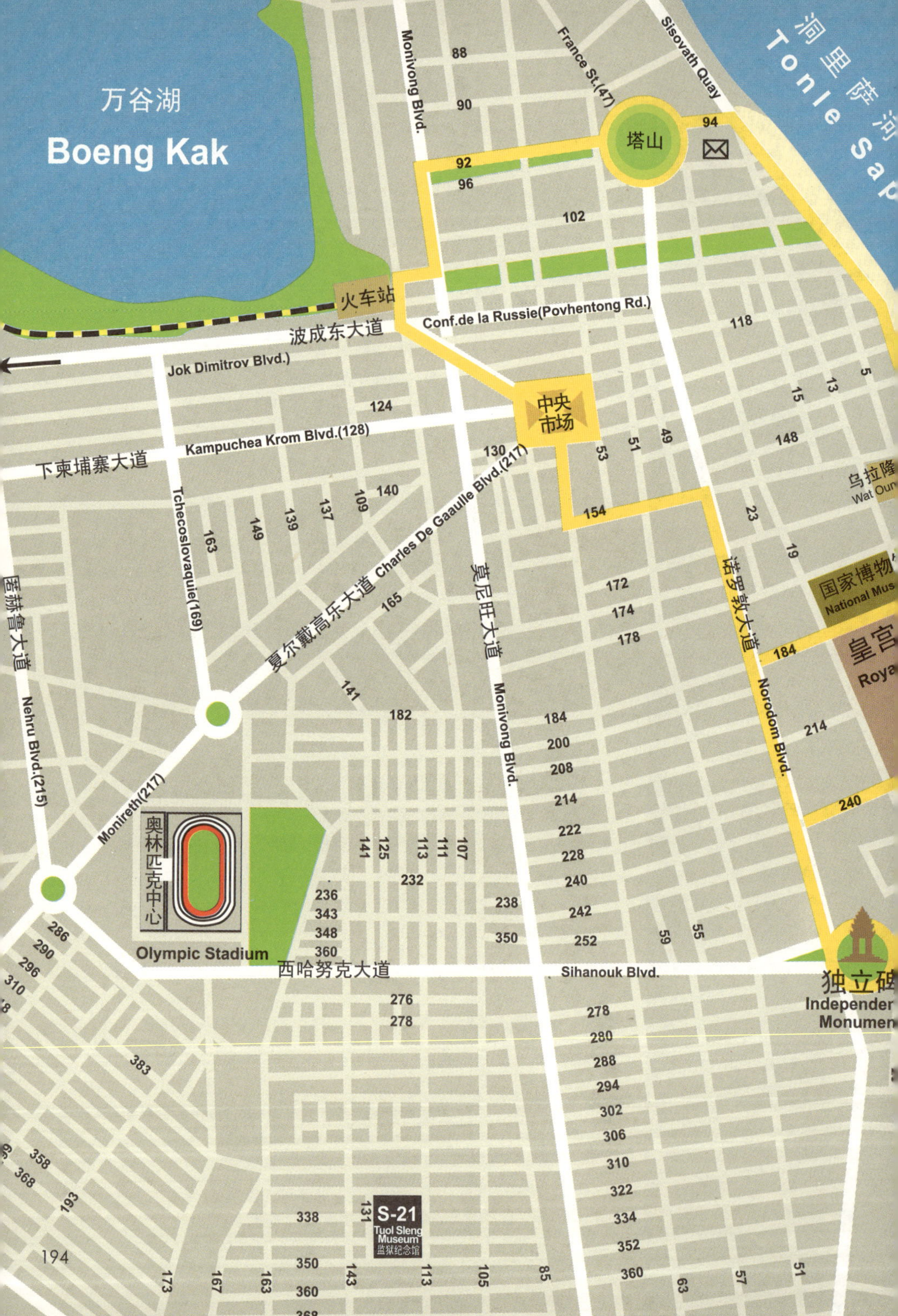

万谷湖
Boeng Kak
洞里萨河
Tonle Sap
塔山
火车站
中央市场
Monivong Blvd.
France St.(47)
Sisovath Quay
波成东大道
Conf.de la Russie(Povhentong Rd.)
Jok Dimitrov Blvd.)
Kampuchea Krom Blvd.(128)
下柬埔寨大道
Charles De Gaaulle Blvd.(217)
夏尔戴高乐大道
Tchecoslovaquie(169)
尼赫鲁大道
Nehru Blvd.(215)
Monireth(217)
莫尼旺大道
诺罗敦大道
Norodom Blvd.
乌拉隆
Wat Oun
国家博物
National Mus
皇宫
Roya
奥林匹克中心
Olympic Stadium
西哈努克大道
Sihanouk Blvd.
独立碑
Independen
Monumen
S-21
Tuol Sleng Museum
监狱纪念馆
86
88
90
92
94
96
102
118
124
130
140
148
154
172
174
178
182
184
200
208
214
222
228
232
236
238
240
242
252
276
278
280
286
288
290
294
296
302
306
310
322
334
338
343
348
350
352
358
360
368
383
5
13
15
19
23
49
51
53
55
57
59
63
85
105
107
109
111
113
125
131
137
139
141
143
149
163
165
167
173
193

“金边”这个名称的来历：

当地流传着一个动人的故事：很早很早以前，这里曾是一片汪洋，水中有一片高地，高地上居住着一些居民。居民中有一位名叫“奔”的年老妇人，她生活富裕，心地善良，同邻里相处和睦，人们很尊敬她，亲切地称她为“丹那奔”，即“奔老婆婆”。

一日清晨，丹那奔来到河边取水，河里漂来一根大树，树杈中有四尊铜佛像和一尊石佛像。丹那奔一见，认为是佛祖遇难，自己是佛教的虔诚信徒，理应行善，于是请来邻居，用隆重的仪式，将佛像迎进自己家中。丹那奔又和邻居一道运来土，在自家门前筑起一座小山，并在山上用砖木修筑一座佛寺，将佛像供奉在佛寺里。

后来，人们为了纪念这位大慈大善的奔老婆婆，便把这个地方称为：

法百囊丹那奔

庙宇　山　对老婆婆的尊称　名字

奔老婆婆的山庙

据《柬埔寨年志》上记载，塔山建于公元14世纪，其后半个多世纪里，当时柬埔寨都城吴哥由于不断受到西边暹罗的侵犯，于是国王派出两名大臣去寻找适宜建立新都的地方，两名大臣发现法百囊丹那奔这个地方十分理想，便报告国王，于是国王下令调集全国的工匠艺人，便在法百囊丹那奔大兴土木，建造新都。1434年6月，柬埔寨正式迁都到这里，并把这座新城命名为：

百囊奔

当时的华人把新都称为“金塔”，后来为了和奔老婆婆联系起来，便改称为“金奔”。而在中国广东沿海一带，“奔”和“边”发音十分近似，渐渐便念成“金边”，于是“金边”这个名称便流传开来，并沿用至今。

金边

随后，把原来的那座百奔婆婆的庙宇另称为“塔山P210”。

1434年

塔山

洞里萨河

湄公河

前江

巴塞河

13世纪以前，这个地方称之为札多木，意为“四面临河”。

湄公河、洞里萨河、巴塞河和前江（下湄公河）的汇合处，这四条河流在城东联结成“K”字形，当地华侨给它起了一个形象的名字——四臂湾。金边区位于四臂湾的西岸。

定都金边

1431年，由于不堪忍受暹罗（今泰国）的侵犯，高棉王国蓬黑阿·亚特国王放弃了都城吴哥，到斯雷索秋（今磅湛省斯雷桑托县）的巴山建立王宫。巴山地势低洼，常被洪水侵袭。因此，1434年，蓬黑阿·亚特到金边建都。修筑了王宫，加高了塔山，建造了6座佛寺，填平了低地，开挖了运河，使金边城初具规模，为后来金边的建设奠定了基础。

至1497年，当时的国王又迁出了金边。其后370年内，柬埔寨的首都几经变动。

从札多木到小巴黎

从公元1434年建都以来，金边城市规模不断扩大，人口不断增加

至2001年，面积：70多平方公里。人口：约110万

1497年

1960年

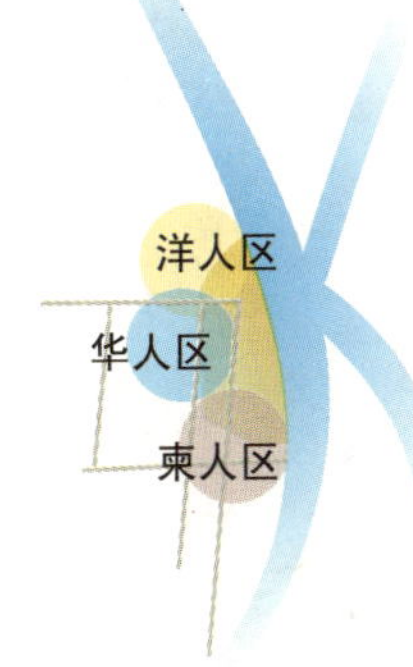

2000年

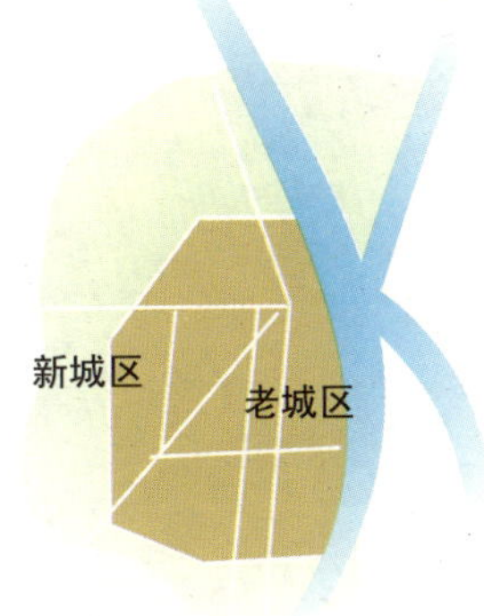

直到1867年，诺罗敦国王再次定都金边。

法属殖民地时期

从19世纪80年代，法国城市计划建造运河控制湿地，建造道路、房子、码头。

20世纪20年代，金边成为东南亚最漂亮的城市。其后不断地发展，但到60年代，由于美越战争，发展步伐慢了起来。

在1970年以前的西哈努克国王执政时代，因受法国殖民影响，产生了三个区域：以王宫为中心的“柬人区”、以塔山为中心的“洋人区”、以中央市场为中心的“华人区”。

60年代时金边号称东方小巴黎，与在世界其他地方的法国前殖民地城市一样，具有显著的法国城市规划风格：即市中心每栋房子都临街，建筑多为不规则几何形。

内战结束后

由于连年战乱，所以至今仍维持30年前的旧貌。这是一个结束战乱仅仅才10年的城市。贫穷、落后一度是战后金边的代名词，但经过了几年的重建，金边已初现旧日的风采。今日的金边市占地70多平方公里，市区呈长方形，沿“四臂湾”南北伸展，东边为老城区，西边为新城区。

目前的行政区域则规划为四个城区和三个郊区。

蓬黑阿·亚特迁都金边后，在金边修建了皇宫。从此，皇宫就成了金边的标志，成了统治柬埔寨的权力中心。

现今的皇宫在1813年建造的Banteay Kev的原址上建造，是由法国工程师设计的，曾于20世纪初扩建。从空中俯瞰，皇宫一片金光灿烂，格外引人瞩目。建筑群外有城垛形的黄墙环绕，大小宫殿20多座。据说皇宫内的宝物有80%已在动荡的年代里被破坏，由于目前皇室住在里面，因此並不完全对外开放。只有皇宫内的银塔及其周围的一部分建筑群对外开放。

进入皇宫以后，墙内墙外是两个完全不同的世界。

皇
The Royal Palace
宫

检阅台
Chan Chaya Pavilion

当举行阅兵式等活动时，国王和重要官员便在王宫的检阅台上阅兵。

加冕厅
Throne Hall

建造时间：1917-1919年

注意：任何游人不得进入

高20米，长100米，宽30米，非常壮观，宫殿建筑物和寺庙区的设计和风格深受曼谷皇宫的影响。大厅中央摆放着国王、王后的宝座。内宫的四壁有些壁画因为日久，很多部分都脱落了。站在加冕厅前的露台上可眺望没开放的皇宫部分。

拿破仑三世阁
Napoleon III Pavilion

一座两层的白色法式建筑，小巧玲珑，与皇宫的建筑风格形成鲜明的对比。此阁原建于埃及的依斯麦利亚(Ismailia)，是法国国王拿破仑三世的皇室建筑。在1869年，作为礼物送给当时的柬埔寨国王诺罗敦。

现在阁内陈列着徽章、印玺、家族人像油画等皇家用品。

银殿 ——王室的家庙
Silver Pagoda

其他英文名称：Wat Preah Keo，Wat Preah Keo Morokat，Pagoda of Emerald Buddha、Temple of the Emerald Buddha

其他中文名称：银宫、银阁、玉佛寺

建造者：诺罗敦国王(King Nordom)

1892年兴建，1902年竣工，1962年重建。

注意：不能带任何摄影器材入内。

银殿大厅：

地板用了近5000块，每块重1.125公斤纯银砖铺砌而成。共重5吨，因而称为银殿。60%宝物已在内战中被破坏，但剩余的古文物仍非常可观。

中央有一座18K金打造成的佛像，重90公斤，佛身上镶嵌着9584颗钻石，最大的一颗镶在佛身胸前，重25克拉，其次为额上的一颗钻石，重20克拉。

据说，这尊金佛像的脸是以西索瓦国王的脸为蓝本塑造的。

此外，殿内还有银佛、铜佛、佛陀灵骨、镶金壁画、大理石佛陀以及许多价值连城的艺术品和世界各国领导人向柬埔寨国王赠送的珍贵纪念品。

位置：索帝罗亲王大道上，240街和284街之间。

建造时间：1866年

开放时间：7:30-11:00、14:00-17:00

门票：$3、照相机+$2、摄像机+$5

注意：室内禁止拍摄

绿玉寺得名是因为寺内有一座半米高用整块翡翠雕成的绿玉佛，价值连城，是柬埔寨最珍贵的文物之一。

银殿内院

(从其北门进入，顺时针方向参观)

1> 银殿内院入口处左方：藏经阁，经文写在棕榈叶上，还有“三眼神牛”南迪的银塑像；

2> 院子东北角，诺罗敦国王(1860-1904)骨灰塔；

3> 银殿东面，诺罗敦国王的骑马铜像；

4> 银殿东面，安东国王(1845-1859)骨灰塔；

5> 一个人造的小山，在它的顶上有一个从斯里兰卡运来的佛陀的脚印；

6> 藏经阁；

7> 西南面有一座西哈努克的女儿甘达帕花公主的小骨灰塔。甘达帕花是西哈努克非常疼爱的女儿，4岁时死于白血病；

8> 皇族举行典礼的地方；

9> 西哈努克的父王的(1955-1960)骨灰塔；

10> 钟塔，以钟声为提醒关门或开门。

银殿回廊壁画

1900年创作，描绘历代王朝功绩及宗教故事。这些壁画很能吸引眼球，紧附在墙上的它如一块能穿透时间的、精美而残破锦布围绕着银殿的回廊，非常诱人。

皇室居住区域，不对外开放

开放给游客参观的区域

银殿区域

皇家田

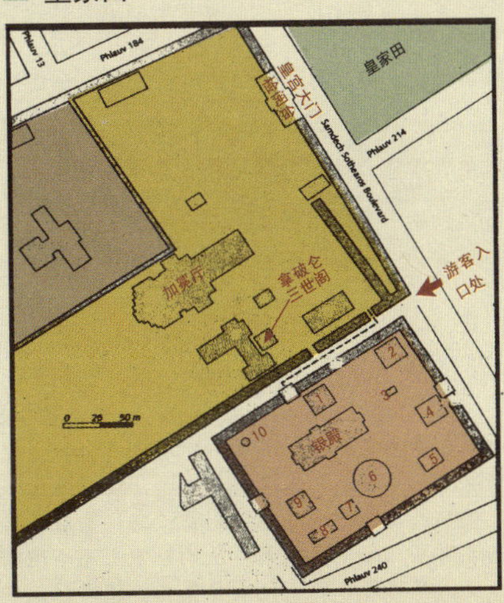

皇宫的主人

诺罗敦·西哈努克 柬埔寨独立之父

对于中国人来说，“西哈努克”这个名字一定不会陌生。我们经常在电视新闻里看到他的身影——在机场跑道上迎送他的场面。

看到他，不一定就是知道他。直到我在为这本旅游工具书收集资料时，才发现了这位可亲、可敬的国王。从盛年的君主到慈祥的老人，几出几进，几下几上，几落几起，几辱几荣…… 充满了戏剧性、曲折性和惊险性。请容许我省略关于“皇宫”的游踪章节，挪出篇幅来让大家认识一下这位伟大的老人。

[以下材料（P202-204）部分摘选自张锡镇著的《西哈努克家族》]

“西哈努克”的中文意思——小狮子。从小梦想成为一名艺术家。19岁继承王位。为争取民族完全的独立，33岁放弃王位出任首相兼外交大臣，四方奔走，直到国家完全独立。在上世纪60年代把柬埔寨带进发展的黄金时代。1970年朗诺集团发动政变，西哈努克流亡海外。70年代中后期被当时的政权软禁在皇宫里长达33个月。1979年再次流亡中国。到90年代初，内战结束，当这位国王重新回到自己的祖国时已经是一个白发苍苍的70多岁的老人了。

大凡当代的世界伟人之所以成为伟人，一般是由于两种情况：或是由于他们在拯救和建设自己国家的过程中创下了令世界瞩目的辉煌伟业；或者由于他们在关系到世界人类命运的伟大斗争中立下了永垂青史的丰功伟绩。但是，无论属于何种情况，当代能称得上伟人的多出自世界大国，只有为数极少的堪称伟大的世界风云人物来自小国，其中就包括只有一千万人口的柬埔寨的小国之君诺罗敦·西哈努克。

为了捍卫柬埔寨的独立，西哈努克表现出一种貌似朝令夕改、让人捉摸不透的政治谋略，有时还显得左右摇摆，其实，他从来是目标坚定，精于谋政之道。看上去他每一天都在改变主意，可这种频繁的变化本身就是一个小国领导人谋求生存的战术。对柬埔寨来说，富国列强大多数情况下都是自私地追求本国利益，它们要肢解分裂柬埔寨简直易如反掌。西哈努克就像一个走钢丝的艺术家，必须在摇晃不定的钢索上不断地保持身体的平衡，所以他每天醒来都一如既往地审时度势，根据形势的变化调整策略。他是位在牌桌上大胆下注、让对方摸不着虚实而自动退却的大师(他会拒绝这种比喻)。国王智慧的明证就是他总是在钢丝绳上保持了平衡。

西哈努克，使柬埔寨摆脱了法国的殖民统治，于1953年11月9日获得完全独立，西哈努克也成为柬埔寨“独立之父”。

西哈努克国王爱民如子，经常接见民众，倾听人民的要求，柬人民也非常爱戴他们的国王，尊称他为“亲王父亲”。在西哈努克国王到各地视察时，人民会自发地跪在地上对他夹道欢迎，普通百姓会因为接触到他的手甚至是他的脚，而感到无比幸福。

他的多灾多难的国家的不幸命运和他本人久经磨难的蹉跎岁月造就了他的伟人的业绩。他在50多年的政治生涯中，始终在为自己国家的独立和解放奋斗不息。这期间他遭受了大多数伟人们很少经历的那种心酸、耻辱和不幸。但是他最终赢得了可以告慰自己和他的人民的民族独立和自由。

他总是以他那十分容易冲动的情绪、急于吐露自己心声的表达欲望以及极其善于言词的口舌，尽可能利用一切机会和场合将自己内心的每一个角落暴露无遗地展示给世界。这令全世界都时时看到他、听到他、想到他。

朗诺政变后，一位国内的朋友给流亡海外的西哈努克来信，说：“亲王的远行，带走了金边的灵魂。整个柬埔寨都开始感到无助和茫然。”

在目前的世界上，他可以算是在位最久的国家元首之一了。在他叱咤风云、纵横驰骋于世界政坛的漫长岁月中，他几乎走遍了世界的大小国家，结识了各种领袖，其中有不少被他尊为父兄、师长和挚友。在西哈努克看来，他一生中见到的无数领袖中，只有两人使他为之终生倾倒与折服，一位是戴高乐，另一位是周恩来。

“权威需要威望。威望需要淡泊。”他对戴高乐这句富有哲理的名言至今铭记在心。西哈努克认为，戴高乐是一个极认真和敏感的人，但绝不工于心计和绝对没有野心。他的下野完全是出于国家利益的大局，他只关心一样：法国。这一点对西哈努克教育最深。在以后西哈努克沉浮不定的政治生涯中，常常闪烁出戴高乐以民族利益为重的崇高思想的光彩。西哈努克后来不断重复的格言：“西哈努克并不重要，重要的是柬埔寨。”同戴高乐的思想如出一辙。

在西哈努克的一生中，在他身居高位时，有多少外国元首、领袖人物向他信誓旦旦，宣称他们的友谊牢不可破，而一旦他被废黜之后，便把西哈努克抛到脑后，争先恐后地同金边的新主人结欢去了。

“我痛惜柬埔寨没有我们的周恩来。”

他第一次见到周恩来是在万隆会议上。周恩来对西哈努克关于奉行中立外交的演讲印象深刻。在当时冷战气氛日增，而美国又积极拉拢中国的周边国家加入封锁中国的行列的大环境下，敢于喊出中立的口号，就是对美国的挑战，对中国的支持。因此，会议一结束，第一个到西哈努克住处去拜访他的，就是中国总理周恩来。他们之间建立了超乎寻常的友谊，直到周恩来生命的最后一刻。

周恩来始终不渝地对西哈努克的斗争给予热心的细致的支持，这使他终生难忘。西哈努克被废黜后，在北京机场一见面，周就成了他的忠诚的支持者。当然这是整个中国政府的支持。西哈努克不无感慨地写道：“虽然我不断遭到金边与西方的攻击、侮辱，周始终如一，表里如一地尊我为柬埔寨的国家元首。他始终到机场与车站迎送，到我住处探望，请我去他家吃饭。经他关照，中国为我的流亡政府及其办事机构提供了一整套精美的设施。我们住在离天安门广场、人民大会堂很近的北京中心地带的宽敞、豪华的建筑里。这里战前是法国公使馆。给我配备了许多服务人员，一批高级厨师，很大的秘书班子，还有王宫的后勤服务如办公人员、花匠、车队、运动场，甚至还有小电影院。”

银殿内院回廊壁画

周恩来为西哈努克所做的这一切太多了，以致使西哈努克有点不解，“是什么使周这样一个赤诚的共产党人这么热情对待我这个实际是很资产阶级化的亲王？”一次，他居然向周提出了这个问题。周的回答是：你确实是十足的王族，但你真诚地爱你的人民，人民也爱你。你是惟一值得爱戴、尊敬的柬埔寨领导人，“你属于人民”。

1979年1月，当西哈努克第二次流亡北京时，莫尼克最先操办的几件事之一，就是在她的书橱里做了一个神龛。神龛里装满了用各种文字怀念周恩来的许多书籍。莫尼克每天在周的遗像前供一束鲜花，上一炷香。周恩来是莫尼克惟一的偶像，当然也是西哈努克心中的圣人。

著书，写歌，拍电影

电影《戈公玫瑰》，西哈努克自编自导自演，和妻子分别扮演男女主角。在朝鲜拍摄，配英文字幕。表现二次大战中一位和善的日本大佐（西扮演）与一位柬埔寨美女（莫尼克）双双坠入情网的故事。

1956年，西哈努克与周恩来、陈毅乘船漫游长江之上写了《怀念你，中国》；1972年，天津度周末，写了《啊中国，我可爱的第二故乡》。

我的中国朋友们：

我谨将此书献给有史以来最卓越的政治家之一周恩来。他的才干足以使他成为任何国家的领袖并为之作出非凡贡献。

我也将此书献给备受崇敬的伟大的毛泽东主席和伟大的中国人民。我永远不会忘记你们的支援和由此在我们两国人民间凝成的永恒友谊。

诺罗敦·西哈努克

2003年3月7日晚，柬埔寨几家电视广播媒体均中断了正常的节目，突然报道了柬埔寨国王西哈努克发表的一项声明。他在声明中明确地提出了退位的请求。现年80岁的西哈努克国王发表声明说，如果国会同意，他将愿意退位，而且毫无条件。一些报道引述柬埔寨皇宫消息说，在起草这份声明以及反复酝酿的过程中，西哈努克情绪一度十分激动，多次泪流满面。

从拿破仑三世阁望向加冕厅

僧 Wat 寺

金边有很多座佛寺，這些庄严肃穆的庙宇使金边成为柬埔寨的佛教中心。以下所列10个寺庙都是金边市著名的寺庙。

岛寺
Wat Koh

位置：174街与178街之间的莫尼旺大道上

是金边最古老的寺庙之一。建造的时间几乎与塔山寺同期。在50年代围绕着小寺庙的湖被填平后，逐渐受到当地百姓的欢迎。

大官寺
Wat Mohamontrei

其他名称：马哈蒙德雷寺

位置：在奥林匹克中心南面，163街与173街之间的西哈努克大道上。

它是以莫尼旺国王的大臣Chakme Ponn命名，（rnoha montrei意思为：大官）。35米高的塔，在1970年完工。在1975年到1979年间，这里是粮仓。寺庙的壁画结合高棉民族元素描绘着佛陀的故事。穿着高棉传统舞蹈者衣服及西哈努克时代的臣服的仙人们陪伴着佛陀升天 。寺内佛像为1979年后新造。

三博密寺
Wat Sampo Meas

位于奥林匹克中心南东北角。

株德奔寺
Wat Toul Tom Poung

位于毛泽东大道，俄罗斯市场东北角。

坛寺
Wat Than

位于诺罗敦大道上（路东侧），与毛泽东大道交界处以北。

沙拉湾寺
Wat Sarawan

位于国家博物馆西北角。

涅加湾寺
Wat Neak kravorn

其他英文名称:Wat Neak kawann

位置：万谷湖西岸。从火车站广场进入Confederation de la Russie.路,在132街右拐,沿湖向北走。

建造时间：1967年

里面有很独特的壁画。

波东寺
Wat Botum

其他名称：波东瓦岱

建造时间：1422年建，1865年用此名，1937年重建

建造者：蓬黑阿·亚特

位置：皇宫南面，西哈努克大道北面

寺庙东面是一片长方形广场，其北面与王宫东面的广场相连，南面与独立广场和洪森公园相接。

兰卡寺
Wat langka

建造时间：1422年、1882年重建

位置：独立碑西南

供柬埔寨僧人和斯里兰卡的僧人研究佛法和聚会的地方。

继乌拉隆寺后第二个被修复的庙宇。寺庙里里外外被粉刷一新，很鲜亮的寺庙。

去上课

课堂上

乌那隆寺
Wat Ounalom

位置：博物馆以北250米，洞里萨河边，旅游咨询中心旁
建造时间：1443年建造，1444年完工
注意：不收门票，中午休息。

“乌那隆”意为圣眉，相传曾有一位不知名大德（有说是佛祖）的眉毛埋于寺内大佛塔内，故名。

是市内最大最古老的寺院，高大的镂花铁门里共有44座建筑，其中有金边最大的佛塔。寺院周围有很多小楼，是柬埔寨佛教摩哈尼伽派僧王主持的佛寺。现为柬埔寨全国佛教组织的总部。1890年，当時的住持僧王从锡兰（今斯里兰卡）迎回佛舍利子供于塔内，名声大振。后來，许多达官贵人也在此寺内修建骨灰塔，存放骨灰，逐渐在大佛塔周围形成林立的骨灰塔群。僧侣们三三两两地在看书，有些和尚还戴着眼镜，颇有学者风度。

塔山寺
Wat Phnom

其他中文名称：塔山、塔仔山、钟形塔
建造时间：1373年
1434年、1806年、1894年、1926年重建
位置：第96街与诺罗敦大道交界
门票：$1

现塔山所在地是一个名为“百囊奔”小村庄。金边市就是在这个村庄的基础上发展起來的。（详见P195）

山脚下是一个圆形公园，公园里花木繁茂，是市民们休憩的场所。上山的入口处有两个石刻的七头蛇神。沿着一条铺设整齐的石阶路，可以登上山顶，石阶路两侧的扶手是精工细刻的吴哥式石雕长龙。塔山为金边市区制高点，站在山上便可以鸟瞰整个金边市。高约30米的佛塔矗立在丛林顶端上，宏伟壮丽。而小山则成了塔的基座。在中国新年夜，塔山成为金边市内最多人前往朝拜的庙宇。

放学后

意外的发现

塔山顶的边上有一个围满玻璃窗子的建筑，看样子像个陈列室，但愿不要又是售卖旅游纪念品的地方。走进去，惊呆。整个大厅就像美院的教室，已经完成的作品和刚打草稿的画纸混放在一起，还有很多绘画材料和画架也在地上横七竖八。那正是下午接近黄昏的时候，金色太阳光长长地伸进这屋子里。

学生们呢？放学了吗？

从另一个门走出屋子，看到了他们。在画画。才知道这些画都是僧人的作品。

柬埔寨国家博物馆

National Museum of Cambodia

地址：178街与13街交界处，皇宫北面。入内禁止拍照

开放时间：每天8:00-11:30, 2:00-5:00 门票：$2

"……至少那里有一个博物馆——你喜欢吴哥就会喜欢这里。"

"……吴哥现在留下来的都只是神原来住的房子，而这些房子的主人就迁居到那个博物馆里去了。"

离佛最近的地方

回到暹粒后，不止一个游人问我同一个问题："金边值得去吗？"（因为暹粒靠近泰国边境，从曼谷到吴哥非常便捷，只需要8小时车程。所以很多背包者只是把"吴哥"当作以泰国为重心的行程计划里的一站，逛过吴哥就会拐回泰国。）我的回答是肯定的。他们会问为什么。答："……至少那里有一个博物馆。"

"所有首都几乎会有国家博物馆，它有什么与众不同或过人之处，它比金边皇宫还重要吗？"

"这只是我个人的看法。"下面都是我的回答：

——"不瞒你说，我逛博物馆也像逛街一样，时而流连忘返，时而走马观花。价值连城的东西在我这个'时状性文盲'的眼里可能只是几块破旧的铜铁。"……

——"宗教与艺术是博物馆里所有陈列品的主题。宗教是精神，艺术是躯体，还有就是'高棉人'的气息。"……

——"我不懂佛，我不知道历史，我只是艺术的观摩者。而站在这殿堂里，我真被一种莫名的东西所折服。（不懂说"宗教的祥和，历史的沉淀，技艺的绝伦"……这些留给懂的人去归纳。）我只知道自己恍惚从一个观摩者转化为一个接纳者。"……

——"伫立在一尊雕像前，他或是石头，或是木头，或是青铜，或是金子，或大或小。他们的眼睛、微笑和手势是我目光投向的焦点。那是一种因为没有距离而产生的美。因为我与佛之间是平行的，我不用仰头，我可以与他们靠得很近，我可以弯下腰来看清他垂着的手上的图案，我可以侧过来看他背后腰带上镶嵌的宝石。"

……"在一个铜铸的佛像脖子上，我发现了一条蚂蚁的通道。蚂蚁们在佛身上还是那么匆匆忙忙，来来回回。……在一个石雕佛像的上方天花漏水，水滴落在佛的肩背上。那里没有博物馆所讲究的那些照明设施，没有阻挡视线的玻璃墙，没有绳子把观众和展品隔开。展品就赤裸裸的站在你面前。就像刚从地里出土，或从寺龛里搬过来似的。他们很真实，很有感染力，很容易被观者接纳和热爱。或者不久的将来，天花板不再漏水，蚂蚁改路，灯光布齐，他们列队到玻璃后面，前面有多声道解说按钮，中央空调四季恒温……博物馆里的他们会镀多一层辉煌而不朽，但，可能会少了今天我所触目到的祥和与亲近。"……

——"那时候就不再是十多个佛祖包围我一个凡人了，不再相互平视了，不再让我细看他修得很端正的指甲和手里的莲花……"

——"这红色的殿堂中央有一个很开阔的露天花园，花园正中央是池塘，小孩子们在池边耍。花园四周摆了椅子。你可以坐下来。（坐多久？）可以坐很久，因为这里很舒服。"

手印：早期佛教奥义主要体现在密宗里，而手印是密宗的象征。当弗伽乔陀询问释迦牟尼关于人有没有自我的时候，这位天人师却表示沉默。手印往往在这时使用，用来回答一切不可言说的神秘事物和智慧之精髓。英国哲学家维特根斯坦在《逻辑哲学论》的最后一句话就是对佛学的印证："一个人对不能说的就应该表示沉默。"

“金边的地标”
“生活艺术博物馆”

中央市场
Central Market

其他名称：新街市、Psah Thmei
建造时间：1935-1937（法国建筑师设计建造）
位置：63街北端，130街西端
十字形圆顶建筑，从空中俯视，就像一個巨型电风扇。
建築内部无梁无柱，四通八达。
是金边最繁忙的市场之一。市场内应有尽有：
工艺品、珠宝、旅游纪念品、佛像、二手或盗版书、明信片、
服装、小电器、电脑、日用品、水果、花卉、蔬菜、
摄影器材、办公家具等等

老运动场vs新运动场
Old Stadium &New Stadium

在六十年代，柬埔寨曾经有过一段飞速发展时期，从体育场的观众席数目，就可以看到这种从1到10的飞跃。

	老运动场 Old Stadium	奥林匹克运动场 Olympic Stadium
其他名称	旧运动场	国家综合运动场、新运动场 National Sports Comples
建成年代	上世纪五十年代	1966年
主持建造	法国人	西哈努克国王
可容纳观众	5000	50000
大事记	2001年的世界杯预选赛，中国VS柬埔寨	1966年，举行了第一届亚洲新兴力量运动会 1966年，法国总统戴高乐发表永载史册的演讲：美国应当把中印半岛还给这里的人民。

我们无法从旅游观光区去准确了解一个城市整体发展水平。我觉得最直接的方法就是到当地人的菜市场里打转，再一个方法就是看一下这个城市的体育场馆。一个城市的体育场馆是一台简易的探测仪，从静态的设施和动态的人群可以窥视这个城市的发展程度和城市气质。（香港的“红墈体育馆”不是运动员们的竞技殿堂，而是歌手们实现梦想的地方。）

因为金边只有两个运动场，所以就可以简单地以“新”和“旧”来区分。

老运动场位于城区北端，是在五十年代由法国人建造的。仅能容纳5000观众，除了主席台是水泥座席外，其余全部是站席。2001年的世界杯预选赛亚洲区第九小组的一场比赛就在这里举行。为达到国际足联的标准，临时在场地周围安装栅栏。中国国脚们就是在这“坑坑洼洼”硬泥地客场上以4:0交了功课。

位于城区西南的“奥林匹克运动场”就是当地人所指的“新运动场”，其实它已落成38年了。第一届亚洲新兴力量运动会（1966年）就在这里举行。那时候它是全亚洲最现代化的体育场馆之一。物转星移，到现在，还是老样子的它仍旧是柬埔寨“最现代化”的体育场馆。

老体育场上的奥运五环标志。

柬越友谊纪念碑
Cambodia-Vietnam Monument

炽热的太阳照着正午的广场，草坪反射着刺眼的茵绿。举头凝视这座用白色石头垒起来的纪念碑，它被艺术家用刀斧劈出伶俐的线条，三个人紧紧的矗立在一起。女人手里抱着一个婴儿。

我端详石头上的脸，找不到表情。

歌曲总有煽情，电影总有表达，新闻总有传输——碑铭只是为了纪念。

提到战争，总会提到伤痕。这里的人民不愿意做“祥林嫂”，关于战争，他们选择不提起，也选择了不忘记。

有一部以一战为背景的电影，叫《西线无战事》（1929年），里面的主人公保罗因为想和他的战友们在一起而回到了硝烟里的战场，而很多战友却离弃了他，因为他们都战死或疯掉了。距离战争太近时，已经不知道什么是战争；距离战争太远时，我们无权去调侃。

倘若岁月真如歌，那让我们在这一厥歌里一同去追寻当年这个坠落于风雨飘摇中的整个中印半岛：“亚细亚的孤儿在风中哭泣，黄色的面孔有红色的污泥，黑色的眼珠有白色的恐惧，西风在东方唱着悲伤的歌曲；亚细亚的孤儿在风中哭泣，没有人要和你玩平等的游戏，每个人都想要你心爱的玩具，亲爱的孩子你为何哭泣？多少人在追寻那解不开的问题，多少人在深夜里无奈地叹息，多少人的眼泪在无言中抹去，亲爱的母亲这是什么道理？”——《亚细亚的孤儿》（词曲：罗大佑）

回到现在，除了桥头、路边、旷野里偶尔的地雷，战争已经没有遗留。美国有了直飞胡志明市的航班；莫尼旺大道两边的商铺都隔三差五地安装了透明而时尚的玻璃门和宽大的落地橱窗；柬泰、柬越边境上一年到头车水马龙。

就用这个纪念碑作一个历史标点，点上句号后，就是新的篇章，很多美好而鲜活的东西正在这片土地上兴旺地生长。

位置：银阁南面的广场上，7号街以东。

亚细亚的孤儿

1975

柬埔寨军队中一名年仅12岁的火箭炮手。

这一页本来放着一张名叫《12岁的火箭筒手》的照片，是一位名叫威士纳的柬埔寨记者在1975年拍下的。他在照片的说明上写道：“他戴着与自己不相称的钢盔，背着美制的火箭炮，光着脚在部队的宿营地四处乱跑。为了拍照，孩子特意抱来了一条一直跟着部队转悠的野狗，他们已经成为好朋友。”

我把这张黑白照片和右页我拍的彩色照片放在一起，以求对比中传述“和平多好！”的信息。但直到这书稿付印为止，我都无法跟这照片的版权所有方取得联络，在没有合法使用权前，匆匆忙忙把照片临摹了下来。放在本安排放照片的地方。(可在《黑镜头》丛书——《第一现场》中找到这张图片。)

阳光下的孩子

2002

Norton University
的一名大学生。

美丽新世界

在Lucky Super Store 旁有一家西式快餐厅在紧锣密鼓地装修着。它的门面标志很特别，是一个被倒置的“麦当劳”。看到它，我禁不住想念起热喷喷的的鱼柳包。回到自己的城市，大街小巷到处见到“麦当劳”，竟也一次次地惦念起金边的这个“反‘版’麦当劳”来。感觉也是暖暖的。

2:30-3:50PM

“经历了数十年的战乱，柬埔寨整个国家的结构、社会、建设等都彻底崩塌了。金边在70年代末犹如一座空城，没有人烟。”

“柬埔寨的天然资源冠东南亚，一度还有“黄金国”的美誉，只可惜全让一场让人心碎的战争破坏掉了。”

“80年代初人口回流，金边才重新展露她的活力与魄力，但那时候街道不像街道，到处脏兮兮的、整个城市都是灰尘，连皇宫的围墙，常年飘散异味。”

“和平”今年10岁了。

结束旅程后，很长一段时间，我都需要回答不同的朋友同样的问题：柬埔寨安全吗？街上有人扛枪吗？警察和强盗都穿军服吗？

我只能回答他：“那里已经和平了，和平今年10岁了。”

和平——他在1993年生，他是由柬埔寨的人民在几十年的苦难与坚忍中孕育而来的，是联合国维和部队为他接生的。他在全世界的祝福中茁壮地成长，出落成一个标致的少年。

世界各地的游者远道而来，不是为了看一个经过打扫的战场，而是为了探访这位旭日般的少年。

4:30-6:50PM

从London Book Store的二手书堆里淘回来的一张用水彩绘制的“金边地图”。整张地图其实就是一张城市风情画。$2。这是地图版面的1/4。

金色河边

每当我们打开一张地图，都不难发现，一个古老的城市边上总少不了一条或大或小的河。其实我们都清楚明白：是这河水孕育出一个城市来。

在金边，我来到了洞里萨河边上，河水在这里和湄公河汇合。

像我居住的城市一样，河岸肩负着城市门面的作用。金边的河岸把这个角色扮演得很好。与柬建交的各个国家的国旗在河岸边上很气派地一路排开，随风飘扬。来自世界各地的游客都会沿着堤岸找自己国家的那面旗……

走完这几公里的河岸，你会大略感受到属于这个城市的气象——知觉多来自你所看到的人：——消闲的市民，观光的游客，走过的僧侣，卖艺的人，卖花的人，卖零食的人……男人、女人、刚出生的孩子、老人、残废的人、有钱人、穷人、乞讨的人、快乐的人、不快乐的人……各种各样的人，可归纳又不可归纳。

人与河水都在我伫立的地方流淌过，呆呆地望着，河水只朝一个方向流，而人就是从我触目所及的各个方向散乱地走来，又在不确定的某个方向消失。

喜欢看着下午五点后的烈日变脸成柔和的夕阳，它会把河岸染上一道东南亚城市特有的“日暮金黄”。再晚一点，金边上空的云朵也镶嵌了金边。这时候河道上的风有了力气，拂到脸上，感觉特别清爽。

河岸边卖莲蓬的女孩。（把莲蓬里的莲子掰出来，直接放进口里咀嚼，啊，沁心凉。解渴一流。$1买到2-3个莲蓬。）

到河边、寺庙作祈福用的香烛和莲花。博物馆里也有卖。

7:30PM

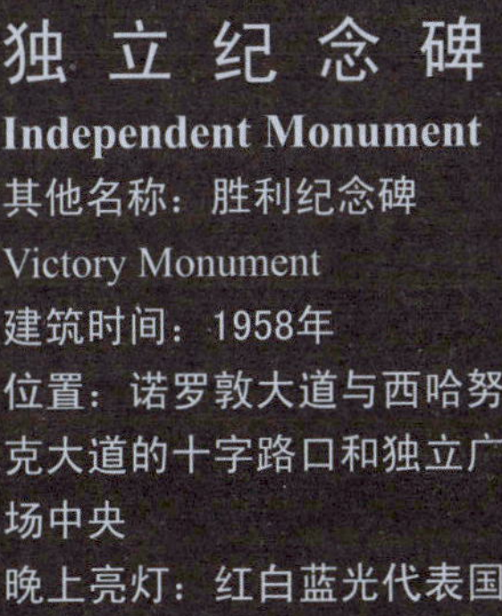

独立纪念碑

Independent Monument

其他名称：胜利纪念碑

Victory Monument

建筑时间：1958年

位置：诺罗敦大道与西哈努克大道的十字路口和独立广场中央

晚上亮灯：红白蓝光代表国旗上的颜色

这座独立碑，是柬埔寨王国纪念柬埔寨于1953年11月9日，从法国殖民政府下赢得民族独立而修建的纪念碑。后又改名为胜利纪念碑，用來纪念那些死于內战的高棉人。

独立碑是柬埔寨著名建筑师凡·莫尼旺（Van Moly Vam）的杰作，1958年3月动工兴建，1962年11月9日落成。高37米，底座宽36米，四根巨柱上置七层莲花蓓蕾形宝塔，每一层四周的“花瓣”，其实都是精美的“那伽”雕饰。

（“那伽”——七头蛇神，被视为柬埔寨国家起源的神圣象征和王国兴盛的保护者。）

场所	主要顾客群	
卡拉OK	当地年轻人、商人	填了高棉歌词的中国流行曲，连《伤心太平洋》都有
夜总会	商人	没进去过，不太了解情况
高棉古法按摩	商人、游客	小心选择“适合自己”的
酒吧	游客	各家都有自己的特点、卖点。聚合不同的人群。
舞厅	当地年轻人、游客	人很多很多，很拥挤，有向游客兜售大麻的人，注意安全
露天夜宵	当地人、游客	注意饮食卫生
赌场	当地公民被禁止进入	进入柬之后看到最多中文指示的地方

来到51街的 Heart of Darkness Bar

音乐里发现宗教。糜烂中靠近虔诚。

“金界号”赌船——中南半岛第一艘豪华赌船，英文名叫“Naga”。装修得犹如吴哥城的森林。

一个不可回避的话题——金边的夜生活：

五光十色，流光溢彩。关于金边的夜，各有各的说法，有来自民间的流传，也有来自官方的口径，而我能看到和可接触到的实在是有限里的有限。所以我只能告诉你的是：晚上外出，定要注意安全。

10:40PM 越夜越美丽

在上个世纪90年代，金边的街头充斥着数以千计的夜总会和妓院，吸毒、卖淫现象严重。而艾滋病毒感染以及儿童卖淫人数在亚洲地区几乎名列前茅。

但在近一两年，柬埔寨政府决定采取措施，整顿社会秩序之后，现在的金边治安已经大为好转。过去，金边的70号大街以夜总会、色情歌舞厅和通宵达旦的震耳欲聋的摇滚音乐而闻名，当地人则形象地称之为“妓院大街”。但是现在，一到晚上10点，一切都安静了下来。

——以上文字是官方的口径

在柬华人

同时，根据姓氏的不同，目前已经成立了12个宗亲会，包括郭氏、蔡氏、黄氏、吴氏、林氏、罗氏、杨氏、陈氏、符氏、李氏、赖氏宗亲会和凤凰同乡会。

控制经济

华人在柬埔寨经济生活中扮演着非常重要的角色，国家税收的很大部分来自华人的公司、工厂和银行。80%在柬华人从事商业活动，不管是大至企业公司，小至在路边摆个小摊。他们聪明勤劳，谙熟经营之道，善于创新，而且在经营活动中团结互助，维护信誉。柬人口比率上，华人虽然只有总人口的5%左右，却几乎控制着柬埔寨80%的经济。在政治上，华人忠实於柬埔寨政府，与柬埔寨人民和睦相处。目前柬埔寨政府内阁中超过一半以上的内阁部长都有华裔血统。

华人最密集的地区，要属乌亚西街、速福街、和戴高乐大道。走在这三条「唐人街」上，商家的华文招牌到处可见。

同苦共甘

柬埔寨华人，就像已经落地生根的种子所长成的树木，他们与周围原有的土生土长的树木，同命运，共苦甘。当柬埔寨战火纷飞的时候，他们也像当地人民一样苦难重重；当柬埔寨进入和平安定的时候，华人与当地人民一同为美好生活而努力工作。

五十年代在柬华人分布比例

地区	各地区华人数目	各地华人数目占华人总人口的比例
马德望	15626	7.2%
贡布	21673	9.9%
干单	15542	7.1%
磅湛	16010	7.3%
磅青扬	4113	1.9%
磅士卑	4341	2.0%
磅同	2471	1.1%
桔井	2431	1.1%
波萝勉	7403	3.4%
菩萨	4732	2.2%
暹粒	1672	0.8%
上丁	2360	1.1%
柴桢	3954	1.8%
茶胶	5601	2.8%
金边	110000	50.5%
华人总数	217929	100%

资料来源：美国芝加哥大学
University Of Chicage. op.cit., p. 91/94/96

柬华理事总会」全柬最高华人团体。
地址：No. 110C, Mao Tse Tong Bvld. 电话：855－23－364266

潮州会馆」全柬人数最多的华人社团。
地址：No. 144 Hassakan Blvd. 赫沙干街瑞华正校大楼
电话：855－23－426641

福建会馆」金边市福建籍人较少，约100多户，经济上以做小生意为主。
地址：No. 39, Preah Sisowath. 斯梳越（海傍）街39号
电话：855－23－360141

广肇会馆」
地址：No. 45, 232th St. 229路与188路转角31号
电话：855－23－364570 传真：855－23－720838

海南同乡会」
柬有祖籍海南者约3万人，居住在金边海南籍人约300户，多为中、小商人。地址：No. 2, 53th St.

客属会馆」会员除广东客家人外，还有一些湖北天门籍人。金边市现有客家人约200户，大多数人以小生意和行医为生。
地址：No. 45, St 232 St. 232路45号 电话：855－23－364503 211361

中国商会」106街9号023-722533

移民溯源

据史料记载，南北朝时期中国南部沿海华人开始向柬移民，华人大规模迁入是明末时期。中国第一次大革命失败后和抗日战争时期又有大批华人移入。在柬的华人在50年代有20多万，在70年代初期大约有70万，到了80年代初，华裔人口急剧下降。1998年柬埔寨大选之前进行的全国人口普查估计，柬埔寨华人大约占全国人口的5%。在1100万柬埔寨人中，华人大约有50–60万人。

首都金边市华人比较集中，其他各省市县及乡村都有华人分布，尤以贡布省、马德望省、磅湛省和干单省等地较多。

会馆林立

在柬华人中，潮州人占76%，广东人约占10%，海南人约占8%，客家人约占3%，福建人约占2%。根据籍贯的不同，在柬华人分设了潮州会馆、广肇会馆、海南同乡会、福建会馆和客属会馆。

目前在柬埔寨出版的中文报纸有三家，《华商日报》、《柬华日报》和《柬埔寨星洲日报》。

金边日记

那场好凶的雨

刚才外面下雨了。滂沱大雨。心里一颤，让我惦记起什么东西来？

记起来了，是那场雨——是金边的那一场看不见但很凶猛的雨——我睡在床上，我睡在雨的上面，或是雨里。我入住的旅馆是用木头修在湖面上的。

床板下面一米就是木板，木板下面半米就是湖面。我听到千军万马的雨水拍打着房顶。同时，雨水又在床底下和湖水打着架。那是我到柬六天来的第一场雨。在这之前的几小时，我还在给友人的信中提到希望天下雨，因为大地和我都被太阳烤干枯了。

雨一下子来得这么凶，把梦里的我搅醒了。又乐又担心，担心水会涨到我床头来。

第二天醒来，房间安然无恙，而外面有一半的马路都被泡在水里了，水浸过了人的膝盖。

人和大地都润了起来。

203号房

四堵墙，一盏灯，
躺在床上，一个人。
饿了，困了，睡了过去。
梦里继续赶路。

金良的妈妈做的汉堡包好吃极了。

旅途的家

旅途没有家，
就去住家庭开的旅馆，
学着小弟弟叫爸爸妈妈大姐二姐。

T，

在越南给你的信就说过，每到一个地方都会给你写信。

我现在在柬埔寨。

那里有很多会微笑的石头

生活是一个辗轮，我是这样觉得。旅途中的想念越来越少了，自己活像一块加速旋转的石头，快要被离心力抛向不知道的遥远，成为地球以外的物体。

不再会惦念朋友或家人，这也是不能承受的轻。

你好吗？胖了还是瘦了？希望一切都好。

2002.05.15

PHILIPS

kkeye 20:37

自由得像只鸟，
孤独得像只鹰。
经常头痛的鹰。

Andie问我为什么不去写一下那些司机？

是啊，为什么不写一下他们？

在暹粒的那一帮柬埔寨青年，在他们的身上，你可以看到这个国家的真正的脸——在机会面前——在时代面前——非常努力；同时，有一点躁动、有很多无奈，还满溢对未来的憧憬。希望有一天我可以绘声绘色地把他们一张张脸写下来。

在这之前，我更想写在金边碰到的那位让人好懊恼的华人司机。

那是我到达金边的第一天。走出Capitol GH，一下子十多辆摩托车围上前来，中间夹杂着一位很瘦小的老男人。我没有犹豫，马上上了他的车。原因只有一个：他操一口十分标准的广东话，就像在广州街头碰到的街坊大爷。

一天下来，才发现他是一位不守信用，爱占便宜的、受同行排挤、也不讨客人喜欢的司机。

除了会讲广东话，他对中国一无所知，也从来没来过中国。他的父亲也没有来过中国。中国，对他意味着什么？他的故乡远在中国，远在国外——一个从来不曾踏足，永远也回不去的地方。那里有早已不相识的乡亲。

他——那么的瘦小，那么的老，那么的自负与执拗、喋喋不休、唠叨不停——就像一个还来不及长大就已老去的人。

他的思维像永远停留在过去时代的某个恐慌的点上，他年暮的身体顶着这样的烈日或暴雨，骑着摩托车为现实奔走。从一个华人少爷到一位摩托车司机，这天堑之间的过道是什么，他是如何从那边跨到这边来的？就如同知道他是一部悲剧的主角，而我从来没有看过这部戏。

我坐在这位司机身后，感觉很复杂——有点讨厌，隐约的同情，然后酸涩满怀。

一方水土一方人

如果我来到这里才发现水土不服，可以回去吗？

可以的，回到你的家乡，回到你出生的地方。

如果我的家乡不在这里，而我是出生在这里，那我又该到哪里去？

我不知道。

如果我出生到这个世界才发现水土不服，可以回去吗？

可以的，但要等一下。

等多久？

不长，就只一辈子。

My Sunday in Phnom Penh

因为Marian的极力推荐，住到了Sunday GH，认识了Sunday一家子——姐姐（金玉）、哥哥（金明）、妹妹（金珠）、弟弟（金良）和他们的爸爸妈妈。

因为在Sunday，我吃到了最好吃的汉堡包和猪皮煮汤；因为在Sunday，知道了他们的潮州会馆，因为找潮州会馆，遇到了Norton University的大学生；因为他们的热情邀请，到了码头与他们一起给GH"拉客"；因为金珠的收藏，才知道台湾有个F4和他们的《流星花园》；因为金良的好学，陪他练唱了一整晚的《东方之珠》；因为喜欢和他们在一起，在金边多留了一天；因为等好的光照，错过了与他们合照的机会。

匆匆的，我上了车，挥挥手，只与金玉和她妈妈告别，金珠还没睡醒；金良刚10分钟前已上学去了，今天是他们"崇正学校"的期中考试。

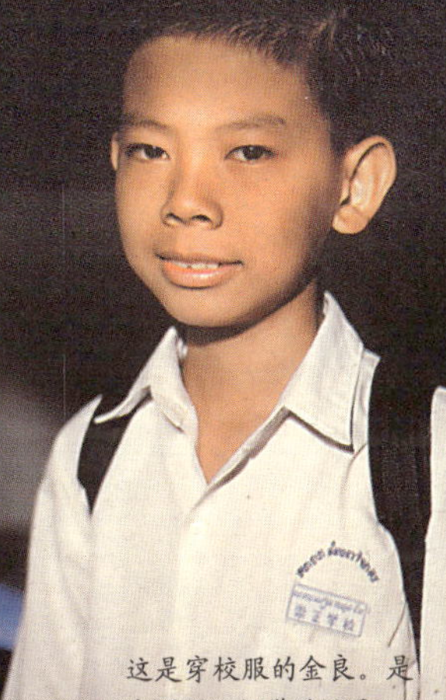

这是穿校服的金良。是个聪明又好学的孩子。

“长满Som野藤的村镇”　“小狮子之城”

磅逊→西哈努克城

Kampong Som→Sihanoukville

磅逊原来是沿海一个小小的渔村。尽管地理位置的确格外优越：前临风平浪静的袋状海湾，左侧靠近开阔的泰国湾；附近海水很深，稍远处又有一连串的小岛，起着天然屏障和防波堤的作用。因此，在这个国家长达450公里的海岸线上，它拥有首屈一指的建港良址。可惜长期未被理睬，埋没于荒丛蔓草的包围中——甚至它的得名也是与此有关的。

Kampong意为村、镇或城市。Som是一种藤的名称。这种野生植物幼嫩的可以食用，成藤可制作器物。磅逊四周原来到处都是Saom藤，两个词合在一起，意思就是“长满som野藤的村镇”。

绘制于60年代的城市发展规划图

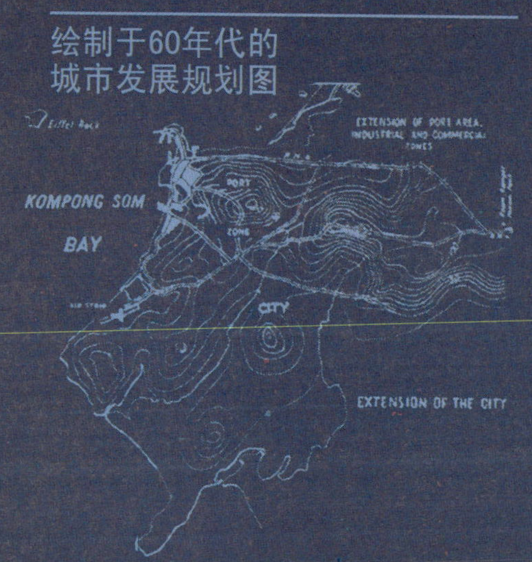

柬埔寨完全独立后，西哈努克国王把建立本国的出海港口。作为特别重要的国家大事来抓。经过多方论证，最终选定磅逊作为港址，并很快着手进行。50年代中期开工，只几年工夫，到1960年4月2日，柬政府即宣布港口正式建成。更名为“西哈努克城”，并立即提高它的政区级别，从贡布省划出，归中央政府直辖。

从此，柬埔寨有了自己的海港，永远结束了作为沿海国却没有海港的历史。按西哈努克国王的形象的比喻：“有了自己的鼻子。这就可以自由自在地呼吸，无须仰仗、取道别人的鼻孔出气了。”

按原来的总体规划，港口还要继续进行第二、第三期工程，还要大大改进通讯和交通运输状况。并准备进行其他一系列的配套工程，包括相当规模的旅游设施。可惜为时不久，柬国内发生重大政治变化，战火纷飞，遍地狼烟，一耽误便是20多年。港口建设全面停顿。90年代初起，这个港口城市得以从噩梦中苏醒，逐渐走向重建。

Sihanouk，是西哈努克国王名字按法语缀字法拼写的词形，Ville是法语词，原义“城市”，整个名字译为“西哈努克城”。

快船码头：往戈公的快船从这里出发

柬埔寨惟一的深水港，
柬埔寨第一大军商两用港，
拥有354公里的海岸线和绵延接续的海滩。

交通

国际交通：P307

省际交通：往金边P315、往白马P252、往布贡P250、往戈公P252/P307

长途汽车站：在独立大道上，“GST”和“豪华-云顶”两家长途汽车运输公司紧挨着。

往戈公的码头：地图所示

火车站：地图所示

市内交通：

1)乘摩托车：

摩托司机的英文水平比暹粒和金边差很多。所以必须把地图带在身上，在地图上点出你要去的地方。

城中活动：1000-1500R；城中心到海边：2000-3000R、$1。在出发前讲好价。 晚上打车会贵一点。到了晚上，远离城中心有时就很难找到摩托。

2)自驾摩托车：

汽车公司和一些旅馆和餐厅都有摩托车出租 ：100cc摩托车，$3-5/日；

250cc的摩托 ，大约$7-8/日。

锁好你的摩托车，或放在保管站。

3)出租车：

所有汽车公司和一些旅馆和餐厅都有车出租 ：$20/日。

城中心的GST大客车公司查询，或者在气象站的Just Nic 出租，租车时，他们会要求你把护照留下来。

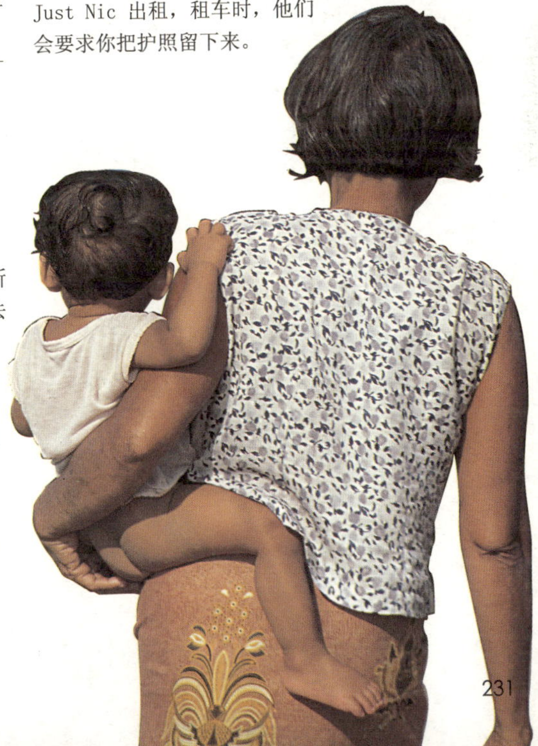

胜利海滩
Victory Beach

超过两公里长，长窄。

被礁石和小山分割成两段。

北段： 大货船来来往往，看日落的最好的地方。在最北端有些商务建筑，海鲜酒家、假日皇宫赌场、酒店。最容易到达海滩，步行可达。

南段：其他名称：夏威夷海滩Hawaii Beach、国王的海滩King's Beach、南段海滩South Channel Beach、Lamherkay海滩。有草编的遮阳伞和可供应饮品的小屋.海边上有些船，可带游客出海到附近的岛上。若你想租船，可以先到Caledonian那里去查讯。

独立海滩
Independence Beach

其他名称：七层楼海滩（7-Chann Beach）

得名于其北端的7层的建筑物：独立宾馆 Independence Hotel。也非常狭窄。潮落的时候容易行走些。西北端,靠近一个小湖(城市收集淡水的地方)。兜售饮料的人比其他海滩少得多。看日落好的地方。

索卡海滩
Sokha Beach

有白白的沙滩和平缓的海底，岸边有别墅旅馆，可品尝虾、蟹等海鲜。西哈努克城的最著名的海滩，一个大型的度假区计划正在进行中。 只有很短的一段从礁石区附近到南面末端是开放的。

 小心：不要随便把财物放在沙滩上，有很多小偷乘游客到海里游泳时前来偷窃。

一家幼儿园外墙上的一组画，哈哈，十分有趣。

住

自从胜利宾馆倒闭后，这里暂时还没有星级宾馆。市内及周边有不少GH，比面海的宾馆便宜。 廉价旅馆：$2-8，中价旅馆：$10-20，较高级的旅馆：$30-60

由于西哈努克城是一个海港城市，地势比较凹凸，居住点比较分散。它们之间由山间公路连接。旅馆相对集中的三个大区域：（左上图示）。

城区中心 A
Downtown

景观不如其他两个地域好，但交通、购物、饮食都相对方便。乘摩托5分钟，步行30分钟到达海滩。周围有银行、车站、市场、餐厅、宾馆的单人标准房在$8-15之间，有线电视，热水。

Marlin Hotel：$10-20，空调，电视，热水，餐厅，酒吧，桌球 Ekareach St. Tel: 034-320169

气象站山 B
Weahther Sation Hill

距离城中心1.5 公里，位于胜利海滩靠里的气象站山上，是城中最廉价的旅馆集中区域。 步行几百米就是海滩。房价一般在$2-8之间。

Bungalow Village：$4-6，望胜利沙滩辉煌日落 、卫生间、上网、风扇、餐厅，Tel: 034-933875

Mealy Chenda GH：$2-8，城里规模和名气都最大的廉价旅馆。和邋粒金边的Narin GH及Srniley GH是同一个老板。 经常客满。很棒很棒的日落景观，半露天的餐厅在黄昏的映照下，美得醉人，像电影里的镜头。在汽车站可以看到“Mealy Chenda GH”的免费接送车。 有交通车去戈公。组织短途旅游。Tel: 034-933472

Ochheuteal沙滩 C

城中最好的宾馆集中在这一区。房价在$25-50之间。距离海边只有50-100米。 面海的房间风景一流。

吃

很多旅馆都附带餐厅。要吃中式或高棉烹调的海鲜： 到海边：Hawaii Seaview, Sea Dragon and New Beach, are located on the beaches；或到城中心： Apsara、Star Paris. 很多酒吧也有丰富的餐饮菜单，如城中心的Angkor Arms。

女人刚和丈夫出海打鱼回来，现在才吃早餐。

超市

Samudera：除超市功能外还提供订机票、签证服务、兑换外币等服务。在7 Makara St.路上距离Ekareach St.北30米。7:00 - 20:00.

Sovann Phoum：在Ekareach 路的城中心段的拐角处。7:00AM - 11:00PM.

Star Mart：附设在加德士（Caltex）加油站里。供应的货品与其他国家的便利店无异。其中一家在城中心，另一家在距离城北3公里的4号国道上。

银行

所有的银行都兑换外币和提供旅行支票的换现。市场北有很多店铺兼营现金兑换，卖珠宝黄金的业务。汇率比在银行好。

邮局

大邮局：在胜利海滩，假日皇宫赌场（Holiday Palace Casino）的后面。经常不营业。

小邮局：市场对面。

电话

西哈努克城的电话区号：34。

国际长途：$3.50-5/分钟。

上网

网络的速度很慢，Yahoo比Hotmail快。

下面的地点有互联网：

Camintel (7:30AM-8:30PM)

ABC Computer (6AM-7PM).

Ekareach St.路上还有几家。

Angkor Arms 发一条Email$1.50，$4-$5.50/小时

医院

医疗及急救设施都十分有限，如问题严重，最好尽快转移到金边或更好到曼谷。

当地在Ekareach St. 路上有一些小诊所。西哈努克城公立医院在双狮雕塑和城中心之间的Ekareach St. 上。Tel: 034-93311.

收获“快乐”的渔港

一早醒来，出门，坐上摩托车，叫司机朝有渔村的地方开去。最后，我选择在这里停下。这是一个没有中文也没有英文的地方，我和渔民们只能用笑容去表达对彼此的欢迎。

靠岸、卸货、称重……热热闹闹，有条不紊。健康的人群。忙碌的人群。不知怎的，突然有种没有理由的感动——似是看到了这个国家的希望，在这个小小的渔港，在这帮健康而忙碌的人群身上，在劳动和收获间，浸透了欢乐。这是一种属于早晨的希望。

（把所有胶卷都用完了，往回走，看到路边停了很多的摩托。我开始纳闷，谁是我的司机？他们都开始走上前来拉拢我坐他们的车。就在这时，较远处一辆摩托发动了，哦，那该是我的司机。不是太肯定。结果还是没有搭错车。）

把海货倒进一个大桶里，再把桶放到公秤上。

独立宾馆 Independence Hotel / Victory Hotel 在胜利海滩和独立海滩之间，是60年代本地最高级的宾馆。在1963-1964年，西哈努克城开发初期建造。1975年关闭。在联合国维和部队（UNTAC）于上世纪90年代初停留其间重新使用，现在已经关闭。荒落的庭院，高大的白色房子、空荡荡的大堂和走廊，掉落一半的天花板，还有一股海洋的腥味……（虽然有点恐怖。但值得一看！）

金狮纪念碑
Golden Lions Monument

其他名称：Vimean Tao Meas

是城市的标志。Sokha海滩和Ochheuteal海滩之间的交通回旋处的中间。1996年建成。

独立广场
Independence Square

是一个用于集会的广场，有一个1985建造的胜利纪念碑。纪念解放和为国捐躯的人们。

胜利宾馆的大堂

啤酒厂
Cambrew Brewery

位置：4号国道北3公里处。

生产吴哥啤酒和巴戎啤酒、百事产品，1967年开始由政府经营。1975年停产，1991年复产。

西哈努克山
Sihanoukville Mountain

城北，距离4号国道始端约2.5公里，在啤酒厂处右拐上山。 经过上庙走200米到岩石处。海拔132米高的山顶，鸟瞰整个海港和城市，是看日落的好地点。

圣米歇尔天主教堂
St.Michael's Church

1960年建，为当地的天主教徒服务。从1975-1979年它成了一座监狱，1993年重新开放。现在由一个法国神父主持。

位置：在Boray Kamokar路和Mittapheap Kampuchea-Soviet路的交界处。

在大路拐角处看到四五个军人。他们看到我举起照相机都微笑地躲开了，这个年纪大的反应慢了点。

上庙
Wat Chotynieng

(aka Wat Leu, 意为：上庙)

鸟瞰整个城。寺庙里的壁画描绘佛陀的一生。 还有建造者Junot王子的肖像和这地区的佛教主持者Lok Om 的肖像。

下庙
Eat Utynieng

(aka Wat Krom 意为：下庙)

在Santipheap St. 上的小山上，可眺览大海。相当独特，为供奉一个当地人崇拜的女保护神Ya-Mao。

云壤国家公园
Ream National Park

正式的名称：Preah Sihanouk National Park

位置：距离西哈努克城北18公里， 公园的设施不完善，所以你在穿越丛林或出海前，最好要找一个向导同行。开放时间是早上7:00到下午5:00，有懂各种语言的向导。公园办公室电话： 012-875098。西哈努克城的一些旅馆也有组织此线路的团。

从渔村回城的路上，我看到这醒目的广告牌。弄不明白是电器修理店还是照相店。

观赏日落的地点：

1）海滩：胜利海滩是最好的

2）餐厅：Bungalow Village, Chez Claude, Mealy Chenda, Hawaii Seaview.

3）西哈努克山顶：鸟瞰整个海港、岛屿和城市。

由于太美，所以陌生。由于太像电影，所以又觉得熟悉。

这个海让我又爱又恨。

爱它太美，有一百条理由。

恨它太美，只有一个原因：没带照相机。

一时的潇洒所带来的结果是：永远的遗憾。这时候，让我知道自己是个彻底的“庸人”。

记住了风，

风牵着波浪的手，奔过来，奔回去。

风把沙子吹进眼里。

风拍打着帆布遮篷，劈里啪啦。

记住了光，

从蓝色到金色，我还在海滩上。

又回到蓝色，正乘着摩托车驶过中心镇。

回到旅馆，骤然看见大露台上的餐厅的剪影在玫瑰红色的海天里。人们成了黑色的影子，在玫红色的背幕前喘动着。美得有点戏剧性。

走进去，跟前的场面其实一切都在忙乱中。忙着交谈、点菜和进餐。

在西哈努克碰到一个天涯沦落人，说不完的话，然后各又天涯。

磅逊的收获

如果你的旅程仅仅只为回去好向亲朋交代的话，那就可以省去磅逊这一站。因为这里只有四个海滩，一个渔港，一排码头，一个中心镇，两家邮局（大的那家现在也不营业了），一个五星级宾馆的残体。除此之外，什么都没有了。但是，

这里却有**几种带不回家的快乐：**时间停顿的快乐；不用安排行程的快乐；懒惰的快乐；独自一人占领几百米海滩的快乐；不用说话的快乐；不用携带身份的快乐；碰不到熟人的快乐。

路的拐角处，发现70年代

忘不了那幅墙上的油画《惊涛骇浪中的帆船》（我给起的名字）是店主的作品。一位年近60的越南乐手。我猜想，“70年代”可能是他的黄金时代吧。油画震慑了我。他们一家现在已经离开了西哈努克城。不知道易手后的这酒吧是否还叫“70年代”。

这个客人每天都来这里上台弹琴。他不会弹，只做假动作。每天都喝得酩酊大醉才回家。他是摩洛哥人，听说由一家俄罗斯公司雇来柬埔寨修飞机。

柬埔寨其他地区
Around Cambodia

可能是吴哥的光芒太强烈，也可能是我们对这个刚开放的国度了解得太少，也可能旅游从业者还来不及给这些资源加温，很多游者都把它们忽略掉了。

这些“并非第一手”的资料，希望它们可以给先行的您做一块粗糙的敲门砖。

西部 P241

南部 P248

东部 P357

西部地区
Western Cambodia

从泰国的亚兰跨过边境，就来到柬埔寨的边境城市波贝，这里向东，可以快速进入到柬埔寨西部的两个焦点：一个是暹粒省，另一个是马德望省。前者聚集游客，后者吸引商人。

从马德望往西南可以进入宝石之城——拜林，往东沿铁路线或5号公路，就可以直抵金边。

暹粒东面的班迭棉吉省近年来因为文物盗贼的频繁出没而世界闻名，其与吴哥寺同期的，规模几乎相当吴哥寺的高棉古刹——班迭奇马寺正在被盗贼们猖獗地支解着。

暹粒以东的柏威夏省辖范围内的很多高棉寺庙则很多仍被围困于长年内战而埋设的雷区里，让人无法走近。

而位于磅同北不远的吴哥文明的发祥地“三坡布雷卡”则是总在我们从6号公路来往暹粒和金边时打瞌睡错过了。

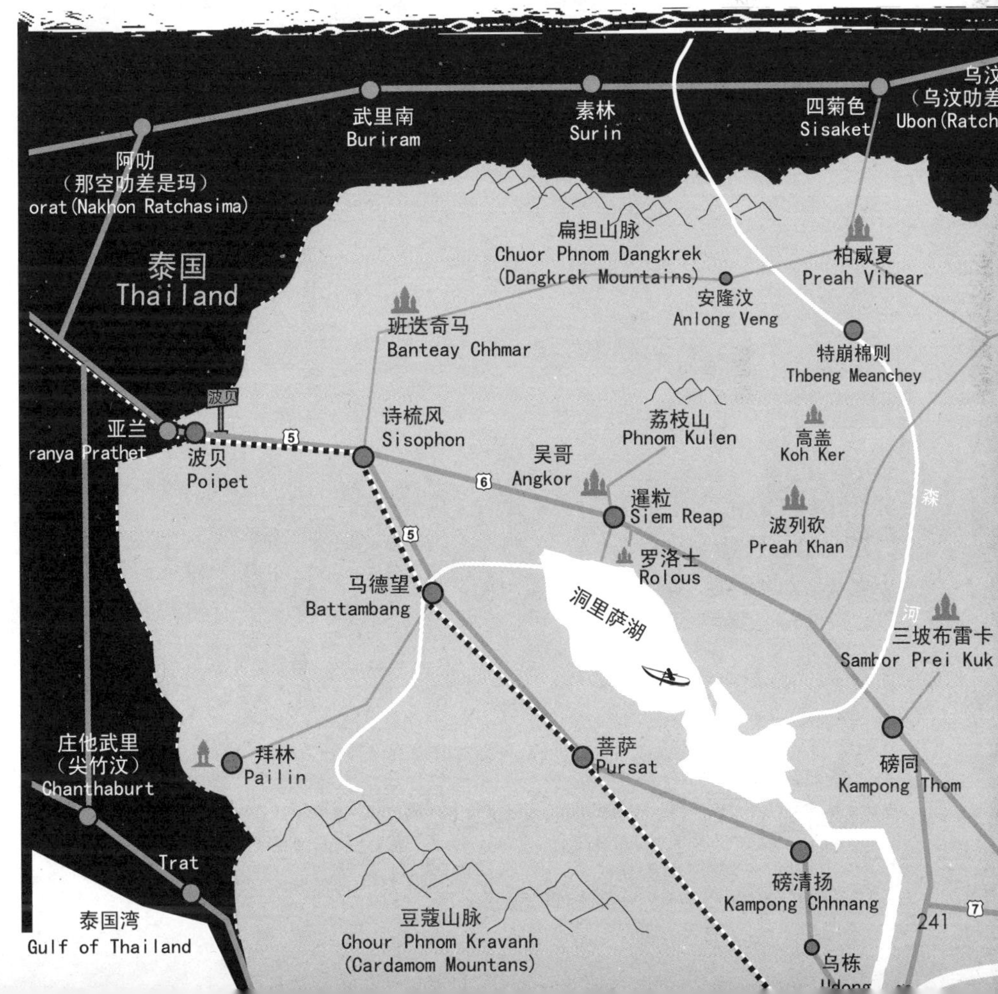

班迭棉吉省 中文意思：胜利的营地
Banteay Meanchey

波贝市 边境
Poipet

提示：泰铢在当地可以流通

现在柬埔寨西北各省的进出口物资仍主要通过这里。柬埔寨60%的日用工业品来源于此。白天人声鼎沸，夜晚灯火通明，娱乐业发达。在雨季，这一带的道路变得泥泞不堪。不需要停留在这里。不要急于在这里匆忙换钱。

吃住：有很多旅馆和酒店、餐馆，食摊。Khemarak Hotel 房间带风扇200B；Santephiep GH：带风扇$5；Neak Meas Hotel：带空调$10

交通：往暹粒、金边、马德望（P314）。打过路车往诗梳风（5000R/驾驶室,3000R/货厢）

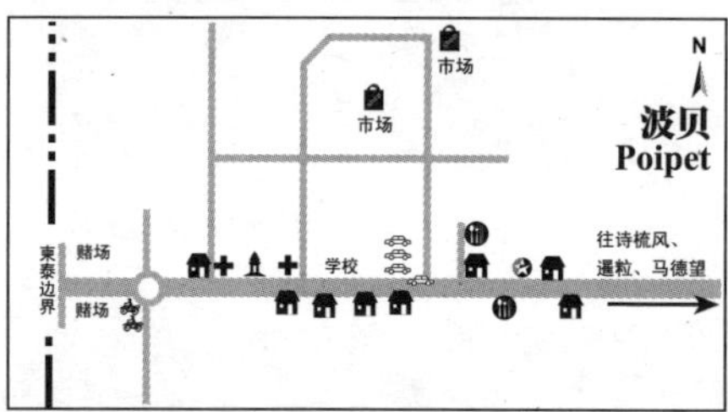

诗梳风市
Sisophon

其他中文名称：诗书峰、诗索风
名字的中文意思：美女、吉祥

提示：可以用泰铢结账

游客只视它为一个泰国和暹粒之间的中转站。

住：往暹粒方向的路上有很多廉价旅馆。 Pat Painlng GH单人房100B，双人房150B 。Phnom Sway Hotel $6风扇、电视；$10热水、空调。

交通：从诗梳风打过路车到：波贝(5000R/驾驶室，3000R/货厢)，暹粒（20000R/驾驶室，7000R/货厢)，马德望(5000R/驾驶室，3000R/货厢)；1小时
火车到马德望(1500R，4小时）每天14:00发车。

班迭奇马的破坏是整个吴哥古迹所遭受破坏的典型和缩影。

班迭奇马市
Banteay Chhmar
班迭奇马寺

其他中文译称：班特清麻
中文意思：小营房
建造者：阇耶跋摩二世（Jayavarman II）802-850年
阇耶跋摩七世(Jayaviravarman Ⅶ)1181-1220年
地点：诗梳风市北71公里。偏远，路很难走。

班迭奇马是最晚被发现的寺庙之一，它占地5万平方米，拥有9公里长的围墙，是吴哥时代的最大及最具影响力的寺庙之一，也被誉为吴哥古迹中最神秘的一座。

然而，它被损毁的情况是众多高棉寺庙中最为严重的。所剩的很多艺术品在1998年开始被抢夺。被形容成一座濒临解体的寺庙，就好像刚刚经历过八级大地震一样，只不过，所有的破坏都是人为造成的。寺庙南面和西面的墙都已经被掏空了。这些墙身上原来肯定有精美绝伦的浮雕。掠夺者将它们整块地切割下来，在寺庙里还可以看到一块巨大浮雕的碎片，由于无法运输，掠夺者们就把巨大的浮雕切成小块，一块一块往外运，这些碎块上都用紫色颜料写着阿拉伯数字。

班迭奇马的破坏是整个吴哥古迹所遭受破坏的典型和缩影。据5年前来过班迭奇马的考古学家克劳德说，当时他看到的班迭奇马还基本上是完整的，虽然被森林覆盖了几百年，但植物对石头的破坏毕竟有限，他曾亲眼目睹寺庙南面和西面的墙上雕刻着6尊2米高的正在跳舞的佛像，栩栩如生，精美绝伦。但现在，整个班迭奇马都被拆散了。

可见，自然的侵蚀远远比不上人为的破坏来得可怕。

马德望省 Battambang

马德望市是柬埔寨的第二大城市，自古是柬与泰国之间的交通、贸易枢纽。拥有完善的城市规划，道路笔直宽阔，保存有全国最好的殖民地建筑。

马德望市 Battambang

其他中文译称：巴郸邦
名称的中文意思：丢失木杖
建造时间：始建于11世纪
位置：诗梳风市南80公里，马德望（桑岐河）西岸

是柬埔寨的第二大城市。是金边以外，泰国和越南之间的第二中转站。柬埔寨之所以曾被喻为“鱼米之乡”，靠的就是洞里萨的鱼和马德望的米，这里不仅产米，而且盛产各种水果，价格便宜得令人不敢相信。城区西至火车站，东至马德望河。市场附近是中心区。商店、银行、旅馆等都集中在这一区。 河东有很多殖民建筑的行政区和很多非政府组织(NGO)驻马德望省的集中区域。邮政总局在河边。全城都可打国际长途。 有旅游咨询中心，但不供应可索取的资料。城外有寺庙和大湖。

住：$5双人房，卫生间，电视，冰箱。$10热水和空调。Chhaya Hotel：$4-5。Golden Hotel，$10。Teo Hotel：双人房$12，有餐厅。Angkor Hotel望河景观 $10。

吃：Phkay Pruek Restaurant 全城最好的。 Cold Night Restaurant、Monorom Inn Hotel附近，河东，有300道菜。

来往马德望的交通：P314

市内交通：机场离城东2公里，摩托2000R 。走路可以逛遍全城。打摩托500R/程，过河或晚上加收。

马德望省共有122个庙宇，除了古迹外，还有许多自然旅游区，如岗平波湖、普农三伯山、鳄鱼山、螃蟹山、鸡笼山、鸭笼山等。⚠在上路前，最好找一个会讲英语的摩托司机，那会让你的旅程有更多的收获。 游客不多，所以没有一个稳定的价格。摩托车：$2-3/天。

巴塞庙 Wat Toui Baset

马德望市东北15公里、10号国道沿线。7世纪建造。

埃普农庙 Wat Ek Phnom

其他英文名称：Aek Phnom; **位置**：马德望市北面12公里; **建造者**：苏利耶跋摩一世; **建造时间**：10-11世纪; 沿途风光颇为可观。**交通**：摩托车$2-3，来回25公里。可以绕进村落里看。

斯栋庙

马德望市西部24公里，10号国家公路沿线。

普农三伯寺 Phnom Sampeau

位置：马德望市南26公里的三伯山顶上。上山要爬700级台阶。也曾是战略要地。当地小孩子会领你到山上看洞里的骷髅堆放地。1000R。

巴农庙 Wat Banan

位置：马德望市南24-25公里。
吴哥寺的缩小版。

岗平波湖 Kamping Poy

位置：马德望市西36公里。其中有70年代规划兴建的水坝，两座山脚之间的长达8公里的巨大的人工水坝。曾有10000柬人投入到它的建设中。

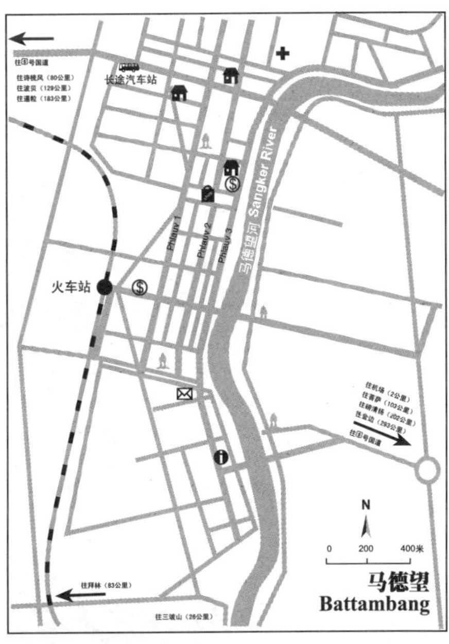

拜林市 Pailin 直辖市

其他中文名称：拜龄市、珠山市
位置：马德望市西南方83公里处的高地上，靠近泰国边界，距离泰国30公里。
海拔：257米
⚠与泰国边界不开放给外国旅游者。

拜林是一个非常美丽的地方，整个城市都被郁郁葱葱的山林环抱，就像莽莽绿海中的小洲，环境幽雅，空气清新，犹如一个世外桃源。由于此地盛产红宝石，所以吸引不少淘金客来此挖宝。

住：在90年代中期，这里出现了很多是为那些来自亚洲其他地方的宝石收购商住的旅馆。 Pailin GH：风扇，电视，带卫生间$5

交通：马德望至拜林2-3小时，合打出租车：30000R；打过路车：30000R/驾驶室，15000R/货厢

波飞瀑布

距拜林市区不远处一个瀑布，似一条银色飘带，点缀着绿色的大森林，是去拜林的游客必到之处。

若山

山上有一座古寺，寺里有一尊若婆婆神像。若山是拜林地区的制高点，在山上可以欣赏青葱的原始大森林，观看日出或日落。

鸭子山

山上有一座宏伟的寺庙，长长的围墙上有许多精美的雕刻。

柬泰边境贸易市场

离拜林22公里。泰国、柬埔寨和中国等国的商品。

寺庙里的夜叉神像，高约2.5米。其样式与造型带有浓烈的泰国色彩。

菩萨省 Pursat

在这里可以参观到更地道更大型的“越南浮村”。

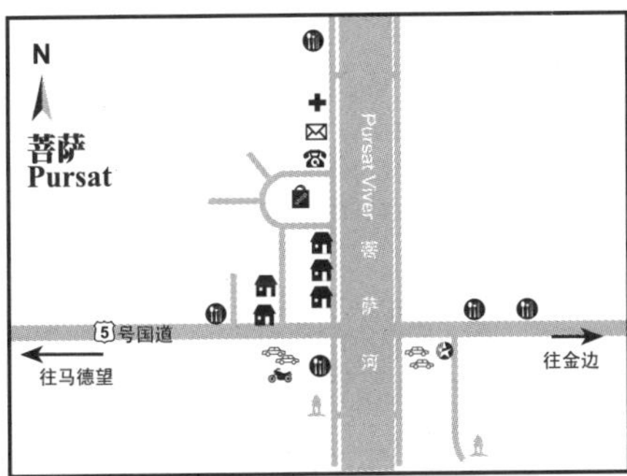

中文旧称：佛村

中文意思：漂浮的菩提树

位置：在从金边到马德望的铁路线和5号国道上，磅清扬西北100公里。其南端横卧着豆蔻山脉。

除了中途吃饭，很少游客在这里停留。没有银行。河边有邮局。市场附近有打国际长途和传真的店。在岛附近的河西岸政府建筑物的后面有一个旅游咨询中心，里面的导游非常了解菩萨的情况，听说他们一位还曾经写过一本名字叫《Pursat and Picnics》的柬文导游书。一所雕刻学校坐落在市中心，人们能看到工匠们的工作，并且可以购买他们的作品。

住：风扇$5、空调$10。在河西岸：Orchidee Hotel、New Tounsour Hotel（大房间,新建筑）、Vimean Sourkea Hotel最好

吃：Reasmey Angkor Restaurant、Blue Restaurant。由通向金边的5号国道跨过河后沿河边向左转，半公里，有很多食店。

交通：是金边和马德望路上的一站。

到金边：小巴(8000R) 打过路车（10000R/驾驶室，4000R/货厢）。到马德望：合打出租车(10000R) 打过路车(10000R/驾驶室，4000R/货厢)

每天有一趟火车经过菩萨市。

菩萨-马德望(1500R)、菩萨-金边（3000R)

金边-马德望：早上6:30发车，约中午1:00停菩萨

马德望-金边：早上6:30发车，约中午11:00停菩萨

Kampong Luong浮村

位置：菩萨市东北约35-40公里（旱雨季不同距离）

是在菩萨省最值得去的地方。随着湖面水位的变化而变化，距离岸上的路标，最远7公里，最近2公里。全村保持有约10000 水上居民，大多都是越南人。水上的船就等于路上的无处不在的小汽车和摩托车。水上餐厅、学校、医院和卡拉OK吧。有相当多的店铺供应冻咖啡或啤酒，沉浸在水上生活的气氛里。若想拍清晨或黄昏的图景，就要到湖岸的房子里找住的地方。雇船约$5/小时。

交通：最方便是租车或打过路车到格罗戈镇（Krakor）约2000R，然后再打摩托车到 Kampong Luong（约2000R)，1.5小时。菩萨包摩托车来回：$6/天。最便宜的方法就是打两次摩托车，在格罗戈镇转摩托车。

豆蔻山 Cardamom Mountains

其他英文名称：Chuor Phnom Kravanh

豆蔻山脉，往西直通泰国，往东翻过几座大山可到磅清扬的奥拉山（1717米，柬最高峰）。

豆蔻山，顾名思义，因山上长了很多豆蔻而得名，那是一种很好的药材，此外，当地还产有很名贵的檀香和漂亮的玉石矿。

政府由于经费问题不能有效的制止非法伐木。他们甚至不能保证一月能进山一次，于是他们需要从游客那儿得到经济来源来制止非法盗猎大象和伐木的行为。

电影《巴拉卡》里的一个镜头。大树在一阵电锯声后轰隆隆地倒下。电影里用了慢镜头，像一个巨人很不情愿地向矮小的坏人跪下。

柏威夏省 Preah Vihear

柏威夏省本来是柬埔寨受地雷威胁严重的省区之一。现在，因有非政府组织开展排雷工作，使当地人们慢慢得以自由行走，同时可以有限度的回到土地上耕作。

高盖
Koh Ker

其他中文名称：科克
中文意思：遗产岛
柬计划将古刹申报世界文化遗产
建造者：阇耶跋摩四世(Jayavarman IV) (928-942)
⚠小心地雷

篡位者阇耶跋摩四世即位時即由吴哥地区迁都于此，建新都城。直到今天，它仍安静地隐匿于莽林之中。

波列砍
Preah Khan

其他中文名称：波罗砍、波列甘神庙、普利勒寺庙
中文意思：圣剑
位置：吴哥以东约120公里
建造者：阇耶跋摩七世
宗教：印度教；11世纪后，佛教

古高棉另一个宗教中心。从这里发现的大量雕刻通过水道被运往西贡，然后被送到法国。其中许多雕像在运输途中因筏子发生翻覆而丢失。

柏威夏寺
Prasat Preah Vihear

其他中文名称：柏威爱、普利匹西尔
泰国名称： Khao Phra Viham
中文意思：圣寺
位置：柬泰边境上，扁担山脉的高崖上
建造时间：10世纪中叶-12世纪初
建造者：Rajendravarman II-Surayavarman II
宗教：印度教（湿婆）
⚠进入的途径：从泰国进入。全程要花一个白天。要早点出发，其占地面积很大且很早关门。
⚠在柬的辖区内排雷工作正在进行中。排雷小组已清除了通往柏威夏古寺的各条上山之路、周围地区的地雷。离道路较远的地区尚未进行排雷。但已將有地雷的地方用红绳围起來，并放上小心地雷的标志，严禁人们入內。

柏威夏用了200年的时间来建造，在10世纪中的罗贞陀罗跋摩二世主持修建，到12世纪初期苏利耶跋摩二世在位时才完全竣工。后者是一个在建造方面功勋卓著的建造者，因为他同时主持建造了吴哥寺。

柏威夏因其出色的建筑和偏远而著名，是吴哥以外另一个非凡的地方。1949-1952年曾被泰国占领。1959年柬埔寨政府向海牙国际法庭申请柏威夏古刹归属柬埔寨，1962年6月15日国际法庭判决柬埔寨胜诉。现旅游业由柬泰两国有关部门共同管理。泰国境内道路平坦，柬埔寨境内山势陡峭。柬埔寨正在修建通往柏威夏古寺的道路。

交通： 最便捷的路线是从泰国东北部的四色菊（Si Saket）、素林（Surin）、乌汶（乌汶叻差他尼）（Ubon Ratchathani）等地方前往。素林和乌汶都有高级宾馆，而泰国小镇干他拉叻（Kantharalak），距离柏威夏只有30公里。

柏威夏寺剖面图及平面图

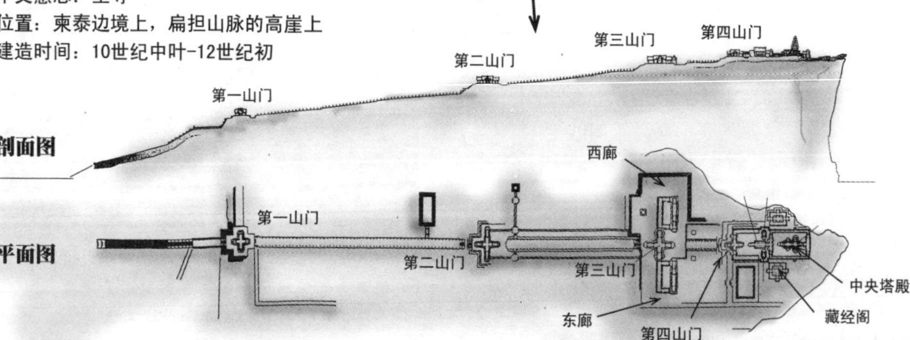

磅同省 Kompong Thom

唐玄奘把“伊赏那补罗国”作为当时的知名佛教国家记传。

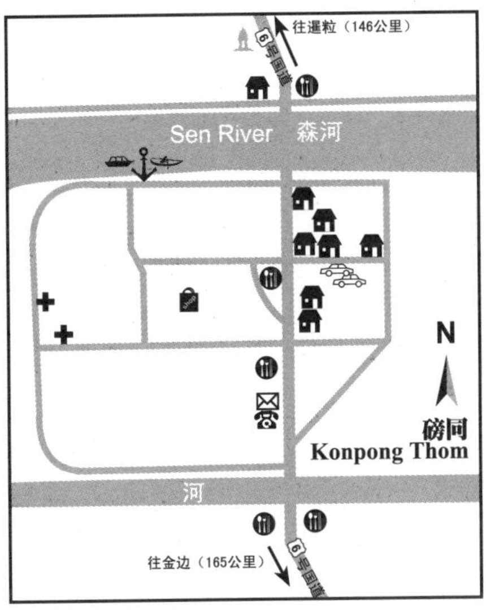

其他中文名称：磅通
中文意思：大码头
位置：6号国道上，磅湛西北，金边以北165公里，暹粒以南146公里。

很安静的城市。附近是前吴哥的真腊首都：三坡布雷卡。市场附近有国际长途和传真。旅游咨询中心在Neak Meas Hotel对面，木建筑的楼上。

住：6号国道边的市场对面。
公路上：Penh Chet GH:双人床，风扇，公共场所卫生间7000R。Sok San GH: $4。离开主路：Mohaleap GH：供应好的食物。双人房，洗手间，风扇 $3。Neak Meas Hotel在6号国道，空调，电视，双人房，冰箱，卫生间$15，$10顶楼。Vimean Suor GH：干净，吊扇，卫生间$6。

交通：金边出发：中央市场西南角的长途汽车站乘班车。小巴(6000R) 3小时。合租的士(8000R)：打过路车(6000R/驾驶室，3000R/货厢)。
火车：8000R；出租车：12000R，2小时
磅同到暹粒的交通：打过路车 （10000R/驾驶室，4000R/货厢）小巴 8000R，合租小汽车(10000R)。

三坡布雷卡 Sambor Prei Kuk

其他名称：三坡坡雷古、萨姆波普利库克、Prasat Sambour、Sambor Prey Kok
位置：磅同以北35公里
建造时间：6世纪末-7世纪初期
建造者：伊奢那跋摩一世
宗教：印度教（湿婆、诃里诃罗）

这里就是前吴哥时代的首都——伊奢那补罗（Ishanapura）。是这个国家最早期一批的建筑之一。砖构建筑。它们就是高棉艺术的雏形，吴哥文明的摇篮。由四组大型建筑物组成。 有超过一百个塔庙散落在丛林里。此城在吴哥王朝时期也是学术重镇。

发现了若干石雕和青铜的佛教造像、许多印度教的诃里诃罗像和女神像。北部的群落多是供奉Gambhireshvara，湿婆的其中一个化身， 其他群落就是供奉湿婆。

交通：从磅同到三坡布雷卡35公里，大约1.5小时。打摩托车一天 $6-8，即使是自驾车也要带同一个导游。 单程需要将近3小时。

Phnom Suntonk

在从磅同往金边的路上不远处，建在山顶上。是一个很有吸引力的地方。乡村环绕。

爬980级石阶到达。 从林里宛然向上，出现很多小神龛的彩色的宝塔。跟你在柬其他地方很不同。还有很多有趣的青砂巨石环抱着寺庙。 刻有佛陀的塑像。当晚停留在磅同的话，可以留在那儿看日落。摩托逛一圈 $2-3，视乎你要司机等多久。

南部地区 Southern Cambodia

走①号国道，白天出发，当天就可以到达邻国越南。

走②号国道，可以用一天时间把“从扶南到吴哥时代”的遗迹进行“打包”游。

走③号国道，上波哥山去领略愁云惨雾中的没有人居住的“废城”。

走④号国道，直达西哈努克城，在旁逊港里畅泳，然后观赏那里的辉煌日落。

走⑤号国道，一会儿功夫，就到了人声鼎沸的皇家山——乌栋。

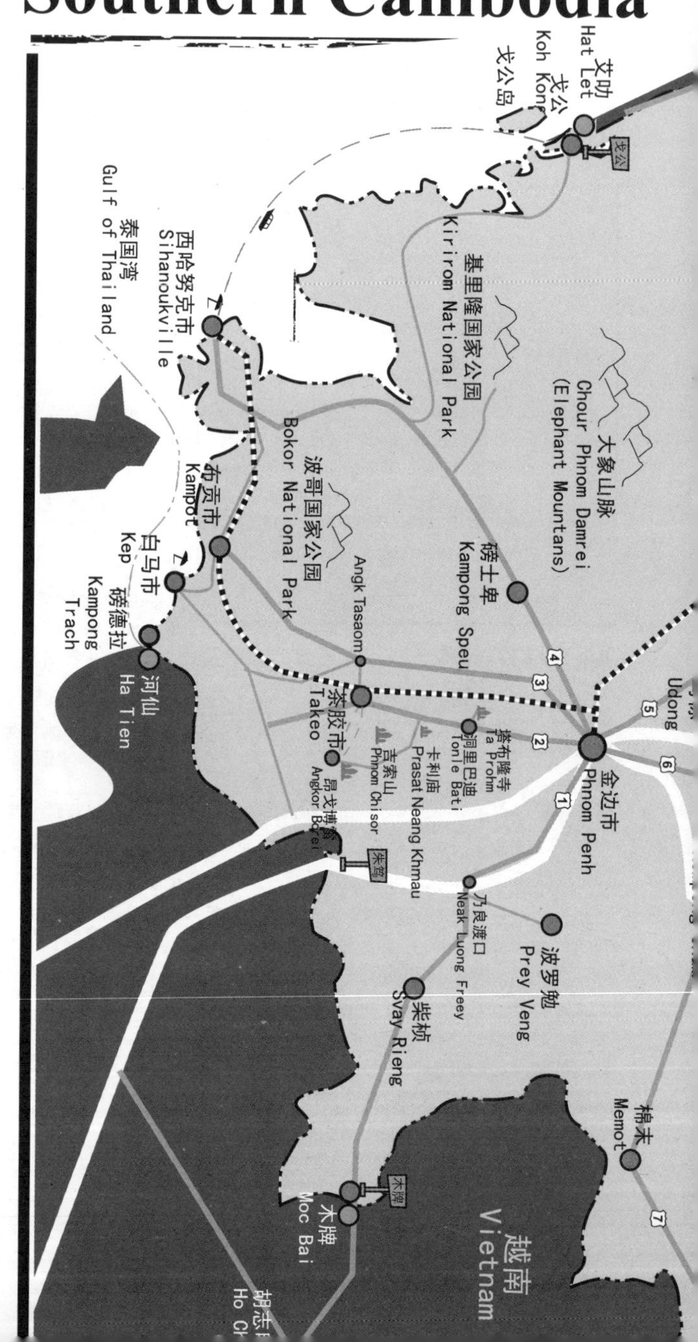

"1960年，刘少奇和中国代表团就是在基里隆发表了“中柬联合声明”。

基里隆国家公园
Kirirom National Park

正式名称：Preah Suramarit Kossomak National Park

其他名称：基里隆山城，hill station of Kirirom，涅·刁龙旅游城

中文意思：美好的山

位置：金边西南112公里，西哈努克城北147公里，4号国道以西的25公里；在大象山脉西侧。戈公省与磅士卑省的交界处，奥拉山和豆蔻山的交界处。

海拔675米，面积3500公顷。由于山脉挡住了从南方刮来的海风，使这里的雨水充沛，降雨量达3000毫米。因此，这里天气凉爽，空气清新，气温平均比金边市低4度。

这样的气温非常适合动植物的生长，因此林中动物和植物种类繁多。动物约有200多种，主要的动物有虎、豹、象、野牛、鹿、兔子等，近年还有人发现了罕见的灵猫。植物有105种。

林间有很多吸引人的野生兰花，品种很多，非常漂亮。最特殊的是，那里有柬埔寨独一无二的松林。

1944年，柬埔寨国王西哈努克曾骑象上山，在欣赏美丽的山林风光时，他突然发现了松林，感到非常奇怪，简直不敢相信自己的眼睛。他说，“松林在法国才有，真没想到柬埔寨也有这样漂亮的松林。”于是在1944年4 月17日，西哈努克国王把这里命名为“基里隆（美好的山）”。

1946年开始修筑基里隆地区的公路和桥梁。1963年基里隆改名为“涅·刁龙旅游城”。

涅·刁龙是一名高级军官，曾担任政府首相，被西哈努克国王封为亲王。因为他曾为建设基里隆公园做出了突出的贡献，所以就以他的名字定为城名，基里隆也因此成为柬埔寨非常著名的城市。那时，这座美丽的山城经常接待国内外高级代表团。经过20多年的战乱，柬埔寨的许多旅游区遭到破坏，但基里隆却躲过了灾难，保存得较为完整。

1993年5月，柬埔寨举行了战后第一次大选。11月1日，新选举成立的柬埔寨王国政府就根据西哈努克国王的旨意把基里隆定为“国家天然公园”。

这里还有一座奥地利投资2200万美元修建的水电站，但在战争中被废弃，最近已由中国帮助重建。

基里隆除了松林和兰花外，还有10个重要旅游点，其中最有名的是沸水、三层瀑布、国王新旧别墅、寺庙、响水、石山和天然风光等。

每个旅游点都有停车场、供休息用的茅草棚、饮料摊位和垃圾箱，通往各旅游点的路上都有路标和有关保护动植物的标语。

基里隆公园里奇特的沸水深藏在大森林中。它是被一个志愿考察小组发现的。这个志愿考察小组在那里拍摄制作了一盘长达2小时的录像带。

他们发现，沸水以井和坑的形式存在着。坑有大有小，大的像池塘，最大的热水池长三四十米，宽七八米。水很烫，水坑周围植物下面的土也是烫的，但绿色的植物却在正常地生长。沸水清澈见底，不停地从地下向上冒出，然后不断地流入小河，随着沸水慢慢地流得越来越远，水温也就逐渐由烫变温。

住：若想在公园里留宿，公园内有小旅馆，$5/晚。

交通：从金边去基里隆非常方便，沿着宽敞平坦的4号国家公路可直接到达基里隆，从山脚下到山顶25公里的沥青路也很好。
可以乘从金边到西哈努克的公交车，中途在Preah Suramarit Kossomak National Park标志的地方下车。 然后，你可以打摩托绕公园走一圈。
最好的方法是在金边包一摩托或在Capitol GH联合一帮同行者共包车。

贡布省 Kampot

从金边向南伸展的3号国道和铁路在这里会合，向西通向西哈努克城。向东就是曾经的度假胜地白马。安静的贡布像一个用于衔接“烦嚣”的中途驿站。

贡布市 Kampot

其他中文名称：工不、贡不

位置：距离金边148公里，离西哈努克市110公里。是通向白马市和波哥山及其他海岸城市的驿口。

背包者们的目光慢慢开始投向这个平静的河岸边小城。安静的街道、气氛古雅、游客很少、中国民初及法国殖民建筑、轻松的气氛、便宜而新鲜的海鲜。信用卡及旅行支票除在Marco Polo和Garden Bar外，其他地方都不可用。市场附近有兑换店。银行不提供兑换。Acleda Bank 有Western Union services。市场附近和城中心各有一家网吧，里面只有一两台可供上网的电脑。$6/小时。

市内交通：

打摩托：1000-1500R。租摩托出租：Cheang Try Rental (012-974698)100cc ($4-5/日) & 250cc ($5-7/日)。Marco Polo 和Sok San GH 有四驱车出租。

来往布贡的交通：

金边—布贡：3号国道条件差，3小时车程。

出租车：Psah Dumkor市场(莫里旺大道和毛泽东大道交汇点）或中央市场西侧：3小时，8000-10000R/人，包车：$20

火车： 上午6:30金边发车，2800R，6-8小时

小巴 5000R；打过路车 4000R.

西哈努克—贡布：途中经过4号国道和3号国道，需时约1.5-2.5小时。公路路况不错。出租车： 市场附近10000R/人、 $17-20包车。沿4号国道行驶43公里到韦仑（Veal Renh）， 向东拐进3号国道，路况让速度开始缓慢下来，但一路上都是很好的风景线。

火车：周一三五.10:00AM后到布贡 6:30AM，好风景

贡布-茶胶： 的士5000R/人，小巴或乘便车更便宜。在安塔松(Angk Tasaom)再换摩托车或拖拉机13公里。

住：Borey Bokor Hotel：$10-25，市中心，58个房间. 会议室、 发电机、 电视、 冰箱 、热水、空调、干净,Tel:033-932826；Heng Kong You GH:$5-10，空调、风扇、餐厅；市中心,Tel: 012- 757527；

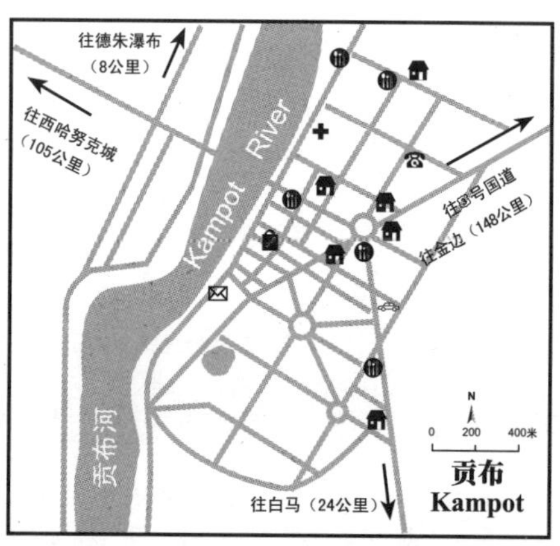

Mealy Chenda GH：$3-6，城北，市场西北角对面，散铺、风扇、床，有线电视，餐厅，旅行信息、组织短途旅行，Tel: 012-831559

吃：一些餐厅有英文菜单，都供应海鲜，价格合理，环境幽雅。 Internatlonal Restaurant 市场东北角，早餐、午、晚餐。中西柬口味。$1.5-4。 Heng Kong You Restaurant 回旋处南边，中西柬口味、 柬式早餐， 价格合理， 6AM-10PM。

德朱瀑布 Tek Chhouu Falls

其他英文名称：Teuk Chou Waterfall

距离贡布市北8公里,旱季水流很少。 避暑胜地。当地人喜欢去。从得朱向上走山路18公里，有一个瀑布。前往之前最好先找一个向导。

贡斋河

其他名称：甘寨河

森林茂密，激流奔腾，瀑布从天而降。许多野生动物——大象，当然还有老虎、鹿、麂，在林中河畔出没栖息。色彩斑斓的鸟儿在林中自由飞翔；四处开放着兰花，散发着迷人的芬芳。

原封不动的遗弃显赫的城市和寺庙似乎成了高棉人的传统。在上世纪初才建起来的，极尽奢华的波哥山城也在战后遭到遗弃。从皇室到子民，没有人要去重建或捣毁它。让它在岁月里被自然力慢慢地、一点点地吞噬。

波哥国家公园
Bokor National Park

中文意思：牛背上的肉峰

正规名字：圣莫里旺国家公园

位置：象山山脉上，贡布、磅士卑、戈公和西哈努克城四省市交界处，距贡布省省会贡布市41公里。

门票：$2

导游：$10-15/天/车，包括油费和汽车修理的费用。

⚠注意：1）山上温度很低，带备保暖、防风、挡雨的衣物。2）可能还有些地方埋有地雷。

柬埔寨南方最大的天然公园。总面积14万公顷。海拔1079米，在波哥山最高点可以俯瞰柬埔寨整个南部海岸。鸟类和野生动物的栖息地。有些已被宣布为世界濒临灭绝的珍稀动物品种。然而，很多动物都只在夜间活动，所以你只有在当地过夜才能有幸看见它们。除了动物资源外，还有丰富的植物资源，最重要的是木材，特别是非常珍贵的乌木。

波哥山从山脚下到顶峰的路长33公里，山路很陡，狭窄，弯曲，为了躲避道路两旁的荆棘和树枝，坐在卡车上的人要不停地弯腰低头。

过去的二十多年里，成为越南军队或者红色高棉游击队的隐匿之地。

波哥山城
Bokor Hill Station

其他中文名称：波哥山皇家别墅旧址

建造者：西索瓦国王（法国人设计及建造）

建造时间：1922年4月3日

用途：皇室和法国官员的避暑胜地。

在历史上被荒废过两次：一次是40年代末，当越南侵占此地驱赶法国人的独立战争时期。另一次是1972年由红色高棉占领与朗诺政权交战时。

有点像中国庐山上的"牯岭镇"，山城由山顶的一组建筑群组成，包括：宾馆，赌场，教堂，皇家度假区等等，和当时的度假胜地白马市一样有完善的生活及娱乐设施。

昔日的度假胜地经过战争和时间的洗礼，现已剩下不同时间的残余和诡秘的遗迹。不变的是终年云雾缭绕和壮观的海湾景色和山区冷空气。大象和其他的动物有时候会出现。在冷天或刮风天，山城会变得相当诡秘，风咆哮着袭向每一座建筑。

海拔高度和居高临下的广阔视野，使它成为战争每一方都想占领的战略要地。

Catholic教堂：这里真有一种"幽灵镇"的感觉，看上去像是昨天才被关闭似的。走进里面，祭坛还在那里，而墙壁上有红色高棉士兵留下来的画。

波哥皇宫酒店(Bokor Palace Hotel)：当你走到一个曾经是露台的边缘，你会看见眼前的森林直伸进海洋里的迷幻景观。然而，不要走到小径上，因为至今还有地雷被安放在偏僻角落里。 酒店里面，你可以来回行走在走廊阶梯间，从下面的厨房穿过舞厅到楼上的套房。想像着它昨日热闹的光景。

五船寺(Five Boats Wat)：五船寺守护着五块巨大的岩石，当地人觉得那些石头像船的形状，故名。1924年建造，面朝着宽广的海湾。西哈努克的外祖父莫尼旺国王1941年在波哥皇宫去世，至今他和王后的骨灰仍安放在"五船寺"前的舍利塔中。

其他遗留建筑：一个旧赌场在检查站对面。 一个邮局和一个旧水塔，看上去像一个宇宙飞船。

住：山脚和山城都可住宿。波哥山城的检查站：卫生间是公共的，有一个厨房供应食物给客人和工作人员。 不要忘记从贡布多带食物上路，这里没有很多的供应。自来水和电在晚上9点后停止供应。晚上非常冷。 风起的时候，窗子密封得不是很好，所以得找东西把它密封。

山顶小旅馆：$5的房间， 很好的卫生间。

交通：从贡布走3号国道向西到一个标识很明显的岔道。最初的25公里是很差的道路，四驱车比较容易通过， 若是骑摩托车（100cc的摩托车是艰难但可行的。）穿越茂密的丛林 。树木的折断经常把路拦截。最好和当地导游一起，他们可以清理这些阻碍。租车：贡布的Marco Polo Restaurant出租四驱车，$50/车，可坐6人。

白马市 Kep 直辖市

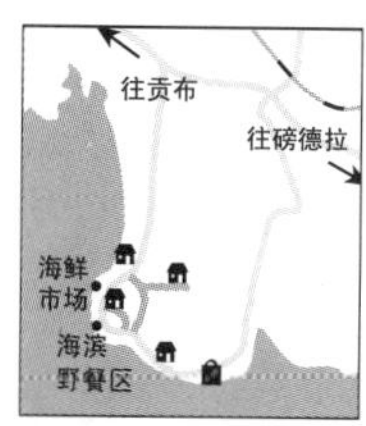

位置：泰国湾上，西哈努克市以东约100公里，贡布市东南25公里，距离金边172公里。

白马在60年代曾为著名的避暑胜地，背山面海，气候温和，海滨浴场宽阔。如今已经沉静下来。剩下森林和无人的沙滩、甚少的服务业。

白马沙滩：6公里长的棕榈沙滩，一度曾是法属殖民地時代的豪华休闲别墅区，目前像一座鬼城。

白马山：屋舍依山傍水而建，极目远眺，暹罗湾海景尽收眼底。

海鲜市场：可购买新鲜螃蟹由当地人帮助煮熟，味道极其鲜美。蟹最棒，如果没有在海边野餐就不算到过白马。

住：Champey GH：$6-7，酒吧、餐厅、法式菜、潜水、短途旅行服务 ，海鲜市场附近。Kep Seaside GH：伸到海上单人房$6/双人房$8，餐厅，租船、潜水 Tel：012-758274。贡布的Marco Polo Restaurant在白马海滩上出租木屋别墅 。可住六人 $110-140/周末或周日，$500/周

吃：在白马找吃的最容易。路边有很多竹寮供应海鲜，预先讲好价钱。全国吃蟹最便宜的地方 5000R/公斤。也可以在水边进行海鲜野餐。租一张席子或直接找一块空地坐下来，兜售海鲜的人会上前来供你选择。小心你确定好要的食物的分量和价钱，否则会有麻烦。

交通：到贡布：25公里，路况好，30-45分钟 。摩托车：$2-3。到金边：在市中心，出租车： $20/车。走3号国道，道路条件很差，四驱车或摩托车才可以通过。 全程大概4小时，经贡布会好走点。

磅德拉 Kampong Trach

⚠此口岸不对外国人开放。

很小的边境镇，通向越南边境河仙（Ha Tien)贡布到磅德拉的沿路景色很美。最吸引人的地方是石灰岩山洞里形成的钟乳林。据说有些洞穴可通到越南境内，是探洞爱好者的快乐天堂。

戈公省市 边境 Koh Kong

中文意思：弯曲的岛

位置：与泰国接壤的最西南的端点

是柬埔寨的南大门。在这里可以同时感受到泰国和柬国的风情。越来越多从泰国过境的游客在这里停留一晚。戈公省有全国最长的海岸线，濒临美丽的泰国湾，适合十钓鱼、潜水、森林徒步。

Pacific Commercial Bank可兑现旅行支票。在市场里可换外币。 和柬西部其他地方一样，打国际长途使用泰国的电话系统，相对便宜。

住：

城外很多简陋的钟点房间。 Preas Charm Perth Vong Hotel：单人房150B 。Koh Kong GH，200B。Punieee Nay Hotel，200B。Rasmay Buntkan Hotel，200B.

Koh Kong Hotel：河边、风扇、公共卫生间100B,带卫生间150B，带卫生间、电视200B。

Phkaousaphea Hotel：空调、卫生间、电视300B;泰国商人居多。

Koh Pick Hotel最安全，最大的宾馆。双人房空调、卫生间、电视300B，风扇的简易房间100B。

吃：

河边的餐厅，看日落用餐。

市场天黑前关门。旅馆餐厅有海鲜。

交通：

飞机：金边皇家航空和总统航空

船：每日往返西哈努克$16。

戈公发船：早上7:00。西哈努克发船12:00。

金边皇家航空(RAC) 往返于金边和戈公，3班/周。$50/单程、$100/双程

关于来往戈公的详细内容请阅读P307。

干单 Kandal

中文意思：中间、中央

吴哥陷落后，王国一边挣扎抵御、一边迁徙图存；在最后定都金边之前，乌栋和洛韦都曾经是高棉的临时国都。

乌栋 Udong

其他名称：Oudong、乌顿山、乌廊山、八柱庙山
中文意思：高贵的
位置：磅士卑、干单、磅清扬三省交界，5号国道上，金边西北40公里，1小时车程
海拔:200多米

最早的建筑可追溯到13世纪。16世纪安赞一世（1516-1566年）国王在此有所建设。17到19世纪成为柬埔寨的首都(1618-1866年)。之后成为历代国王骨灰塔集中地，相当于皇陵。

交通：金边40公里，5号国道向北走。过了 Prek Kdam渡口再走4.5公里在岔道上左(向南)转，再走3.5公里就到了乌栋。最便宜和最方便的方式是在金边中央市场坐空调巴，班车每30-45分钟发一趟车（2000-2500R）在进乌栋的岔口的地方下车，打摩托到乌栋山脚（1500R）。到磅清扬的车也在这里停站。出租车到乌栋山（$20/往返）甚至可以包括到磅清扬。金边的Capitol GH 可以找到出租车$5/人，双程。摩托车也可以到乌栋，$6/天。

阿泽塔乐山 Phnom Preah Reach Throap

其他名称：皇家山
位置：乌栋山两个山包里较大那个山头

又名“皇家山”，据说在16世纪在与泰国交战的时候，高棉国王以此为临时居住点。

八柱庙 Vihear Preah Ath Roes

其他名称：中国庙、龙庙、Vihara of the 18 Cubit Buddha
位置：阿泽塔乐山
建造时间：1911 年
建造者：西索瓦国王

传说此庙是中国古代国王援建的，所以也叫中国庙。1970年，朗诺政变，战争爆发。乌栋山成为战场，龙庙被炸毁，八根大柱东倒西歪，围墙尚完好。八柱庙旁边有一尊高大的佛像，后毁于战火。现仅剩下佛祖的部分莲花宝座和塑像的半边身体。

神牛庙 Vihear Preah Ko

位置：距离八柱庙120米第一个的第一个寺庙。

Chet Dey Mak Proum

莫尼旺国王（1927-1941)安息的地方。有神鸟伽鲁达和大象，顶上是巴戎风格的四面像。新近粉刷成黄色。

Tray Troeng

装饰着彩色的花砖，在1891年由诺罗敦国王建造安放他的父亲安东国王（1845-1859)的骨灰。

Oamrei Sam Poan

由国王哲塔二世（1618-1626年)建造，为安放他的前任Soriyopor国王的骨灰而建造。

洛韦 Lovek

其他名称：洛越、龙韦

在乌栋的东北不远处，坐落在洞里萨河的西岸，只能从Prek Kdam乘船到达。洛韦是一个临时的柬埔寨首都，在吴哥时代和乌栋时代之间，在16世纪曾经繁荣，但在1594年被新崛起的 Ayutthaya王国（或者暹人）攻破和掠夺。城中收藏有吴哥时代以来重要文献、文物的皇家图书馆也被大火焚毁，把人们对吴哥帝国所能保留的记忆线索也烧得一干二净。

茶胶㊅ Takeo

在参观过吉索山后，中午回到茶胶进午餐，午后去参观昂戈博雷，看辉煌的日落。

洞里巴迪㊏ Tonle Bati

其他中文名称：洞里巴地
位置：2号国道。距金边33公里，茶胶市北44公里
建造者：阇耶跋摩七世
包括两个吴哥时期的寺庙：塔布隆寺和Yeay Peau。

交通：在豪华-云顶汽车站上车，第一趟车在上午6:50，然后从8:00到10:00之间每小时一班车到茶胶，在洞里巴迪寺下车（3000R），打摩托进去2.5公里。茶胶回金边的班车：一小时到洞里巴迪。事先跟司机说好在往塔布隆寺的岔道上停站给你下（3000R）。

塔布隆寺 Ta Prohm

建造者：阇耶跋摩七世
位置：2号国道上（寺庙离开公路2.5公里）金边以南33公里，茶胶市北44公里
通道：东门进出

Yeay Peau

位置：塔布隆寺北150米，大约5分钟的步行距离。

以布隆王的母亲名字Peau命名。传说，12世纪初Preah Ket Mealea国王在此区域旅游，遇到了一个叫Peau的年轻女孩，并与她相爱。很快，Peau怀孕了。而国王，就要回吴哥。临走前，他留下了一个钟和一把圣剑以证明即将出生的婴儿就是他的亲生儿子。不久，孩子出生了，Peau给他起了名叫“布隆”。当布隆知道他的父亲是Preah Ket Mealea国王后，他便到国王那儿一起生活。很多年后，他回到他的母亲那里，但没有认出他的母亲，反为她的美貌而倾倒，要她成为自己的妻子。Peau说她是他的母亲，布隆不相信。他们决定举行一场竞赛来判定谁说的是真相。分成男女两队，分别由布隆和Peau带领，看谁最快建成寺庙，若是布隆比Peau快，Peau就要嫁给布隆。盖房顶时，Peau用糖果造了一颗假的启明星放在顶上。男人们于是就去睡觉了。而女人们继续工作，最后当然是女人们胜利了。布隆承认了Peau是他的母亲。

吉索山 Phnom Chisor

位置：茶胶省三隆县，距金边市约57公里。
山高：约360米
交通：金边到吉索山，包括在洞里巴迪寺停留$8/人，$25/车。从金边出发，沿2号国道南走55公里处，东面有一个岔道，边上有一个Prasat Neang Khmau（女神卡利庙），就是从这里进入吉索山。Prasat Neang Khmau在洞里巴迪南21公里，茶胶市北23公里。最便宜的方法到吉索山是从金边中央市场乘到茶胶的班车，在Prasat Neang Khmau中途下车（4000R）；下车后，打摩托车到山脚（4公里，1500R）。
参观时间：平時到吉索山的遊人不多，但一到节假日，尤其是新年，遊人就會蜂拥而入。最好在清早或黄昏到达吉索山山顶，避开中午的阳光。
上山路径：除了车道外，还有3条上山的路。
步行阶梯：东路：古路，390级阶梯，坡陡路窄，破旧不堪，从这里上山的人很少。南路：412级水泥阶梯。陡峭，两侧有小亭子，遊人登山累了，可在小亭子休息，同时还可以俯瞰山下的美景。（15分钟）北路：230级水泥阶梯，平缓。（15分钟）南北两条路都是20世纪50年代修建的。最好的路径是北梯上，南梯下。

吉索山寺

位置：山顶
建造时间：11世纪

发现了11世纪的碑铭，那时候，这里被称作Suryagiri。寺庙久经风化，已遭到严重破坏。站在吉索山顶鸟瞰，呈现在眼前的是一望无际郁郁葱葱的山林。在透过走廊的窗棂向东望，非常震撼：由最早的婆罗门建筑者修建的又长又直的古道还清晰可见。一个大型的天然湖泊在远处闪闪发光。900年前，婆罗门和他们的随员就是从东方踏着这条路走向吉索山，然后向上爬390级的步梯到达Suryagiri。

茶胶的中文意思“宝石爷爷”名称从何而来已不得而知了。今天的它像个盛满珠子大玉盘，从扶南时期到吴哥后期，跨度长达十个世纪的高棉不同时代的建筑遗迹闪闪发光地散落在这里。

茶胶 ㊮

Takeo

位置：2号国道上，金边南77公里

茶胶市是参观昂戈博雷地区的旧寺庙的留宿地。比其他省区更多殖民地色彩的建筑。在雨季，它变成一个湖滨城镇，它的郊区都会被洪水围困。

住：Phnom Sonlong GH，河附近，$5/双人房，带风扇。Boeung Takeo GH，湖附近，$6风扇、$10空调。比市场附近的环境好。Chhouk Meas Hotel，市场附近，$7卫生间和风扇；空调$12。

吃：Rstaurant Stung Takeo:鸟瞰茶胶河，当地比较受欢迎的餐厅之一，也是走2号国道时，途中中午进餐的好地点。

交通：空调巴（4500R；2小时）从金边的中央市场出发到茶胶：上午：6:50，8:00，9:00，10:00，11:30，下午1:00，2:00，3:30，4:30。这些班车都经过洞里巴迪和吉索山，你可以把他们列到你的旅游行程中。从金边乘出租车到茶胶6000R/人，中巴3000R。

贡布：打摩托或机动三轮车走13公里到 Angk Tasaom，然后换出租车或中巴到贡布。

铁路：茶胶在从金边到西哈努克城的铁路线上。金边出发的火车在每周一、三、五上午6:20发车到茶胶（1500R，3小时）。从西哈努克市到贡布的火车在周二、四、六上午大约在10:00 停茶胶。(1500R；3小时)

《黑天托起牛曾山》，在昂戈博雷出土，16世纪，现藏于金边国家博物馆，“自由的线条”与吴哥时期的“图案化”有很大的不同。

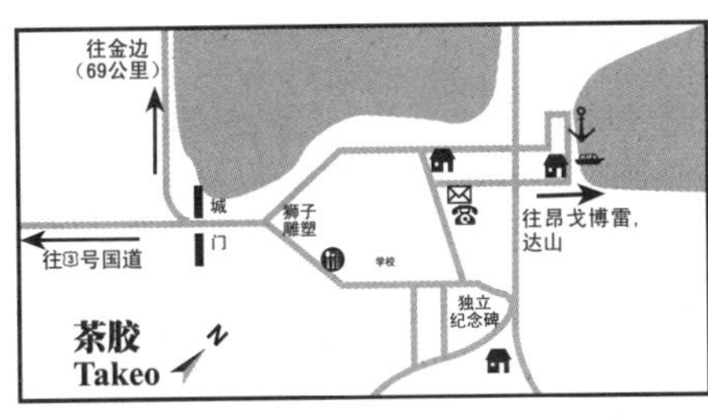

昂戈博雷

Angkor Borei

位置：茶胶市东面20公里。

建造时间：8世纪前，扶南时期

水真腊的首都——著名的Vyadhapura城。现在是一个小镇。当年的辉煌景象几乎荡然无存了。镇上有一个小博物馆（Angkor Borei District Office）展示着一些真腊时期的器物，包括寺庙的雕刻，碑铭和湿婆的林迦。门票 $1。

达山

Phnom Da

位置：昂戈博雷边5公里的一座山顶上

建造时间：7或8世纪

门户开向北，柬埔寨最早的石构建筑之一，还保存得相当的完好。在雨季，山周围的土地被水淹没，突起的山就成了水中的孤岛。你要雇艘船到山脚边。在旱季，可以从公路到达。

交通：从茶胶乘船到昂戈博雷或达山大约4000R /人，若没有其他人前往，那你可能要用$20包船。在旱季，可以走公路（出租车2000R/人，摩托车5000R），到昂戈博雷后乘船到达山。

磅清扬省市 Kampong Chhnang

中文意思：锅码头
位置：洞里萨南侧，距离金边90公里车程，

盛产柬埔寨特产“笋壳鱼”、“大头虾”，在此可以看到依然完整保留下来的传统“水上人家”的生活形态。是洞里萨湖南侧最重要的捕魚和交通中心，金边和吴哥之间的贸易中转站。
人口约15000人，本地亦以陶器闻名。是一个旧殖民地城市，有公园和很漂亮的殖民地色彩的房子。没有银行，在邮局可以打电话和传真。

住：只有两家旅馆：Rithesen Hotel洞里萨河上：单人房$5，双人房$8，空调单人房$8，空调双人房$12。 krong Dei Meas GH：城中心，带卫生间$5。
吃：Mekong Restaurant在独立碑附近， 价格相对贵点。 Half Way Pub & Grill酒吧和西式餐厅。
交通：金边（豪华-云顶汽车站）每日发车： 6:50、9:00 、11:30、14:00、15.30（大巴5000R，途经乌东；小巴4000R） 从磅清扬乘快船到暹粒，8:30AM后：30000R。

柴桢省市 Svay Rieng

住：Santepheap GH $5；Samaki GH $5。河对岸：Vimean Monorom Hotel；空调和电视，风扇$5 空调$10-15

吃：餐厅都带卡拉OK和舞厅。Sereipheap Restaurant：日落景观。河边附近： Pieh Restaurant；Riverside Restaurant。

交通：在金边莫里旺桥的另一端的Psar Cbah Ambel（Cbah Ambel 市场）合坐出租车，约7000R/人。但很多出租车最远只愿意到乃良渡口（Neak Luong）不想花 $1的过渡费。
乘很舒适的空调巴(4000R)从中央市场到乃良渡口，过渡(100R)后，合租的士到柴桢 4000R/人。

柬越边境的Bayer镇到柴桢。很多司机不愿意单把你拉到柴桢。他们都想一直载你到金边，所以你可以先和其他到金边的旅游者上车，后在柴桢下车，约$1。出租车在柴桢的市场附近把你放下。但这不是市中心，你要走一段路才能到达旅馆和餐厅集中的地方。

波罗勉省市 Prey Veng

中文意思：长形的森林

11号国道上的乃良渡口（Neak Luong）和磅湛之间 ，很少旅游者使用这条路。有很多殖民地建筑。城里有一个不常开放的小博物馆。

吃住：Kessor Hotel$5, Chongpan Hotel 望河景观，房间，$8单人房、$10双人房；
Chongpan Restaurant，望河景观，舒服。
Mittapheap Hotel 最好的地方，$5，空调$12。
Mittapheap Restaurant,Mittapheap Hotel对面，旅游咨询中心和博物馆附近，城里最好的餐厅。

交通：金边东70公里，磅湛南83公里。
最便捷的方法：在中央市场乘空调巴到乃良渡口（Neak Luong）4000R， 渡河100R， 包出租车（2000-3000R/人）到波罗勉。
小巴和出租车来往于波罗勉和磅湛之间，约2000R单程/4000R 往返。

东部地区
Eastern Cambodia

金边向北进入第三大城市磅湛后，沿7号国道向东北，跨过桔井，就开始进入一个几乎被时间遗忘的偏远地带。这里生活着的山居部落也像是被现代文明遗忘了。

这里的山峦、瀑布、火山湖还不曾被“有心人”渲染和传颂。对于喜欢“纯”自然的背包者，它或许将是继吴哥以后柬埔寨的另一引力所在。当然，要踏足这片“处女地”，得要更充裕的时间和更昂贵的交通费用。

磅湛省 Kompong Cham

殖民时期的重镇。柬埔寨的第三大城市。橡胶种植业中心，城外有10世纪的寺庙遗迹。

磅湛市 Kampong Cham

其他中文译称：磅针

中文意思：占婆人的码头

位置：金边北124公里，湄公河西岸

首都金边通往东部和东北部的必经之陆路。河对岸的洞里贝是重要渡口。因战争其间被炸断的横跨洞里萨河的水净华大桥在日本援助下重建。

人口3万。殖民时期的重镇。柬埔寨的第三大城市。橡胶种植业中心，城外有十世纪的寺庙遗迹。

河边附近有很多餐厅旅馆。城里有很多银行 ，可兑现旅行支票。 到处都有国际长途和传真。

吴哥王朝的创立者阇耶跋摩二世曾建立了数个首都。第一个首都叫“因陀罗补罗”，它就正位于现在磅湛市的东面。

吃：有很多好餐厅，市场附近也有很多。柬中泰菜都有。Ponleu Rasmei Hotel旁，环境优美，价格合理，服务热情。6000-10000R/一道菜。

住：在市场外的街道有些廉价旅馆的广告说是5000R，但其中一些可能是每小时5000R。所以要小心。 要河流景观的：Chumnor Tonid 大双人房，带卫生间$5，带空调$10。Bophear GH 最好。友善，双人房带卫生间和风扇$5。市场和河之间：Monorom GH大房间，卫生间$5，小房间一床$4。Lucky GH 双人房、风扇、卫生间$5 。 市场西远点：Anghor Chum GH风扇，卫生间 $5,空调 $10。Mittapheap Hotel 城中心回旋处，卫生间、电视、冰箱空调$12。

交通：见P315

安哥寺 Wat Nokor

其他名称：诺哥寺、普利安哥、瓦特吴哥、Prey Nokor

建造者：？

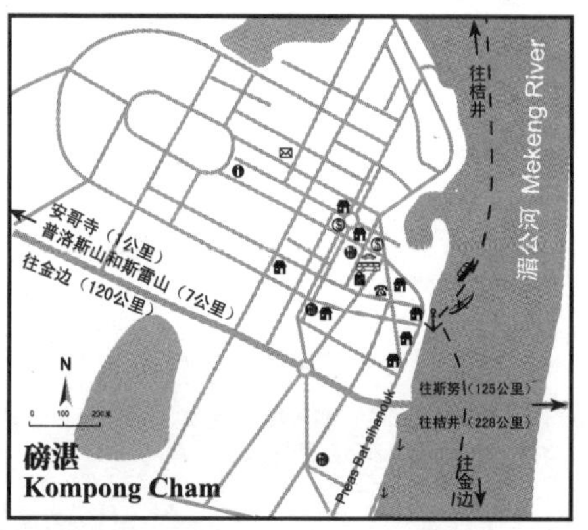

建造时间：10世纪

位置：城西1-2公里（7号国道）

曾是高棉的首都，围墙内有两座圣殿。初建为大乘佛寺，15世纪变为小乘佛寺。可惜的是在古老的拱道上嵌入了很多新修的寺庙， 神龛里有一个大卧佛。在大环圈的岔道向左拐，走半公里土路到达寺庙。

普洛斯山和斯雷山 Phnom Pros & Phnom Srei

其他名称：普利斯特普利斯雷、男人山和女人山、Preah Theat Preah Srei

位置：城西7公里

802年，曾被苏门答腊舰队所攻占。

把山命名作“男性”和“女性” 当地传说：一个是男人，另一个是女人。他们协约在一天结束之前把一个塔建好。 女人点了很大的火堆，把周围都照得通亮，男人以为太阳出来了，于是就停止了工作，结果女人赢了。不久他们结为夫妻。

交通：可以打摩托车去，$2/往返。

桔井㊔ Kratie

一位西方作家曾在一本书中提及桔井时，这样写道："上帝造世界时，最后造了此地，把剩下的东西都放在这儿了。"此后，桔井也被美其名曰"世界尽头"。

桔井㊟ Kratie

中文意思：香粉

位置：金边北343公里，湄公河东岸，通向腊塔纳基里省和蒙多基里省的门户。

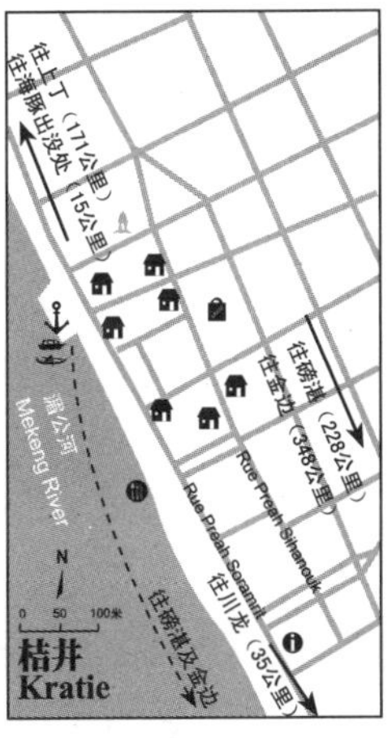

桔井是小地方，可以活动的地方离码头不会超过200米。还保存有法国殖民时期的建筑。码头附近有3-4个旅馆，还有几家餐厅供应高棉菜、越南菜和中国菜。河边有很多卖啤酒和饮料的小店铺，你可以坐下来欣赏湄公河的美景。市场附近的邮局可以发传真和打国际长途。城南的河边有一个旅游咨询中心。

住：Santepheap Hotel：$5。两条街外的Star GH，干净，带洗手间,$3。Rue Preah Sihanouk路上的市场附近的旅馆较便宜。 Vimean Tip GH $2/房。 Hy Heng Ly GH 5000-10000R/房。 December 30 GH, Rue Preah Soramrit路上10000R。

吃：除了旅馆附设的餐馆外，市场附近也有两家餐馆。最好的是December 30 GH旁的Mekong Restaurant.据说它出品全柬最好吃的薯条。

交通：P315

松博 Sambor

找一条船或是一辆出租车，后者安全点。到桔井北面30公里的地方，有一个很漂亮的河边小村落叫松博。它的不远处，就是8世纪，前吴哥时代的遗迹，但在挖掘与修复之前，可能你很难看到什么具体的东西。

湄公河海豚 Freshwater lrrawaddy

全程所需时间：不到半天时间。

海豚出没位置：离桔井县城15公里。其中一个集中区域就是一个叫Peek Kampi的小村落，在桔井南面约17 公里，可以看到大约20条一群的海豚。

海豚出没时间：清晨或午后看是最好的时间。尤其在旱季，水位下降，最容易看到。

存活量：在柬正濒临灭绝中，专家估计，剩40条左右。

濒临灭绝原因：遭受着水雷、鱼网、机动船等的伤害。

旅游者的光临让它们受到了前所未有的关注和保护。 政府的旅游部也希望开发此地成为吴哥以外的另一个吸引点。

因为有一段水域水特别深，而且礁石密布，船只不能通航。很多去看海豚的人都惊讶于这个地方的静谧。看海豚的地方是一片开阔的河面，远远水中点缀着几十个绿岛。河中不过有3、4只小船静静地浮着，船夫不时轻轻摇橹确保小船不要向下游漂开太远。本来以为这会是耐心的等待，却不想河中的海豚完全不理会河面的船只，不时三五成群地到水面换气。

海豚有时会游得离岸边很近，它不怕人。柬埔寨人从古到今很有意识地保护动物，他们视很多动物为神，甚至不敢惊动它们，更不要说去捕杀，所以我们才可以看到这些已经濒临灭绝的可爱的小生命。银灰色的身躯，头部圆圆的，两个前肢就像人类的胳膊，尾部像传说中的美人鱼。

交通：也可以租船下河。你可以更有机会接近它们。30000R-$6包船，一小时。回来，摩托车$2。

上丁省市 Stung Treng

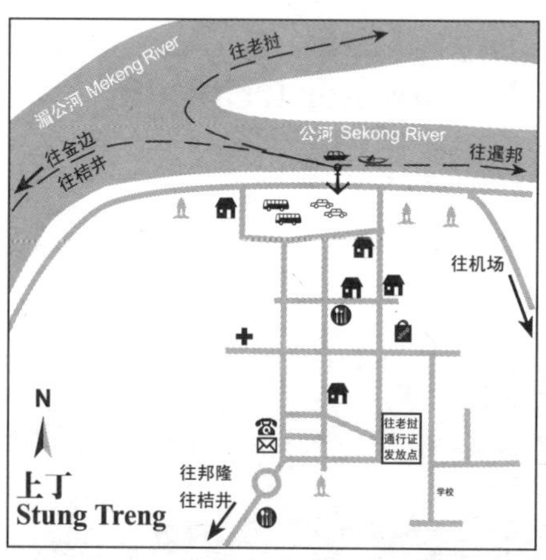

中文意思：芦苇河

位置：柬埔寨北部，与老挝接壤。距金边约300公里，南距老挝40公里。

人种为柬、老、泰。以渔业、贸易为主。

瀑布、急滩、观鸟是这里的旅游热点。旅游者往返于腊塔纳基里省和桔井时，在这里停留一晚。有住宿的设施，在市场的西面也有两三家餐馆供应高棉菜或中餐供应。用很少的钱就可以租一艘船到城市北面的大约50公里的老挝边境。沿途非常安静。

可以从上丁乘船逆湄公河而上到Phumi Thalabarivat——前吴哥寺庙的遗迹所在地。从上丁乘船沿着公河（Tonle Sekong）逆流而上可以到暹邦（Siempang）。

住：Modern Sekong Hotel 风扇和卫生间的房间$10，带空调$20。Amatak Hotel：$5。

腊塔纳基里省 Ratanakiri

其他中文名称：拉达那基里

中文意思：宝石山

位置：柬埔寨的东北尽头，与越南和老挝接壤。

与柬其他地区的文化有很大的不同——深山密林，它是 Jorais、Tampuans 和 Kreungs 等山地部落的家园，他们过着与世隔绝的生活并一直保持着独特的传统。瀑布、山林、火山湖，且拥有丰富的野生动植物资源。来到这里才是真正的世界的边缘——游人罕至。

政府旅游部开始制定规划，投资发展腊塔纳基里省的旅游项目，包括交通、水电、饭店等，要把腊塔纳基里省开发成为继暹粒省吴哥地区和海滨城市西哈努克市之后的另一个重要旅游区。

省内交通：交通费比柬其他地区的贵，从Mountain GH租一辆摩托车，$8-10美元/天。Ratanakiri Restaurant租得便宜点。吉普车在市场附近能租到。坐6人$30-50 /天，看你要到什么地方。游客可以租骑大象，参观周边村落。

邦隆市 Ban Lung

其他中文名称：万隆

位置：金边东北大约600公里处。

中文意思：低地村

腊塔纳基里省原来的首府斯雷博河（Srepok River）旁的隆发，现在邦隆取而代之。这里本来叫“拉邦谢”（Labansiek），但是人人都只叫他邦隆。当地人相当友善。有邮局，可打国际长途。没有银行。可以在市场的珠宝店兑换。

与柬其他地区的文化有很大的不同——那是山居部落的家园，他们过着与世隔绝的生活并一直保持着独特的传统。大象、瀑布、火山湖——童话里的森林世界。

住：最好的Mountain II GH，旧房子宽大舒服的阳台，双人房 $5，华丽房子，曾经属于一个法国橡胶园主 。但现在已相当破旧。Ban Lung GH：离机场最近，带空调$10。 Labansick Hotel：卫生间、空调，$10。市中心，风扇，$5。

吃：最好的Ratanaldri Restaurant，在Mountain GH旁。 市场附近有便宜的熟食摊，Labansiek Hotel's 的餐厅相当贵。附近有酒吧。

交通：飞机：金边皇家航空和总统航空，2-3班/周，大多中间停上丁。$55/单程，$100/往返。

陆路：金边出发，三天，夜宿桔井和上丁。

从上丁开始是土路，出租车30,000R。打过路车(30000R/驾驶室， 20000R/货厢；7-9小时)。雨季需要时间会更长。7-1月间你可以两天到达。

乘快船从金边到上丁，第二天上丁入邦隆。(60,000R；10小时)

邦隆-蒙多基里：没有正规的路直接从蒙多基里直通邦隆。向南到隆发，再穿过断断续续的泥泞路向南80公里到达距离蒙多基里省北部的高涅（Koh Nhek）。 最好之前先在金边买一张该地区的详细地图和带备精良的指南针，足够的干粮、水。

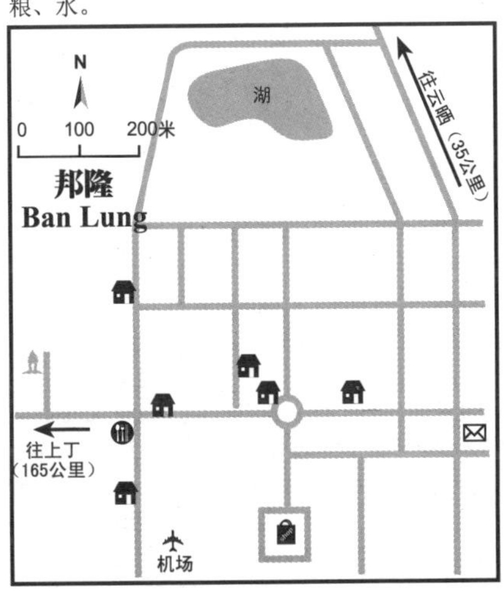

火山湖
Boeng Yeak Loam

其他英文名称：Yaklom Lake

位置：距离邦隆5公里

门票:1000R

茂密森林中间的一个环形的湖。 柬其中最漂亮的地方之一。水极端的清澈，能见度超过5米。 火山湖旁的Yaklom Hill Lodge GH:Tel:012-799211

瀑布
Water Fall

腊塔纳基里省有很多瀑布，雨季和旱季水流量差别很大。 通常最多人去的是杜加翁（Chaa Ong）瀑布，Ka Tieng瀑布和Kinchaan瀑布。带上司机可以躲开难走的路。 若你自己开车且迷路，可以找附近的村民领你一起继续行程。 最为壮观的是杜加翁瀑布，它在森林峡谷中， 你可以从瀑布后面爬上去。

云晒
Voen Sai

桑河（San River）边上的云晒是包括中国人、Lan人和 格楞（Kreung）人聚居的小村庄。 中国人定居在这里的历史，可追溯到1700年前。云晒是往维罗杰国家公园的通道。

维罗杰国家公园
Virachay National Park

盘踞在整个东北角，柬最大的国家公园。维罗杰向东去越南，北往老挝，西到上丁。 公园没有完全开发，大型野生动物的栖息地。

博胶
Ba kev

邦隆东面28公里。盛产宝石的小镇，十分落后原始。 可迂回十米深通道，进入宝石矿看一看，如果你买到了很便宜但未经切割的宝石，那之后可能要付很昂贵的费用去切割。

蒙多基里省 Mondulkiri

蒙多基里省的首府名称叫“森莫诺隆”，译作中文就是“非常舒适”的意思。

森莫诺隆市 Sen Monorom

其他中文名称：山满门隆

位置：该省东南部的丘陵区，桔井的东部。

森莫诺隆市是蒙多基里省的首府。气候温和。公路通金边和邻国越南。有飞机场。农产品贸易中心。周游此地区的惟一基地。

连绵起伏的山峦中的一个富有魅力的小镇。游客不多。整個城市約有3万间房子，分布在各个大小山丘中。当地人主要以务农为主，种蔬菜、水果、橡胶、咖啡等。附近有数个村庄和美丽的瀑布。

这里的物价比柬的其他地方都要贵，因为它们几乎都是从金边或越南运进来的。

通讯相当困难。湖边有一个小型的游客咨询中心，它由Sam Chin经营。他可以说很好的法语和英语，可以为你安排长途旅行和越野活动的向导。另外一个相当熟悉此地区状况的是Long Vibol，他在市场里开药店。他是这村的牙医，还是为村民拍结婚照的摄影师傅。 讲很流利的英文，出色的旅游向导。 准备了相当可靠的关于当地的简易地图，方便游客计划他们的艰难旅程。

住：Peck Kiri GH，在机场有路标，非常好。下午6点后没有电和没有风扇，由于其海拔高，所以晚上不会觉得炎热。单独平房 $10，屋内带洗手间的房间$5，包早餐，如果你不吃它的早餐，房价可能会更便宜。房间里甚至有迷你吧，有软饮品，罐装水，要求下也有从越南进口的啤酒 。老板娘是一个很开朗豪爽的人。Son Sann GH在旅游咨询中心附近，北望有湖景。单人房$6，双人房$12。

吃：旅馆附设的餐厅外，市场周围有一些供应午餐的小食摊。晚上不营业。San Miguel sign 在市场旁边。它出品很好的loklak。有卡拉OK。 Pech Kiri价钱贵一点$4，加$1饮料。但物有所值。

交通：飞机：金边皇家航空2-3班/周，单程$50，双程100。陆路： 雨季几乎不通，艰难的路。旱季从磅湛进入。从陆路到蒙多基里，很让人气馁，从桔井南部的川龙(Chhlong)到斯努，再到森莫诺隆。

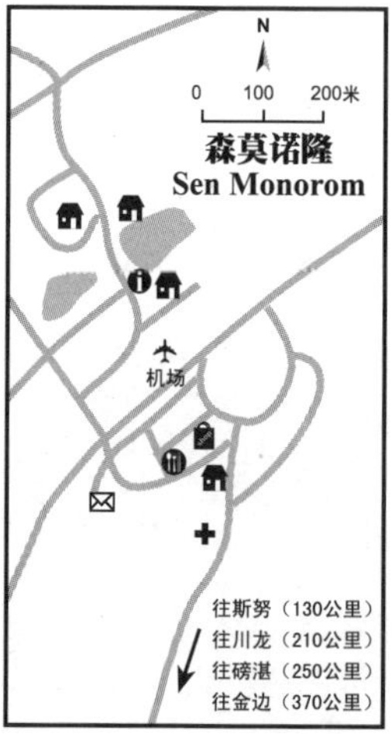

往斯努进发前先收集最确切的资料。 在地图上看的距离跟实际的行进的距离有很大的落差。

乘快船由桔井到川龙（25,000R，4.5小时 ），在川龙打过路车到斯努（10000R/驾驶室，8000R/货厢，1.5小时）。 从斯努可以转乘过路车到森莫诺隆（15,000R/前面，10,000R/货厢，3-4小时）。这样一来，共花$10，你就可以早上从金边出发，在日落前顺利到达蒙多基里。如果在川龙和斯努之间找到过路车的话，最好是找一帮人包车去承担这段旅程。

骑大象 Elephant Trekking

位置：Phulung村，在森莫诺隆北面7公里 ，是象旅的地方。

交通：当地的快乘相当贵，如摩托车120000R/天。前面提到的Long Vibol先生可以帮助你组织象旅。大象通常不在村子里，所以要骑象的话，要提前到那里联系，他们就会为你安排。你可以骑着大象围绕茅屋兜圈子。戏剧性的场景给你一个难忘的经历。通常可以给村长些东西，比较合理的价钱大约是30000R-$10 。

有趣的柬埔寨地名

英文名称	中文名称	含义解释
Preah Vihear	柏威夏	圣寺
Preah Khan	波列欣	圣剑
Kampong Thom	磅同	大码头
Kampong Cham	磅湛	占婆人码头
Kampong Chnang	磅清扬	锅码头
Kampong Speu	磅士卑	杨桃码头
Kampong Trach	磅德拉	毛竹码头
Ta khmau	达克茂	黑爷爷
Ta keo	茶胶	宝石爷爷
Ba kev	博胶	宝石矿
Koh Kong	戈公	弯曲的岛
Koh Ker	高盖	遗产岛
Banteay Meanchey	班迭棉吉	胜利的营地
Banteay Chhmar	班迭奇马	小营房
Battambang	马德望	丢失木杖
Rattanakiri	腊塔纳基里	宝石山
Mondulkiri	蒙多基里	山区
Prey Veng	波萝勉	长形森林
Kep	白马	马鞍
Stung Treng	上丁	芦苇河
Kratie	桔井	香粉
Svay Rieng	柴桢	排列成行的芒果树
Oddar Meanchey	奥多棉吉	胜利的北方
Pursat	菩萨	漂浮的菩提树
Kandal	干丹	中间、中央
Siem Reap	暹粒	战胜暹罗人
Lumphal	隆发	风吹
Sen Monorom	森莫诺隆	非常舒适
Choamkhsan	特崩棉则	潮湿安逸
Sisophon	诗梳风	美女，吉祥
Ban Lung	邦隆	低地村
Memot	棉末	妖魔，女妖
Oudong	乌栋	高贵的

《麦兜的故事》里的一段独白：希望、失望、希望、失望、希望….
已过去！
背着一个高大的白人长官过河。
KODAK EB-2《花样年华》片段 6
那個時代已過去，
屬於那個時代的一切
都不存在了。
Nothing that belonged to
it exists any more.
5A 6
涅槃、骷髅。
烦嚣过后，杀戮过后，
疯乐过后，一切都躺下。
没有一点声音，很安静，很安静。
已过去！
躺/倒下来的，都很安静。
他们都眼睁睁的睡着了。

这里，现在，他们

这是一个在短短40年内
换了五次国号的国家

和平国力发展
生活旱涝贫穷
病疾残障地雷
孩子现在未来
失望希望梦魇
笑靥商人游人

1953-1970 柬埔寨王国
Kingdom of Cambodia

1970-1975 高棉共和国
khmer Pepublic

1975-1979 民主柬埔寨
Democratic Kampuchea

1979-1989 柬埔寨人民共和国
People's Rrpublic Kampuchea

1989-1993 柬埔寨
State of Cambodia

自1993以后 柬埔寨王国
Kingdom of Cambodia

计划部部长莱通说："东南亚除老挝外，柬的生活水平是最低的。"

走在国外，有一点是不会忘记的，且常常念起——我是中国人。但，我常常忘记一个定语——我是居住在中国"经济较发达地区"里的"可支付自助旅行"的其中一个中国人。在中国，还有很多很多地方的同胞的年人均收入大约也只是相当$40，且在此下的"绝对人口"可能是柬的整个国家的人口的n倍。所以在提及这些数字时要小心使用"才"或"只有"等字儿眼。我同样来自一个发展中国家，没有置之度外的余地。

吴哥的文明已经过去，它不真切，它不现实，它只是一个抽象的符号，它不再是神和权的代言人，它已被圈在旅游业的范畴里。它已与神权无关，与王权无关，只与门票或雨旱季有关。柬人以吴哥为傲，正如我们以长城或秦俑为傲一样，对于现实的柴米油盐的生活，他们显得很轻，可有可无了。

它们是用在课本文字里，电视镜头里的被重新彩绘的历史。在走过磅礴后，一起平静下来，一起把焦点收到跟前来，一起来看看我们所置身之中的中央市场、莫尼旺大道，与这里的大学生、小孩子。和残障者们打个照面。还有，让我们一起来读一些数字：土地的耕种率、儿童的入学率、艾滋病的感染率 ……还有，洞里萨湖的"圈湖运动"……

2003年9月，柬埔寨成功完成了柬申请加入世贸成员的谈判。正式成为世贸组织的成员。成为世贸组织历史上第一个入世的最贫穷国家。

柬埔寨国土面积：18.1万平方公里 略大于中国广东省的面积（17.7万平方公里）
柬埔寨人口：1050万 略多于广州市的常住人口（1015万）

让我们一同来感受数字的力量——

经济

在世界174个国家中，经济排位列第140位。
人均国内生产总值：273美元。
外债：约16亿美元，偿还率：零。
柬贫困人口占总人口：36%。
由于长年战乱，人口结构呈现阴盛阳衰，老幼多，青壮少，且教育程度低落。
贫困线以下的人口每天收入：0.5美元。
4%的村庄拥有固定市场。
5.4%的村庄设有银行或信贷组织。
5.4%的村庄设有初级中学。
2%的村庄拥有高中。

实行低工资制，最低工资因地区而不同。
政府普通公务员、军警月工资18-45美元，外资工厂工人月工资35-45美元。
工时：工人每天的工作时间应为8小时，每周的工作时数为48小时。

资源

劳动力：300多万。失业人口众多，基层劳工非常易找，但技术工人及管理人员奇缺。

柬埔寨是农业国，全国90%人口从事农业。
可耕地面积670万公顷，占国土面积的40%。
实际耕种地面积不到可耕地面积的50%。
柬埔寨土地肥沃，可现在，蔬菜得从越南、中国进口；电力要从越南、泰国进口。
国家的森林覆盖面积从70年代的73%降到目前的40%。
“圈湖运动”：洞里萨湖最好的85%的面积以每年20万美元出租给私营机构作“渔业特区”，全年不停歇地超负荷捕捞。本来的渔民则只能在不到15%的面积里进行捕鱼作业。

毒品

联合国国际毒品管制计划一份报告披露，柬成为世界最大的大麻供应国之一。通过执法不严和官员贪污的漏洞，犯罪集团每年出口的非法毒品多达500至1500吨。每年出口毒品赚取的收入，相当于纺织业收入的10亿美元。

艾滋病

是亚洲地区艾滋病感染率最高的国家之一。
全国1100多万人口中，艾滋病患者和病毒携带者20多万人。也就是说，每55个人中，就有一个是病毒携带者。
每天有50人到100人被感染艾滋病病毒。
每年有8万名艾滋病患者死亡。
2001年，2592名18岁以下青少年死于艾滋病，2614名青少年感染艾滋病病毒。
全国共计有3万名儿童感染艾滋病病毒或成为艾滋病患者。仅在2000年，就有1万名儿童感染上艾滋病病毒。
每年有3500名婴儿生下来就已感染艾滋病病毒。每年有200名5岁以下的幼儿死于艾滋病。

一个被束缚在地雷阵上的国家。

多年的战乱，使柬埔寨没花一分钱就“进口”了众多的地雷，同时也给柬埔寨人民“种植”了无尽的灾难：

坐在市场外、守在路桥边向人乞讨的还活生生的“残臂段肢”。

战时埋于地下的久远的地雷可能在某一天会带来新的创伤。重新打开战争的伤口。

战争遗留的新伤口

世界各地布设1亿多枚地雷，估计在柬埔寨就有1000多万枚。而这些地雷大多被埋设在桥梁周围以及实施停火地区的公路、小道和铁路两侧。累计和平后被地雷炸残的约有6万人，占其人口总数的0.6%左右。

排雷工作进行缓慢

柬埔寨从1945年开始抗法战争到后来的内战，战争一共延续了几十年，仗不停地打，地雷也就不停地埋。埋雷的人换了一批又一批，无法掌握地雷埋设的具体位置和数量，就连当年的埋雷人也弄不清究竟埋在哪里、埋了多少。

土地被地雷束缚着

柬埔寨是个农业国，农业在国民经济中占有重要地位，农业人口占85%。可耕地面积670万公顷，约占国土面积的40%。湄公河两岸、洞里萨湖地区有许多天然粮仓，土壤肥沃，阳光充足，是发展农业的有利条件。但由于长期的战乱，大量的地雷造成土地荒芜，农民有地不能耕，使实际耕种地不足20%。

同时，地雷严重影响了柬埔寨的旅游业。如坐落于夏柏威省的夏柏威古寺、高盖古城、波列砍寺都是在雷区里。地雷让这些偏远的地区变得更偏远。

旅行社业内人士预测：最先爱上吴哥的可能是两种人：文化人和商人。

谁会爱上柬埔寨

狼来了！

吴哥铁三角！

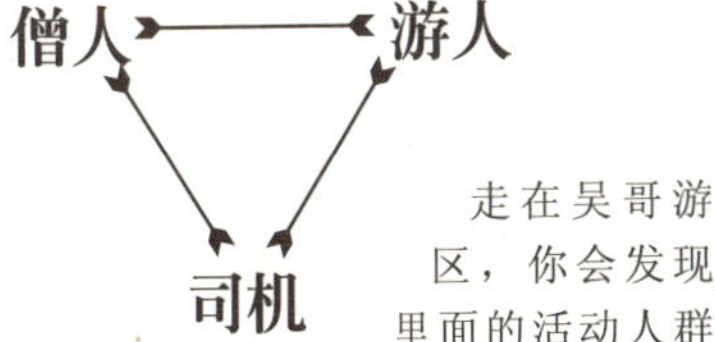

走在吴哥游区，你会发现里面的活动人群基本由三种角色的人组成：僧人、游人、司机，其数量比大概为1：1：1。游区里三五成群的年轻僧人，他们身上的金黄色僧袍在灰黑色建筑衬托下显得十分醒目。他们大多竟能说流利的英语，他们天天都来吴哥，是因为这里外国游人很多，和他们聊天可以提高外语水平。他们有的打算还俗后买一辆摩托车，做个招揽游客的“摩的”司机。

旅游业是柬埔寨优先发展的六大项目之一，也是柬的经济支柱。旅游业发展速度飞快，平均每年的增长率为25%至35%。2000年，旅游业为当地人创造了10万个就业机会，预计到2005年，旅游业将创造16万个就业机会。

据统计，1999年至2001年，中国游客的总人数连续三年排名第二。据估计，中国游客将超过日本排名第一，中国有望成为最大客源地。

为了吸引更多中国游客，柬政府已向中国政府要求在中国多开设几个领事馆，方便中国人办理赴柬签证。

他们是未来的希望，所有的孩子都一样。但愿我能给他一个最像天堂的地方。

——李宗盛《希望》

拾矿泉水瓶的女孩

①那是吴哥寺的清晨，拍完日出后我沿中央大道往回走。转头一刹，我看见了她。或者说，我只看到了一双眼睛。那双眼睛长在一个孩子的脸上。

②两个女孩碰到了一起，就并肩坐了下来，那个长得像洋娃娃的曲发女孩一边聊天，一边打哈欠。

③两只流浪狗围了过来。她们开始对狗说话，狗儿不停地摆动着尾巴亲昵的舔着她们。

可能是她们每天就是穿梭在这照相机云集的观光地，对追逐她们的镜头已十分麻木。反倒让举着照相机的我是前所未有地不自在。特别是在她们亲热地招呼和搂抱着狗儿时，我恍然觉得站在她们跟前很久的自己，在她们眼里只是一个完全意义上的“透明”。

她们能知觉朋友的话语、能知觉狗儿的亲昵。却不知觉那些只为猎取“有价值照片”的“功利”的人——如我。

她们的眼睛里，我比地上捡来的水瓶还轻、还无意义。——这是我在这之前到任何地方都不曾经历的。——她们给我这一撼太有力了。

想起李宗盛的一首歌，歌的名字叫《希望》。里面有这么几句：他们是未来的希望，所有的孩子都一样，他们都是未来的希望，但愿我能给他一个最像天堂的地方。

当然，我还拍了很多学校里的孩子的照片。他们都能面对镜头笑。我总觉得，在贫穷国家里能得到上学机会的孩子都是幸福的孩子。

这一个版面我排了很久，反反复复的，一方面我希望尽量地把照片放大，好让你们能看清楚女孩的眼神；可另一方面又想把它们全部罗列出来。最后，还深怕编辑会把它们删去。万幸的是，它终于被保留了下来。

④越来越多的狗围拢过来。女孩搂着狗，继续聊天。

吴哥游区里捡破烂的、卖东西的大都是孩子。由于经常接触西方游客，他们能说一些英语。而英语好的孩子如果能博得游客好感，还能替他们做导游，挣点小费。而当地的有些警察每月还要向这些小孩子收取20美金的“保护费”，才允许他们在附近一带“做生意”。

塑料袋里放满游客用过的水瓶——她们今早工作的收获。

烈日下的铺路工

他们正在修筑由暹粒通往洞里萨湖码头的公路。这是一个正午，这是一个忙碌的工地，一路上听见的都是他们丁丁冬冬敲打石头的声音，看见的都是他们弯着的腰背。万想不到，转向镜头的脸笑得那么的灿烂，像一个个地上的太阳。

河堤上的摩托车司机

他叫Eng Bonny，今年25岁，家就在暹粒。白天是一名摩托车司机，顶着烈日载着客人往返于不同的废墟之间，晚上是一名古乐团的鼓手，在金色的舞台上敲打他心爱的高棉鼓。

就在一个星期前，他因为不小心旷工一次，而失掉了他心爱的鼓手工作。

女孩笑容里全是我要表达的柬埔寨这个国家的"欢乐"与"希望"。

本打算用这张照片来做书的封面图片，最后还是因为要"突出主卖点"等的功利的原因，它没被置于最让人注目的位置，这也是一个小小的遗憾。

我的门票今天就到期。不愿意轻易走出吴哥。就赖在吴哥寺护城河的河堤上等日落。司机在下面的水边等我。

这是我在柬埔寨拍的最后一张照片。没有拍吴哥寺，拍了这眼前的河水。然后告别吴哥。

①行踪篇
P18-273

锦囊篇

“锦囊篇”里的列项点显得不厌其烦，但对于前往一个母语为非英语的第三世界国家，这一章节变得尤为重要。

了解当地情况 → P277

国家概况 P277

地理及气候 P278

食宿 P280

卫生、保健、医疗 P282

货币兑换 P283

治安环境 P284

上网、邮寄、电话、长途区号 P285

节日、公众假期 P286

入乡随俗 P287

出发前的准备 → P288

收集资料、计划行程 P289

护照、签证、订机票 P292

健康防疫、旅游保险、准备货币 P294

国际通讯 P295

准备行囊 P296

如何顺利进入柬埔寨 → P300

边境口岸的选择 P301

签证 P302

过境交通 P303

过境程序 P308

境内交通 P312

柬埔寨王国

Kingdom of Cambodia

ព្រះរាជាណាចក្រកម្ពុជា

诺罗敦·西哈努克

首都金边

金边时间　北京时间

基本概况：

国徽　采用古老柬埔寨王国国徽。

国旗　长方形，中间为红色，上下长方形为蓝色，红色中间绘有白色吴哥寺，象征柬埔寨悠久的历史和古老的文化。

国家元首　诺罗敦·西哈努克国王。

首都　金边(Phnom Penh)。

面积　181035平方公里。

人口　1050万。

货币　瑞尔，Riel (R)。

官方语言　高棉语

民族　二十多个民族，其中高棉族占80%，此外有占族、普农族，老族、泰族、斯丁族等少数民族。

宗教　佛教为国教，80%以上人信奉佛教，占族信奉伊斯兰教，少数城市居民信奉天主教。

电力　电压220伏，50赫兹。

时差　比北京时间晚一小时。

中国
中印半岛(中南半岛)
印度

地理

位置：柬埔寨位于亚洲东南部的中南半岛南部。南濒泰国湾，北接老挝，东临越南，西邻泰国。

地形：三面高，中间低，向东南开口。东、北、西三面为高原、山地；中部以洞里萨湖为核心，周围是湄公河及其支流流域的冲积平原。（平原面积46％、高原面积29％、山地面积25％）

山脉：

扁担山脉（其北麓是泰国国境）。

豆蔻山脉（柬埔寨第一峰▲奥拉山1813米、第二峰▲克莫奈峰1744米）。

象山山脉（豆蔻山脉的东南延伸）。

河流：

湄公河——自北向南流经中国、缅甸、老挝、泰国、柬埔寨、越南，注入南海，在柬境内长约500公里，为柬境内最大的河流。

湖泊：

洞里萨湖——中印半岛第一大湖，也是东南亚地区最大的淡水湖。向东与湄公河相通，水量季节变化很大，是湄公河的天然蓄水池。

海域：

柬埔寨陆地出海口在泰国湾范围内；海岸线长460公里；有43个岛屿，其中戈公岛是柬埔寨的最大的岛屿。

西哈努克港（磅逊港）是柬埔寨最大的海港，也是柬对外航运中心。

气候

典型的热带季风气候，高温多雨。

全年平均温度在21℃以上，全年降水量1800毫米。

旱季（11月-4月）		雨季（5月-10月）
凉季（11月-2月） 月均气温24℃；气候宜人。**旅游季节**	热季（3月-4月） 4月最热，月均气温达30℃。	10月份雨量最多。早上晴朗，降热雷雨多在午后天气最闷热之际。暴雨洪水一来，淹没村庄树木，濒水而居的人们就迁移到山地，洪水退后人们又下移到原地。

11月	12月	1月	2月	3月	4月	5月	6月	7月	8月	9月	10月

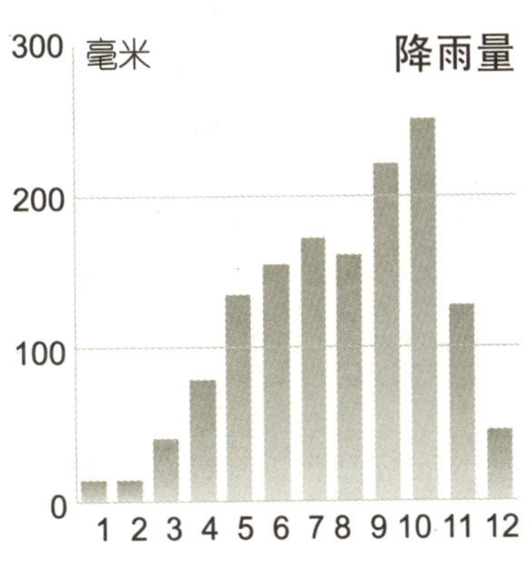

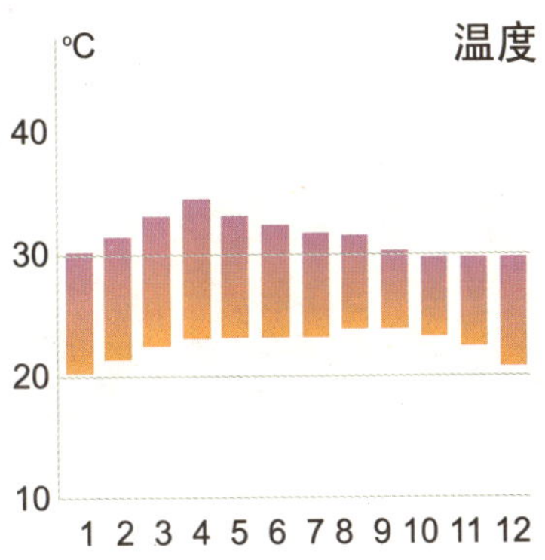

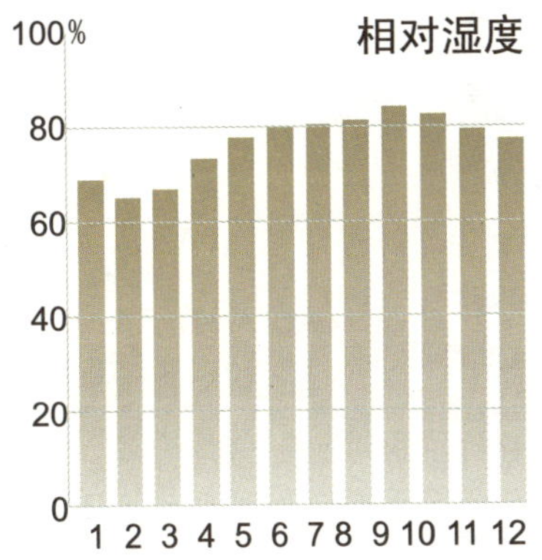

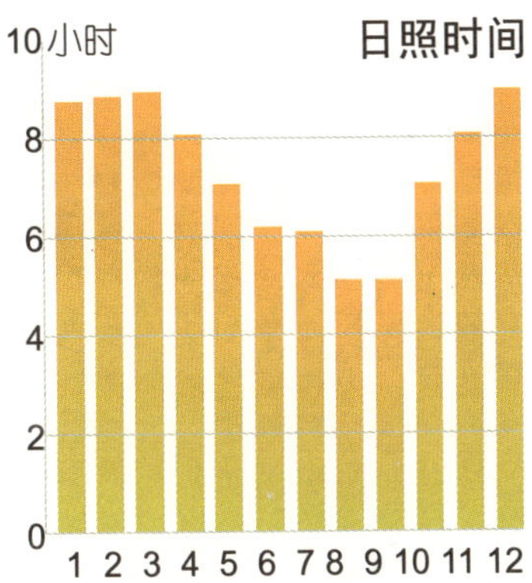

饮食

⚠在第三世界国家关于"吃"，坚持四个原则：安全卫生第一，营养和饱肚并列第二，美味可口排第三，新奇食品排最后。

口味：

像许多亚洲国家一样，柬埔寨的主要食品是米饭。

柬菜接近泰国菜，口味偏重，但酸辣不强，甜味较浓，以河鲜海鲜为主，牛肉、鸡等也有。多数牛奶、饮料、糖果等要从泰国或越南进口。

餐馆：

餐馆遍布城市。以瑞尔标价的菜单只给当地人，美元标价是给外国游客的。当然要比瑞尔标价贵。

一份菜从$2-10不等，一般为$3-5。地道风味：水煮咖喱椰汁鱼/鸡、杂式火锅、地道酸汤、粉丝沙律、椰子和香料熬成的无骨鱼汤。有些餐厅会安排以印度神话、热带生活为题材的民族舞蹈表演。

!提醒：

1）菜单上的noodle是指米粉，而面条是yellow noodle。

2）不要奢望吃青菜，真正的青菜又老又贵，而柬式或西式餐馆里的vegetable可能就是几条芽菜、几片西红柿、罐头青豆、罐头玉米。

3）若送来你没订的东西最好不要。

4）若你没有要求不加冰或者少加冰，饮料里至少有半杯是冰块。

5）餐厅不必给小费。

快餐店：

有西式快餐店，但没有麦当劳或KFC、Pizza Hut等国际连锁店。

街头小吃：

金边粉；法式面包；椰汁水果马蹄糕；椰汁黄豆柬式竹筒饭；扎肉肠；薄皮包着许多葱和肉的春卷；鱼蛋肉丸串烧；各种有馅无馅煎饼烧饼；龙虱；腌果、凉粉、芝麻、椰汁等多种搭配的冻糖水；炸青蛙。

水果：

在金边：水果琳琅满目，价格与国内相近。西瓜、木瓜、荔枝、龙眼、菠萝蜜、榴梿（注意不能拿回酒店）、山竹、椰子（天然、卫生、比同价的罐装水解渴、到处有卖）、新鲜莲蓬里的莲子（极为解渴，两颗就沁心凉，河边有卖）。

在金边以外：

传统市场里很少水果供应，即使有也是长不饱满或熟透了的。而香蕉是那种黄色的，带很多黑头的俗称的"大蕉"。要吃水果到超市买。

营养食品：

在大型的超市Stat Mart、Lucky Super Store等，可以找到诸如酸奶、牛奶、果汁之类的营养食品。

住宿

柬埔寨的旅馆分为两类：

宾馆（Hotel）

二星级:$15-50；三星级:$50-70;四星级:$100左右；五星级:$250以上。

二星级及以上宾馆的标准间一般都有24小时热水、彩电（有的带卫星电视）、冰箱、空调，有的带电话。

不供热水的房间会便宜些，当地自来水不冻，即使在较凉的旱季也可用自来水淋浴。宾馆多配备发电机。

有的旅馆房价里应包含早餐，但入住前或用餐前都应问清楚，上次包早餐并不表示这次还包早餐。

订房间时一般总台会先推荐较好的房间，例如他说有标准间，里面有电视、冰箱、热水、空调等，那你可以说不需要那么多东西，有否简单点便宜些的。或许他会告诉你背街的房间或没热水的房间便宜些。

！注意：有些双人标准间是Twin room而非Double room，房内是一张大床。

廉价旅馆（Guest House/GH）

$1-5，有单人间、双人间和多人大房间等。$10以上的配备空调。

暹粒的GH价格相对其他城市高。华人经营的旅馆一般有开水供应，其他的旅馆则会每天免费送一瓶饮用水。

游客以下列因素的不同组合来选择房间及讨价还价。

散铺　单人房　双人房✓　有无

	有	无
房内设卫生间?	☑	☐
房间带窗户? 注意有否安装防蚊纱窗	☑	☐
电风扇?	☑	☐
空调?	☐	☑
包早餐? 吃什么?	☐	☑

讨价还价的结果：$3住一个人
$4住两个人

Caltex Cambodia Ltd.
Angkor StarMart

TAX Included #1002210
12/05/02 11:10 Ouk Mateay
TRANSACTION # 8269/01

HOTDOG W BREAD
ORIENTAL LAYER CAKE PANDA 24x2
Berri Orange Juice pet 1L
COW HEAD Full Cream UHT MILK 1
Ozone water 1.5l
MAMA NOODLE CUP 65g
QTY 2.000 @ $ 0.60
MAMA NOODLE CUP 65g
Ozone water 500ml
CARTES POSTALES
QTY 3.000 @ $ 0.50
SUBTOTAL
Cash

$ 1.00
$ 2.20
$ 1.30
$ 1.20
$ 0.50
$ 1.20
$ 0.40
$ 0.25
$ 1.50
$ 9.55
$ 9.55

Thank you, Please come again

价格参考：

瓶装饮用水，进口，$1/升；国产（半透明白塑料瓶）950毫升最普遍且最便宜（本地人买：500R/瓶，外国人买：800-2000R/瓶）。

Bayon Beer：1500R/罐。

罐装饮料：2000R/罐(355毫升)。

椰子：1500R/个。

鲜榨椰汁，500R/杯。

鲜榨甘蔗汁：500-700R/杯。

法式面包：500R/小，1000R/大。

雪糕：最便宜的$0.3/个。

咖啡：1500R。

牛奶：1,500-2000R。

瓶装可乐：1,000R。

啤酒：3,000-4,000R。

香烟：500R+-。

卫生、保健、医疗

当地医疗条件：全国约有1500名医生，现有医院53家，只有47%的人口有医疗条件，农村缺医少药，医疗设施极差。

常见疾病及预防措施

1）**霍乱**：除需接种霍乱疫苗外；还要在旅途中食用安全食品和标准饮用水。

2）**疟疾**：按医嘱定期服用防疫中心发放的防疟疾药片。设法防止昆虫叮咬，用驱蚊剂，若旅馆有备蚊帐，尽量使用蚊帐。

3）**腹泻**：饮用瓶装水、开水，食用煮熟的食物；避免吃生鱼、牡蛎、蛄蝼、蟹以及未煮熟的水产植物。带备治疗急性腹泻的药物。

4）**中暑**☀：白天的柬埔寨是个大蒸笼，长时间暴露在太阳下，它很快把你蒸干。所以在进入游区时必须自备饮用水，随时随地补充水分。入夜后气温并不高，不开空调也可安然入睡。

5）**晒伤皮肤**☀：即使你是在日出前出门，也要尽量在旅馆预先涂好防晒油。所有暴露在外面的皮肤都要涂。

由于游地十分广阔且很多寺庙没有树木遮阴，所以别忘了把太阳镜和帽子带在身上。（怕晒黑者最好穿长袖衣服、且再备把阳伞）除非你对火辣辣的骄阳有所偏好，尽量避免在正午时分到遗迹区参观。（绿阴密布的塔布隆寺和圣剑寺除外。）

6）**其他易感疾病**：肝炎、乙型脑炎、丝虫病、伤寒、吸虫病、狂犬病、艾滋病。

⚠宜在旅行前先咨询医生、做好预防注射、配备必要药品、购买医疗保险。

可参考“中国国际旅行卫生保健协会”在2000年1月25日颁布的《出境旅游防病指南》www.rehabcity.net.cn/xxfbt/xinwen259.htm了解更多相关资料。

WC

公厕：

柬埔寨公共厕所的卫生程度远比中国小城镇的好。公路边及加油站的公厕不收费，景区内公厕收费500R。

防蚊虫：

不是所有称作“驱蚊剂”的产品都有效，要选择适合驱赶东南亚雨林地区的蚊子的“防蚊剂”。（中山大学的华南昆虫研究所研制的防蚊剂非常有效，但今年在市场上却找不到。作者强烈呼吁此产品尽快回到消费市场上来。）

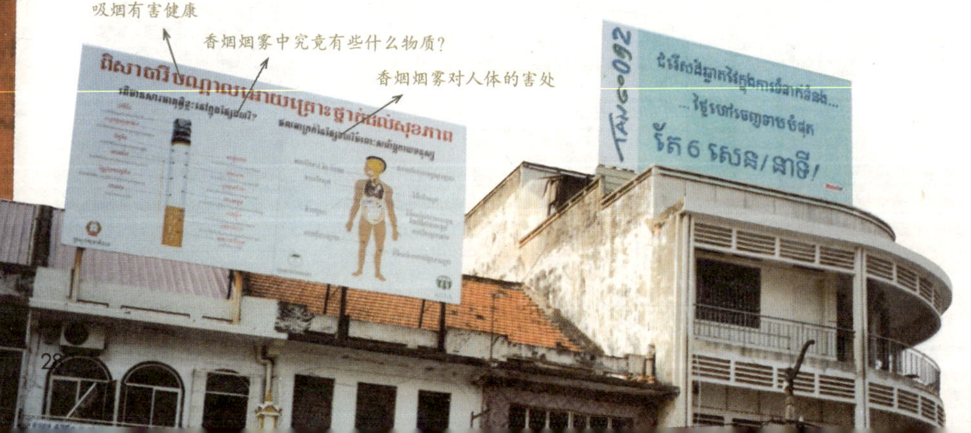

货币兑换

虽然人民币已经开始在柬埔寨的黑市上自由流通，且柬埔寨政府已经开始鼓励使用人民币，但直到目前为止，在柬埔寨国内广泛流通的还是柬币瑞尔和美金。

货币

1美元($)=3900瑞尔(R)=40泰铢(B)=8.3人民币(￥) (2003年12月)

1）**现金：**
瑞尔 (Riel/R) 现在发行并流通的全为纸币，硬币只用于收藏。依照规定，瑞尔不准携带出入境。
美元 ($)在柬广泛使用。（游区附近的食住、交通、门票等都用美元标价）
泰铢 (Thai Baht/B) 泰铢在与泰国邻近的区域戈公、马得望、波贝、诗梳风等地区广泛使用。

2）**旅行支票：**在某些银行和高级宾馆提供兑现旅行支票的服务。（兑现佣金1-2%）

3）**信用卡：**若你不是商务旅行，信用卡的使用范围很有限。若使用信用卡，请在出国前向信用卡所属机构查询其在旅游目的地的适用状况。

其他国货币可以在银行或兑换店换成美元或瑞尔。

用钱的小技巧：
1）瑞尔兑美元的汇率变化较大，因此一次不要换太多。
2）人力三轮车、长途汽车用瑞尔支付会便宜些。

兑换

可在国家银行、旅馆和街头换钱摊兑换货币。
街头换钱摊多且方便，价格也合理。
在旅馆的兑换率通常会低5%。（金边的Capitial GH可接受多国外币的兑换，包括人民币和港币）
注意：1）在作任何对换前请先明确相互兑换价，看是否合理，然后再交易。2）某些兑换店的计算机可能不可靠。自己身上带有小计算器可避免在大额兑换时造成损失。3）找换时会给你美元或瑞尔。当你支付的是美元的话，主动要求对方给你找零时也用美元。

在金边的WESTERN UNION 西联汇款 专柜

Cambodia Asia Bank ：金界（Naga）赌船上
Singapore Banking Corporation (SBC)： 214街68号

别在兑换时掉钱！

美元和瑞尔的汇率非常不稳定，但还是在一定的幅度之间摆动。若你意识不到它，那你的钱可能就是在兑换时有所损失的。所以在你出发前的一两天，到网上去查最新的美元对下列货币的汇率，抄下来，填在下面的表格里，剪下来，放在你的钱包里，到了当地。不论是兑换还是买东西，它可以帮你一目了然。

汇率计算表

美元	瑞尔	泰铢	人民币
0.2			
0.25			
0.5			
1			
2			
3			
4			
5			
6			
7			
8			
9			
10			
15			
16			
17			
18			
19			
20			
25			
30			
40			
50			
100			

治安

治安虽然仍存在问题，但远比人们想像中的要好。外国游客在柬遇到的安全威胁主要有下列三种情况：交通事故、抢劫、误踩地雷

（此为汇率表的背面）它应该是随身携带且很容易取出或放回的。所以下面空白处留给你填写需要经常使用的资料或遇到紧急情况时要使用的地址或电话资料。

紧急电话：

报警117　火警118　急救119

中国驻柬埔寨大使馆

地址：金边市毛泽东大道156号

电话：(023) 720920\(023) 720922

传真：(023) 364738

交通事故：

交通法规、道路设施不完善及当地人交通安全意识十分欠缺等原因，交通事故发生率很高。所以建议尽量使用安全性较大的交通方式。

地雷：

排雷已在进行中，以现在的速度，还需要数十年时间或更长的时间才可以把全国的地雷清理掉。城区及主要游区都已基本排雷，但不排除有遗漏的情况发生。应避免进入林区，尽量走行人多的路面。

抢劫：

持枪抢劫游客的事情时有发生。

避免遇到不测，建议：

1）外出尽量用你白天时自雇的摩托车司机。

2）外出尽量拿你仅要用的钱，且分开几个地方放。

3）不去偏僻的地方。

4）晚上尽量不要单独离开旅馆。

虽然柬已进入和平时期，但作为一名外国游客，还是要对时局保持高度的警觉。避免因欠缺资讯而给自己带来金钱、时间或人身安全上的损失。

取得时局资讯的主要方式：

1）所下榻的旅馆接触较多的你认为可信赖的服务生、你的司机；2）与其他外国游客多沟通；3）若你停留时间比较长的话，要定时上网浏览一下关于柬或周边国家的局势。(可登陆“星洲互动”的网站www.sinchew-i.com) sinchew-i.com

（遇到紧急情况可以联络中国驻柬大使馆寻求帮助。）

通讯

邮寄：✉

金边邮政总局：地址：金边第13街，乌拉隆寺东面，营业时间：6:30AM-9PM。
服务范围：投递信件、包裹、国际长途、传真。
邮资：明信片：1600R；信件2000R；小包裹：28300R/公斤。
邮局里出售的用于集邮的邮票和明信片可以讲价。对同样画面的明信片，街上小贩出售：500-2000R/张、$1/套(6-10张)，但邮局里的质量较好，约$2/套。

互联网：@

酒店的互联网收费很贵。 有些商店、餐厅也有上网服务。在旅游者集中的区域，网吧林立，但要找到有中文输入的要费上一点时间。$1-2/小时。

电话：☎

拨打国际长途：007+国家号+地区号+电话号
001+国家号+地区号+电话号
（"001"或"007"只是分属不同电话公司，两种拨打方式都可以。）
酒店及邮局：国际长途$5-7/分钟，收传真为每份$1手续费。
路边电话亭：国际长途：$1.60-3.50/分钟；国内长途500-700R/分钟

	行政区		省会		电话区号
直辖市	金边市	Phmon Penh			23
	西哈努克城	Sihanoukville			34
	白马市	Kep			36
	拜林市	Pailin			?
省	腊塔纳基里省	Rattanakiri	邦隆市	Ban Lung	75
	蒙多基里省	Mondulkiri	森莫诺隆市	Sen Monorom	73
	上丁省	Stung Treng	上丁市	Stung Treng	74
	桔井省	Kratic	桔井市	Kratic	72
	柏威夏省	Preah Vihear	特崩棉吉市	Choamkhsan	64
	磅同省	Kampong Thom	磅同市	Kompong Thom	62
	磅湛省	Kampong Cham	磅湛市	Kompong Cham	42
	波萝勉省	Prey Veng	波萝勉市	Prey Veng	43
	柴桢省	Svay Rieng	柴桢市	Svay Rieng	44
	茶胶省	Takeo	茶胶市	Takeo	32
	磅清扬省	Kampong Chnang	磅清扬市	Kompong Chnang	26
	磅士卑省	Kampong Speu	磅士卑市	Kompong Speu	25
	奥多棉吉省	Oddar Meanchey	三隆市	Samrong	65
	菩萨省	Pursat	菩萨市	Pursat	52
	贡布省	Kamport	贡布市	Kampor	33
	戈公省	Koh Kong	戈公市	Koh Kong	35
	班迭棉吉省	Banteay Meanchey	诗梳风市	Sisophon	54
	马德望省	Battambang	马德望市	Battambang	53
	干丹省	Kandat	达克茂市	Takhmau	24
	暹粒省	Siem Reap	暹粒市	Siem Reap	63

节庆

加顶节
Bonn Kathen

是柬埔寨佛教徒最隆重的节日之一，在僧侣们结束雨季斋期后举行一个月（佛历10月28日到11月28日）的加顶节活动。仪式由善男信女发起，他们负责把人们捐赠的物品和食品赠送给寺院。

柬埔寨新年
Cambodia New Year

公历4月13日至15日。柬埔寨以释迦牟尼的诞辰(佛历5月13日)为纪元。新年第1天守岁，第2天为辞岁，第3天为新岁。

亡人节
Bon Dak Ben & Pchoum Ben

佛历十月下弦一日至下弦十五日举行，共进行15天。这一时节白日阴天多雨，夜间月光暗淡，是阎罗王大开地狱之门，放众鬼魂返回人间觅食之时。亡人节期间，家家户户都准备饭菜、果品，扶老携幼地到佛寺去，把饭菜、果品向先人供祭，由僧侣诵经超度先人，祈求先人庇佑子孙平安。

御耕节
Bonn Chroat Preah Nongkoal

其他英文名称：the Royal Ploughing Ceremony

时间：佛历六月下弦初四（公历5月11日）

地点：圣田（金边皇宫北面、国家博物馆东面的王家田）

主题：象征性耕种仪式，预卜来年庄稼好坏及祈祷风调雨顺，五谷丰登。

人们簇拥着“御耕王”和“麦霍”到“圣田”。“御耕王”扶犁耕作仪式结束后，把神牛从犁上解下来。让神牛去任意挑选並排放着七种食物，根据牛吃的食物来预卜一年的吉凶。如果神牛吃稻谷、青豆、玉米、芝麻，就预兆着风调雨顺，五谷丰登；神牛吃鲜草，预兆谷米歉收，甚至发生饥荒；神牛喝水预兆发生水灾；神牛喝酒预兆发生战争，匪盗横行。

送水节
Bonn Om Tuk

其他英文名称：Water Festival

其他中文名称：“水祭”

时间：公历约10-11月间，阴历9月月圆之日

主题：是柬人民对带来丰富资源的湄公河水表示感谢的节日

仪式：划龙舟、放水灯、祭月亮

公众假期		休假天数
1月1日	元旦	1
1月7日	胜利纪念日	1
3月8日	国际妇女节	1
4月中旬	柬埔寨新年	3
4月-5月	佛诞	1
5月	御耕节	1
5月1日	国际劳动节	1
6月1日	国际儿童节	1
6月18日	王后诞辰日	1
9月24日	国王重登基日	1
10月	亡人节	3
10月23日	巴黎和平协定日	1
10月31日	国王诞辰日	3
阴历9月	送水节	3
11月9日	独立节	1
12月10日	人权日	1

若想了解更多的高棉节日及风俗，可参考“国际在线”网站www.cri.com.cn 的环球风情频道。CRI online 国际在线

入乡随俗

认识高棉礼节

柬埔寨是个佛教国家，人们很注意礼节礼仪。在进入一些寺庙或圣地时，要脱帽、脱鞋。（在进高棉人家里，甚至是一些GH的楼道范围内，也要脱鞋进入。）

柬埔寨人之间使用最普通的礼节是合十礼。

“合十”为一佛教名词，手置胸前，十指相合，表示敬意，故名为“合十”。行合十礼时，要稍微俯首，表示尊重和礼貌。

晚辈向长辈、学生向师长、下级向上级、百姓向官长都要先行合十礼，晚辈即使做了官，也应先向长辈行礼。

行合十礼时，双手的位置根据受礼对象而定。

如子女对父母、孙儿对祖父母、学生对师长行礼时应将合十的掌尖举到眼眉的汇点；平民对官员行礼时，应将合十的掌尖举至鼻端；政府公务员和各部门的职员向长官行礼时，应将合十的掌尖举至口部；官阶相同的或百姓之间互相行礼时，应将合十的掌尖举至胸前，向王室成员或高僧行礼时，须跪在地上，双手合十高举过头。

当要向长辈或上级告辞时，先要站起来以示尊敬，然后双手合十道一声“再见”，再转身离去。

如外出作客，主人送客到门口时，客人还要转过身来，面对主人再次行合十礼以示告辞。

现在，在城市，除主要行合十礼外，握手礼也较普遍；在农村，除行政官员外，百姓仍然只行合十礼。

西哈努克国王向僧人行合十礼。

非国民待遇：

柬国人免费进入旅游景区。如交通、餐费、购物、机场税等对外国人的价格都比柬国人贵出很多。（是否柬国人的判别标准是会说柬文，长相还要差不离。）

“讨价还价”

1）讨价还价，不口软。对于蜂拥而至的或是纠缠不放的兜售者尽管大胆地杀一半价。

2）当举起一只手指头时，可要弄清楚是指$1还是1000R。

3）与当地人谈条件、谈价钱时，对方会频频点头，说“Yes”，但也许他们并没有真正地听懂，而是一种应答、一种拉客的方式，所以之后交钱时会有些出入，他们会缠着多要一两美元。

4）不耻下问。房价多少钱？单人间或双人间？有无热水？今天的价，还是这几天不变价。问好后最好看一下房间。

5）雇车时必须事先谈好价钱，要明确是一个人还是一辆车的价钱，是单程还是双程，还要确认出发时间。

出发前的准备工作

Part 1 2 3 4 5 6

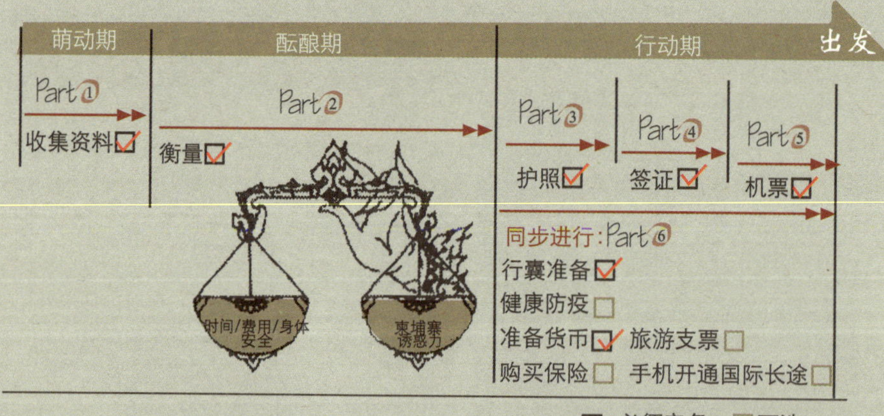

Part 1 收集资料

旅行社资料：

收集旅行社相关资料的好处：它是估算“旅程费用”的好依据。

假设旅程的天数相当，那么：

自助费用=团费

下表摘录自一家大型旅行社印发资料：

旅行团8天游

D1：上午，金边乘车前往西哈努克市；
午后去海滨；海滨晚餐并观日落。
D2：上午去海滨，午后返回金边。
D3：早上乘快船，午后到暹粒；下午游吴哥窟，
17：30到吴哥窟以北1公里处的巴肯山观日落。
晚上在GRAND HOTEL或街头观看高棉民族舞蹈表演。
D4：SRAH SRANG湖上或巴肯山顶观日出，上午游女王宫、BANTERY SAMRE寺、SRAH SRANG湖；在吴哥窟入口对面的吴哥饭店午餐；
下午游达布龙寺、圣剑寺等。
D5：吴哥窟观日出；早餐后游吴哥城、蟠蛇水池、PRE RUP塔群、罗洛古寺群等；
午餐后购物；下午乘飞机回金边。
D6：王宫、国家博物馆、柬越纪念塔、塔山、中央市场；河畔晚餐。
D7：畅游湄公河，访柬埔寨民族文化村；赤柬陈列馆。
D8：乌栋。购物。

旅行团3天游

D1：早晨从金边乘车前往西哈努克市海滨；午后乘车返回金边。
D2：早班飞机往暹粒；游吴哥城、达布寺、吴哥窟；傍晚乘飞机回金边。
D3：王宫、国家博物馆、独立纪念塔、乌那隆寺、塔山、中央市场、河畔晚餐。

互联网上的信息：可按关键字“柬埔寨”、“Cambodia”、“吴哥”、“Angkor”查找，有不少有用的资料。

影视材料：虽然人们总是相信被电影语言提炼了的画面一定比真实看到的要美好，但可能“吴哥”有点例外，因为它本来就是神话般的浩瀚与完美。

★★★★★
《巴拉卡》

★★★★
《失落的文明》

★★★
《花样年华》

★★
《古墓丽影》

攻略型书籍:

《柬埔寨风土记》卢苇 著 /科学普及出版社(¥18)
《老挝柬埔寨之旅》张奋泉 著/广东旅游出版社(¥15.8)
《柬埔寨之旅》曹莉莉 钟心 编著/广东旅游出版社(¥19)
上列图书在全国各城市的新华书店都可买到。

下面的Lonely Planet就是在曼谷考山路买回来的。

《Lonely Planet-Cambodia》 ($15.95)

除了日本有一套自己语言且是日本口味的世界旅游全系列外，全世界大多数游者都把《Lonely Planet》捧为“背包客的圣经”。

《Lonely Planet-Cambodia》暂时还没有在中国发行。曾在阳朔、丽江的书店发现有卖二手的，但几乎和原版同价。若你是途经越南的西贡或泰国的曼谷进入柬，那你就可以在背包客集中区里的二手书店里找到。(原版二手$4、盗版$4)。建议买“原版二手”的，除了旧点，没有缺点;注意是哪年版的，越是新近的越贵。不要买盗版，一来比正版重很多，二来印刷质量很差，尤其是地图。

《Insight Guide -- Southeast Asia》 Apa Publications

其简体中文版《异域风情丛书——东南亚》由中国水利水电出版社出版(¥68)
《Insight Guide -- Loas & Cambodia》 Apa Publications
暂时没发现有中文版，但在广东省立中山图书馆的外文部可找到，馆内阅读，不外借。

造访前，还建议先读下列的书，可以帮助你更好地消化旅途中的所见所闻，以增加旅途摄取量。(不要像我一般，如一个装模作样行走在图书馆里的文盲。)
《真腊风土记校注》(元朝)周达观著/夏鼐校注/中华书局
《雨林中的国度》谢崇安 著/重庆出版社
《印度神话精选》周志宽 选译/中国少年儿童出版社

Part 2 衡量>决定>计划

展开这段旅程的可行性=客观条件(时间+支付能力+身体状态)+ 主观(是否想去)
选择出游时机要考虑的因素：旱季、雨季、传统节日、公众假期、旅游淡季、旺季。

可在柬埔寨当地获取的资料：

如果说在出发前所收集的资料给予你大概的路线、费用及时间的话，那么当地的资料则会让你的行程更便捷、更丰富、更有趣。

《Bayon》★ 免费

取阅地点：宾馆、餐馆、酒吧等旅游者出没的地方。
刊载游者的旅游叙述、报道当地艺术活动。
提供给旅游者一些最新的娱乐消费指引。
大量的旅馆、旅社、餐厅、酒吧广告。

《华商资讯》★★★

$6，由柬埔寨《华商日报》出版，每年一版。金边国际书店全年有卖。
如果你是想大略了解柬的营商环境，它是很好的选择。

地图 ★★★

购买地点：金边国际书店，$10，由瑞士人编制的世界地图系列。非常详细、准确。甚至有不同地形标示。适合自驾车人士。

《Angkor》★★

写得很好。不是一本攻略书，却是一本值得买回来慢慢细看的书。它对吴哥的历史及艺术作了全面深入的介绍。
书上标价是$22.95，但在吴哥游区的露天书摊和金边中央市场都卖$4，我手上这本是巴戎寺停车场外一个孩子向我兜售的。文字及彩图都印刷得非常精美。除了价钱外，让人无从辨别其为盗版。

免费 ★★★★★

《The Phnom Penh Visitors Guide》
《The Siem reap Visitors Guide》
《The Sihanouk ville Visitors Guide》

取阅地点：国际机场、旅游咨询服务中心、某些旅行社、某些旅馆。
由canbypublications编制出版的旅游向导册，提供最新最准确的旅游资料（每季度更新一次）。

《Lonely Planet-Cambodia》★★★★★

现在你看到的是第四版。
上www.lonelyplanet.com就可以查询到现在最新一版的封面及其增删内容。（详细介绍请看前页）

Part 3 护照

若你决定出国旅游，你必需具备一本个人护照。没有护照是无法办理签证的。（办理护照一般需要15个工作日）

若你已经拥有护照，那最好第一时间检查自己的护照是否已经或者即将过有效期。若有上列情况，必须抓紧时间到相关部门做续期手续。

（尽可能记牢自己的护照号码。因为在签证、过境、入住酒店、订机票时，都被要求填写护照号码。如果你能记紧它，那就不需要总是把它翻出来抄写。）

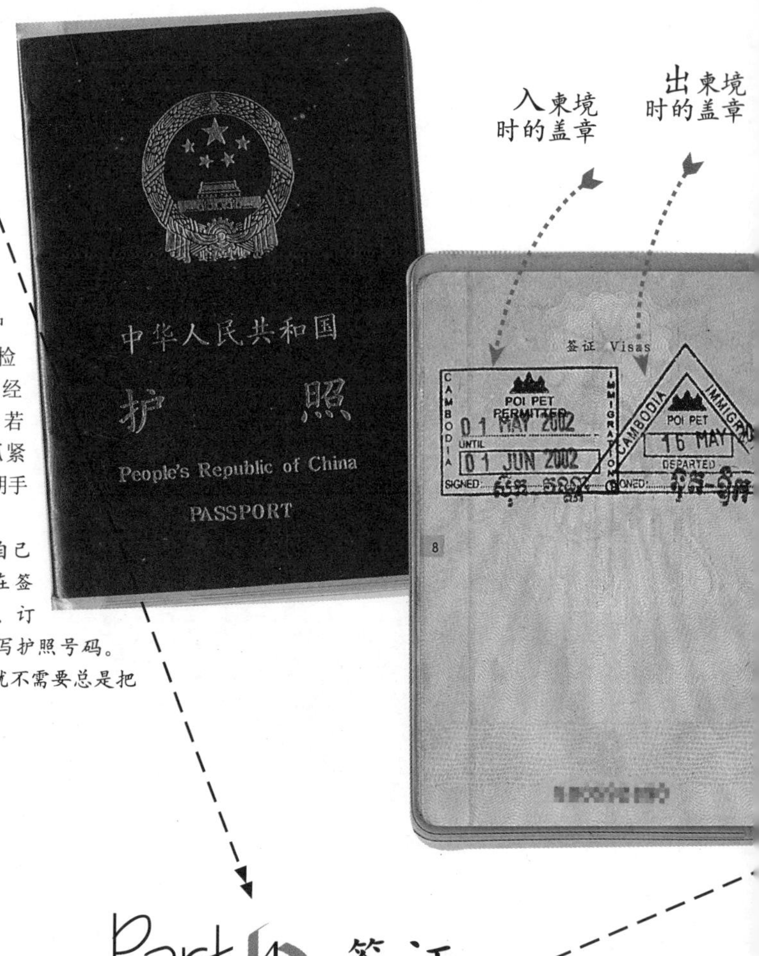

Part 4 签证

柬埔寨与中国不相邻，要进入柬埔寨有以下两条途径：

（1）直接乘飞机进入（优点：交通及过境手续相对简单，缺点：相对昂贵。）

（2）通过其邻国进入：优缺点刚好跟前者相反。

选择不同的交通方式和过境口岸，决定了签证的方式。

关于“签证”的详尽说明见P301的“如何顺利进入柬埔寨”一章。

柬埔寨
签证

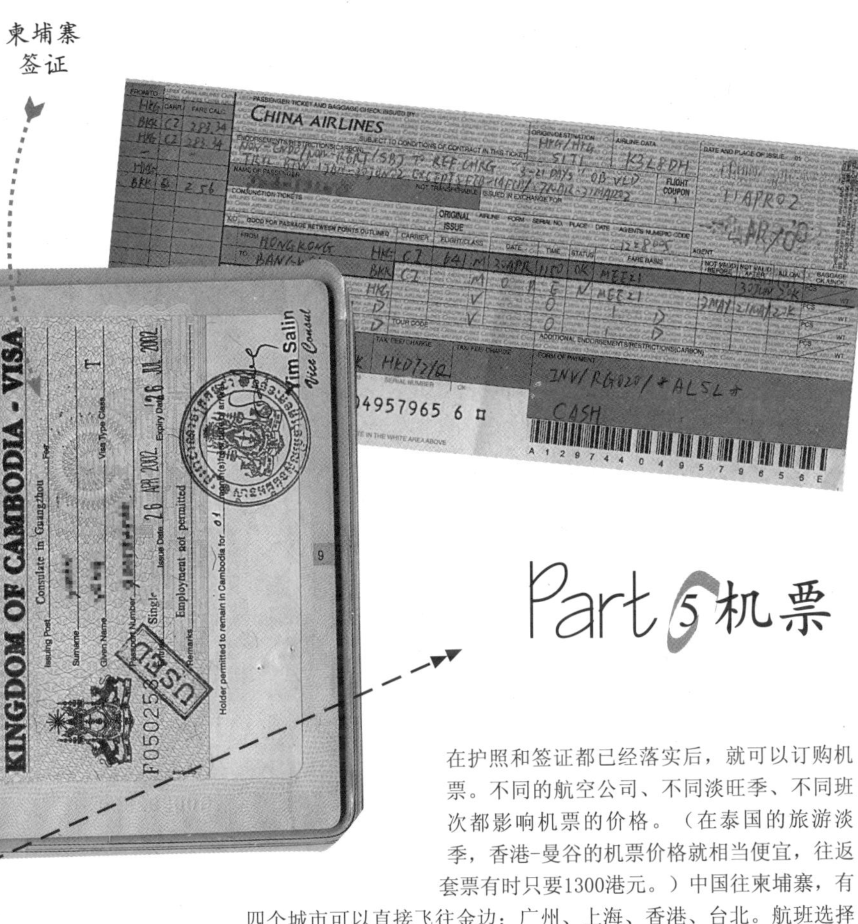

Part 5 机票

在护照和签证都已经落实后，就可以订购机票。不同的航空公司、不同淡旺季、不同班次都影响机票的价格。（在泰国的旅游淡季，香港-曼谷的机票价格就相当便宜，往返套票有时只要1300港元。）中国往柬埔寨，有四个城市可以直接飞往金边：广州、上海、香港、台北。航班选择较少，且价格不便宜。得到折扣的机会很少。若你打算从泰国的曼谷或越南的胡志明市从陆路或水陆进入金边，那就有很多航班可以选择。

详尽资料，见P301“如何顺利进入柬埔寨”。

小贴士： 若你是大陆公民，选择乘坐从香港出发的航班，那么你可以凭“机票”和“前往目的国的签证”从大陆口岸提前进入香港，且被允许在港停留不多于7天。同样，你返程航班的目的地是香港的话，从外国抵港后，可在港停留不多于7天。简单说来，就是你购买了从香港起飞或以香港为目的地的航班，那你就不需要办任何的手续途经香港。

在进行Part 3 4 5的同时，可以进行以下工作：

健康防疫

重要性 ：大多的东南亚国家因为地理、气候环境及卫生条件的局限等因素，是某些传染病高发地区。为自己负责，必须有所准备。（当地易感疾病，见P282）

防疫时间：最迟是出发前的一周。

防疫部门：你所居住城市的“国家出入境检验检疫局”的卫生保健中心。

往柬埔寨旅行被要求注射抗甲肝（Hepatitis）疫苗；医生同时向你发放防疟疾药物让你在旅行途中要定期服用。（时间与剂量按医嘱）

准备外币

1）兑换美金：咨询你居住所在地的商业银行。

2）购买旅游支票

优点：安全。（被抢劫和不小心遗失后，别人无法动用支票上的钱。）

缺点：兑现时需付手续费。且在柬埔寨不容易找到兑现的柜台。

购买地点：国内开展相关业务的银行（香港国际机场的兑换店也有此项服务）

3）信用卡

某些高级旅馆及精品店接受国际流通的Master Card、Visa Card等。可在出境前向相关的信用卡发放机构了解。

旅游保险

任何旅途都会存在风险，对没有购买任何保险的旅游者，购买一份“旅游保险”是十分必要的。对于已经购买了保险的旅游者，在出行前最好再向自己的保险顾问详细了解受保范围，责免权限，若原来的列项里不能包括你这趟旅途所可能遇到的意外情况，那你应该另外再买一份单独为这趟旅程的保险。

购买旅游保险的手续非常简单，且收费很便宜（根据天数的不同和不同保额的选择，大概在￥80-300）。可向你所在城市的中国人寿保险公司咨询办理。

通讯准备

关于手提电话：

如果手提电话是你的旅行装备之一的话，那开通“国际长途”是必须的行为了。从柬埔寨打电话回中国非常昂贵：$5-7/分钟。从柬发短信回中国￥0.1/条。（2003年）

利用好互联网上的信箱：@

若你不打算使用手提电话或用手提写短信，那么，上网就是一个最便宜方便给国内报告你近况及行踪的好方式了。收费见P285的“上网”章节。小贴士：我一般习惯出发前把要在路上用的资料或朋友的通信地址都输入到自己的信箱中，这样方便取阅资料，也方便发送信件。

行装，行囊

说到旅行的物品及衣装的行头标准真是五花八门、见仁见智。不好为个性化的你们轻易列项，于是只能说说我个人出门的行装原则：

1）坚固可靠（大背包不能买便宜的，特别要注意衔接肩带的部分是否牢固，包的大小是否适合你的体格，正如一本叫《行摄匆匆》的书上所说的："背包不是背在身上的，而是像衣服一样很舒服地穿在身上的。"）

2）不引人注目（衣服、背包都挑显得脏而旧的颜色）；

3）除了护照、钱、照相机及已经拍好的胶卷外，其他东西都容许（或原谅）自己在不小心或不得已时放弃（或遗失）。

以上原则决定了我的行装里除了大背包的价钱攀得上三位数外，其他物品衣装一率从地摊或大货场里以几元到几十元的价钱备置。如果要把旅游者细分的话，在不断进化的专业型、豪华型、只带钱包的潇洒型的背包族大军里，我自诩为一个编外的"低值-低调-拼凑型"。

柬埔寨没有春夏秋冬四季，只分旱雨两季。常年可穿短袖衣、短裤。

旅行柬埔寨最合适的衣着：透气、吸汗、质软、轻便、易洗易干的衣服。

短袖衣：白天相当炎热，有时候一天可能要洗两至三次澡，所以经常要洗换衣服。你只需要带2-3件短袖上衣就够了，因为在当地可以买到质量很好的纯绵质T恤，图案有传统的吴哥题材，也有其他有趣的元素，非常漂亮。

短裤：若你不怕晒黑及蚊子叮咬，穿短裤就可以了。最好有暗袋或带扣子的裤袋，因为柬埔寨的旅馆不像越南，他们不愿意替旅客保管护照。所以护照和钱都应该随身携带。（如果是可以拆裤腿的更好）

风衣和长裤：只有在上到海拔很高的山林（东部山地、波哥山等）才用得上。

鞋：一双防滑的拖鞋或旅游凉鞋。（一路上我几乎都是穿拖鞋）

帽：有就行了。没有什么特别提示，戴你习惯或喜欢的。

小贴士：可以披上后文提到的"水布"（P183）可以防晒、驱蚊。

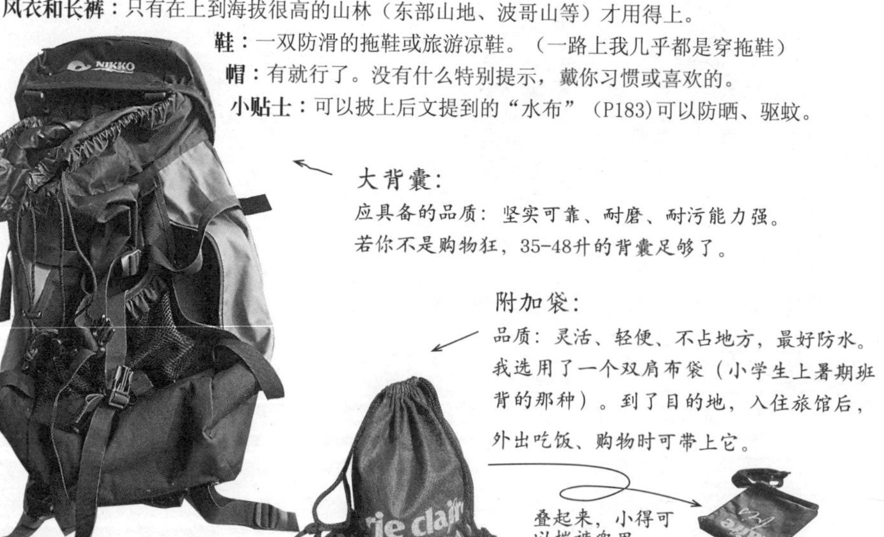

大背囊：

应具备的品质：坚实可靠、耐磨、耐污能力强。

若你不是购物狂，35-48升的背囊足够了。

附加袋：

品质：灵活、轻便、不占地方，最好防水。我选用了一个双肩布袋（小学生上暑期班背的那种）。到了目的地，入住旅馆后，外出吃饭、购物时可带上它。

叠起来，小得可以揣裤兜里。

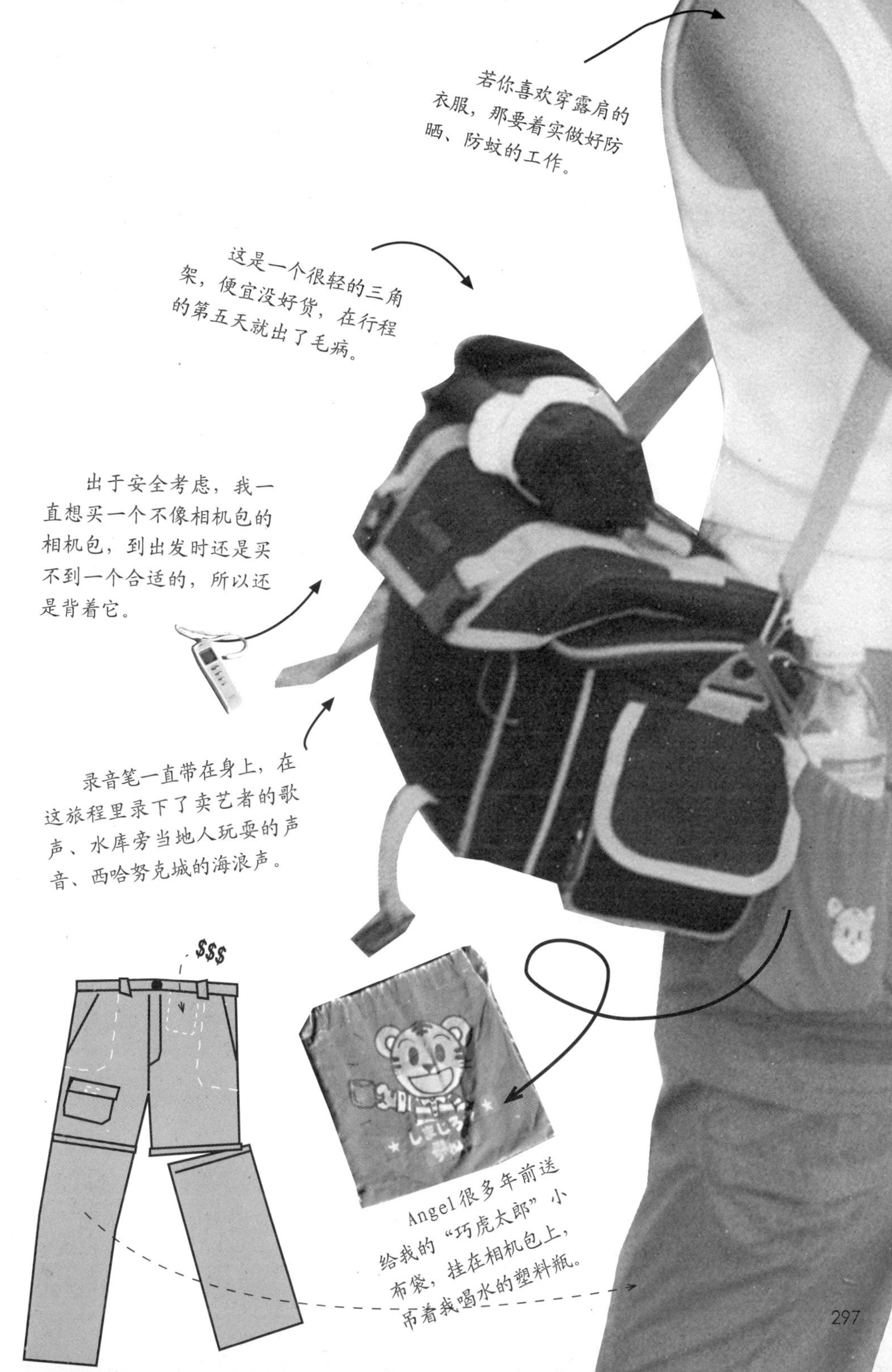
若你喜欢穿露肩的衣服，那要着实做好防晒、防蚊的工作。
这是一个很轻的三角架，便宜没好货，在行程的第五天就出了毛病。
出于安全考虑，我一直想买一个不像相机包的相机包，到出发时还是买不到一个合适的，所以还是背着它。
录音笔一直带在身上，在这旅程里录下了卖艺者的歌声、水库旁当地人玩耍的声音、西哈努克城的海浪声。
$$$
Angel很多年前送给我的“巧虎太郎”小布袋，挂在相机包上，吊着我喝水的塑料瓶。

行李清单及其适用性

当地特点	物品类别	物品清单	适用原则	轻便原则	安全原则
道路环境：晴天：尘土飞扬；雨天：到处泥浆	各种功能的大小袋子	大背包	背包的选择：出游季节，旅程长短，是否需要露宿等因素决定背包的容量大小。坚固。		背包和雨罩色彩可以互补。低调色彩相对鲜艳色彩不易引起别人的注意。需要求救时，明艳的色彩可以让人容易发现你。
		背囊雨罩	除去遮挡雨水的功能外，还可以抵挡交通过程中的尘土和泥浆。		
		附加袋	途中可附加在大背包外。到达旅馆时与大包分拆，作外出吃饭或游玩的背包用。		
		备用塑料袋	各种各样不时之需。		
		保鲜袋	密封作用（下雨环境下保护摄影器材，胶卷等）		
气候参考P279：湿、热、日照时间长，正午阳光猛烈，午后降雨机会很高	穿带	汗衫、短裤	见P296		
		风衣	带透气孔，高度防水。	轻便	
		拖鞋	除需登山外，一般外出都可穿拖鞋。		牢固、防滑
		旅游鞋	为备用鞋，很少机会用得上。透水、透气。	轻便	
		手表	可用手机代替。		不昂贵的
	防雨/防晒/防蚊	伞、雨衣	任选其一或都备上	轻	
		太阳帽	透气的，四边宽檐的帽子可挡更多阳光。		
		太阳眼镜	高度滤光的。		
当地的蚊子很凶		高效防蚊水	见P282		
		防晒乳	防晒系数高/抗汗型。		
此类洗护用品在暹粒和金边的超市（Star Mart、Lucky Super Store等)有卖。	护肤/洗濯卫生用品	牙刷		轻	
		牙膏		每日洗澡数次，此类消耗品要备平时用量的两到三倍	
		洗发水			
		沐浴露			
		洗脸奶			
		毛巾			
		卷纸			
		洁肤棉	代替了洗面奶和毛巾，很实用。		
		♀女士卫生用品			
		♂男士剃须刀			
参考P282	旅行药品	药物	了解自己的身体特点，选择药品。		止血贴是非常必要
		解暑冲剂	夏桑菊非常适合，一个大包装不嫌多。		
廉价旅馆不提供护照保管服务。	证照	护照	护照和回程机票都要小心摆放，并熟记护照资料及航班资料。		带备护照机、票复印件。遗失原件时，你可以以它为依据向航
		飞机票			
		备用照片二张以上			

	钱	贴身钱袋	别人看不到的钱包，旅行支票也应同放在里面。		[illegible]
		随身钱包	日常支付时使用。		
		旅游资料			
	笔本	小记事本			
		笔	别放在大包里，要随身携带，出入境填表时用到。	轻	不漏墨水的
有些寺庙廊道里很黑	资料	小手电筒或头灯		轻便	
有些GH容许你用自带锁锁房间门		小锁/钥匙/备用钥匙		轻	
GH没有叫起床服务	其他小件物品	小闹钟	若带手机可用手机代替	小	
		指甲钳	路途超过十天就用得上	轻	
		指南针			
有些旅店会提供晾衣架或衣帽架，但若不自己牵绳子，是不够地方凉衣服的。有些旅店在室外空地上设供客人洗晾衣服的地方，但不提供晾衣架和夹子		针线包			
		透明胶			
		绳子	4-5米长就够，房间一般不大。		
		衣夹		轻	
		橡皮筋	大背包与附加袋之间的衔接工具		
		轻/巧/固的索扣			
		魔术贴绑带			
	私人可选	录音棒			
		随身听			
		小礼物	送给乡间的小孩们	轻	
		望远镜			
		汉英小字典		最小号的	
		湿纸巾	含微量酒精，受皮外伤时用它擦伤口起消毒功能	小袋装的	
		瑞士军刀			
		充气枕			
		皮带			
		汤匙			
电压及电插座规格与中国同		手提电话/充电器			
		游泳装备			
		摄影装备			
兑换店的计算机不可靠		小计算器/电子笔记本	兑换货币时很派上用场	手机有这个功能	
气温高，湿度高	血糖低及胃炎患者	可充饥易携带的小零食	巧克力不适合，会融化成糊状。		
卫生条件差	近视人士	眼镜	若是需要戴隐形眼镜，不要带需药水的长带型，可用日抛型		备用眼镜

如何进出柬埔寨?

老挝
曼谷、万象、西贡
昆明、广州、台北
曼谷
泰国
占巴塞
弯衾
Voeung Kam
暹粒
Siem Reap
波贝
Poipet
上丁
桔井
洞里萨湖
马德望
磅湛
金边
Phnom Penh
木牌
Moc Bai
戈公
Koh kong
朱笃
Chau Doc
西哈努克城
Sihanoukville

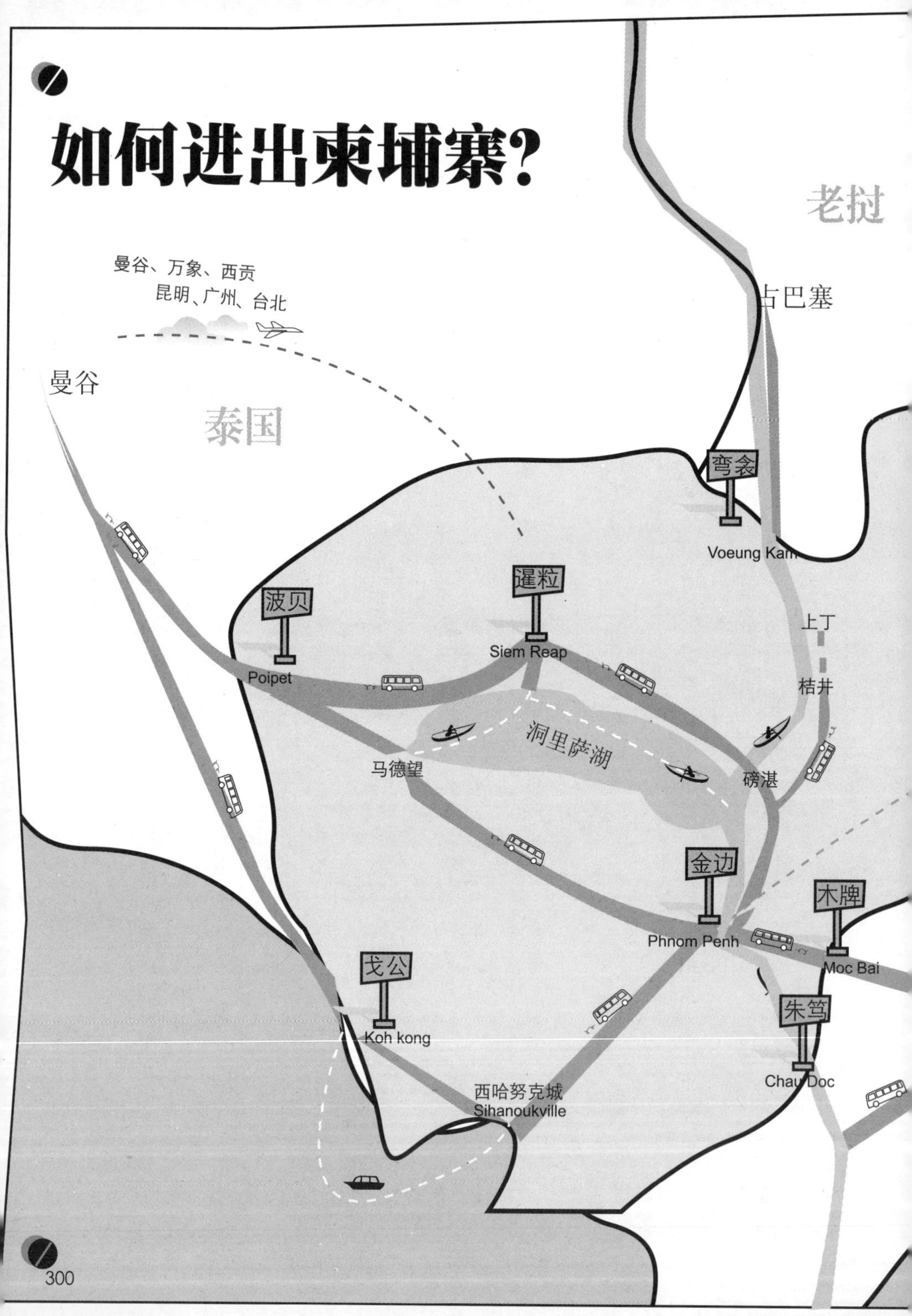

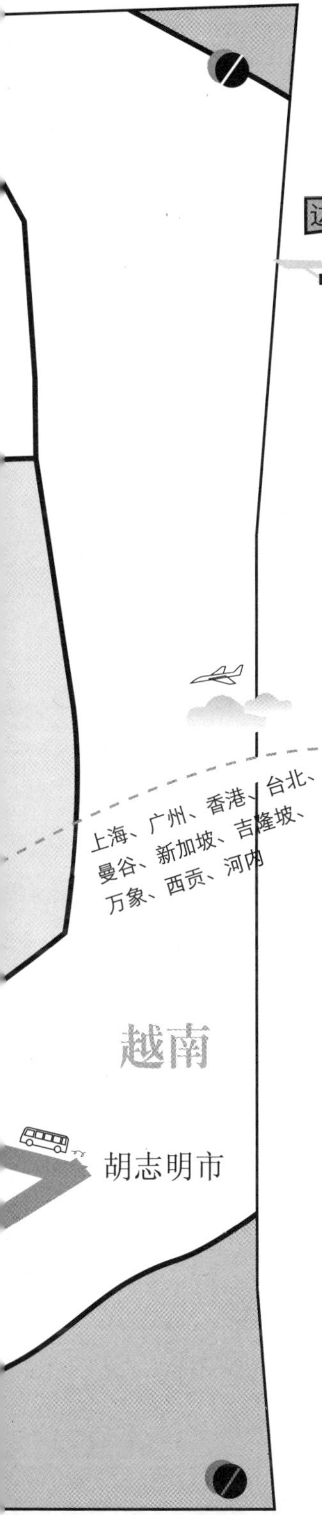

共有7个边境口岸开放给外国旅行者：→

出入境，涉及下列6要素：

1）交通工具（车、船、飞机）
2）交通时间（长、短）
3）签证手续（中国国内签、落地签；签一个国家、签多个国家）
4）过境手续（过一个国境、过多个国境）
5）边境口岸的选择
6）费用（签证费+机票+机场税+车船费）

根据自己的需要作好行程计划，使它们有一个最佳的组合是非常重要的。

有些方式可以省钱，但可能要花多点时间；有些既省钱又省时间，但在签证和过境手续上要繁琐很多。如果组合不当，会给你的旅程带来时间或金钱上的损失。所以选择一个适合自己的出入境方式很重要。

从P302-311都是关于上列因素的相关资料，你可以详细阅读和比较后，再作计划。

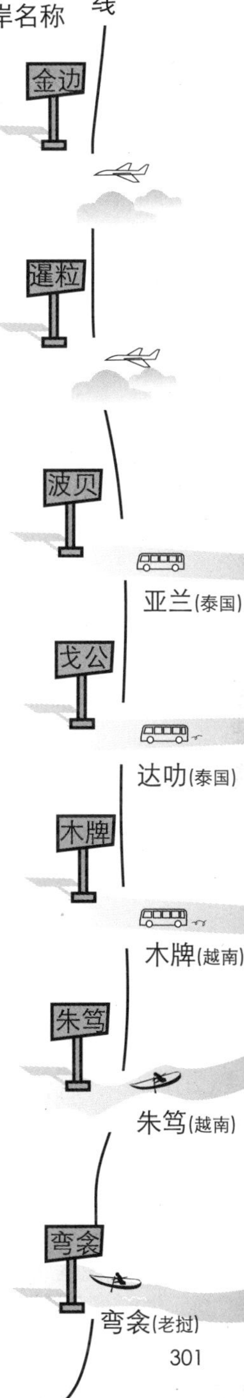

签证

柬埔寨签证

往柬埔寨的旅行签证有效期：签发日起3个月内入境有效，可以逗留30天。

有下列三种途径获得签证：

1）在柬驻中国领事馆取得签证：

带备：护照、身份证原件及复印件、3张2吋彩色证件照片；

费用：￥250元（不收美元）（旅游签证费200元，手续费50元）4个工作日可取。加收￥100元（半个工作天可取）

2）在柬驻其邻国领事馆取得签证：

柬驻西贡领事馆：$20，3张照片，当天取

柬驻曼谷领事馆：1000泰铢，不接受美金和瑞尔

柬驻老挝领事馆：（资料不详）

3）落地签证：

中国护照持有人可以获得为期30天的落地签证

签发口岸：金边国际机场、暹粒机场、柬泰边境

带备：护照正本，2张2吋照片。

费用：$20

⚠若你要在柬与其邻国间进出，那你还要先备好相关国家的签证：

越南签证

柬越之间只开放了两个边境口岸给外国人通过：木牌、朱笃。

柬越边境上，两国都不提供落地签证。

从柬往越南逗留28天以上的签证的申领地点：越南驻中国各领使馆，$50。

越南驻金边大使馆，$30

金边国际机场、暹粒机场，$30

带备：3张2吋照片。

填表注意：必须明确你的进关口岸名称，若写了其他关名（如河内或胡志明市，那你无法从木牌进关。）改期或改入境关口，$10。

金边的Capitol GH 也代理签证服务。

泰国签证

落地签证：波贝、戈公

泰国所有边境口岸都可办理落地签证。

提前办理签证地点：

泰国驻中国各领事馆

泰国驻金边大使馆，$20(一个工作天)

西哈努克城的Samudera 市场的签证点

老挝签证

老挝与柬的边境没有落地签。

弯衾关口经常开开关关。

目前为止（2003年），此关口开放。

签证地点：老挝驻中国各领事馆

老挝驻柬埔寨大使馆，$20

Capitol GH代理费用：$40

!到老挝要备老挝签证和柬出境许可证。

大使馆及领事馆

柬埔寨王国驻华大使馆：
地址：北京朝阳区东直门外大街9号
电话：65321889，65321958

柬埔寨驻广州领事馆：
地址：环市路花园酒店8楼
电话：83338999-809

柬埔寨驻上海领事馆：
地址：汉口路380号华盛大厦902
电话：63619646

中国驻柬埔寨大使馆
金边，毛泽东大道156号
电话：720920，720922

老挝驻柬埔寨大使馆
金边，毛泽东大道15-17号
电话：982632、720907

泰国驻柬埔寨大使馆
地址：金边市诺罗敦大道196号
电话：363869

越南驻柬埔寨大使馆
地址：金边市莫里旺大道436号
电话：362741、362314

出入境交通

方式A 直飞

方式B 邻国车船过境

金边国际机场

位置：市区西面8公里；

2003年2月，波成东国际机场(Pochentong International Airport)

正式易名金边国际机场(Phnom Penh International Airport)

❶离开机场前，在大堂索取免费的导游小册子。

机场交通：

机场班车：$2/人

摩托：$1-2/人

机场里面出租车：$7/车

机场外面出租车：$3-7/车

暹粒国际机场

距离城区6公里，离遗迹区很近，由中国援建。

幸运的话，飞机起飞或着陆时可以从空中鸟瞰吴哥寺。

机场交通：摩托$1，出租车$5。

宾馆免费接送往返机场。预定酒店时通知他们。

机场税	国际航班		国内航班	
	外国人	柬国民	外国人	柬国民
金边机场	$20	$15	$5	$4
暹粒机场	$15			
柬国内其他机场				

柬埔寨皇家航空公司

航线	航班号	班期	离站	到达
广州—金边	VJ099	3	2015	2205
	VJ099	6	1720	1910
金边—广州	VJ098	3	1535	1920
	VJ098	6	1235	1620
香港—金边	VJ071	1	1410	1555
	VJ079	3	1230	1415
	VJ071	5	1340	1525
金边—香港	VJ070	1	0940	1310
	VJ078	3	0800	1130
	V1070	5	0910	1240

柬埔寨第一航空公司

航线	航班号	班期	离站	到达
广州—暹粒		黄金周		
广州—金边	X6883	2、4、6	1250	1520
金边—广州	X6882	2、4、6	0820	1050

中国南方航空公司

航线	航班号	班期	离站	到达
广州—金边	CZ323	1、5	1420	1540
金边—广州	CZ324	1、5	1630	1940

中国东方航空云南分公司

航线	航班号	班期	离站	到达
昆明—暹粒	MU427	2、5	0920	1125
暹粒—昆明	MU428	2、5	1225	1430

上海航空公司(浦东机场)

航线	航班号	班期	离站	到达
上海—金边	FM933	2、5	1355	1720
金边—上海	FM934	2、5	1820	2315

金边及暹粒往东南亚城市

金边-曼谷 泰航、曼谷航空，各2班/日

金边-香港 港龙1、2、4、6

金边-西贡 越航 周1、3、6各2班

金边-河内 越南航空，周2、4、5、7

金边-万象 老挝航空，周1

暹粒-曼谷 暹粒航空、曼谷航空，4-5班/日，1小时

暹粒-西贡 越航、皇家金边、暹粒航空，1-2班/日，1小时15分

暹粒-万象 老挝航空，2班/周

机票票价参考（美元$）

行程	单程票价	双程票价
金边／广州	194-230	252-390
金边／上海	280	399
金边／香港	213-275	262-420
金边／西贡	65-70	120-140
金边／曼谷	83-125	142-222
暹粒／广州	194-230	252-390
暹粒／昆明	340	642
暹粒／曼谷	110-126	228
暹粒／西贡	60	
金边／万象	130	250

从地图上不难发现，泰国的曼谷距离柬埔寨的暹粒不远，而越南的西贡和金边更是几乎相互紧挨。虽然在柬境内的道路设施不是太发达，但在关口两边的交通还是很畅通的。相对于乘坐昂贵而不舒适的飞机从空中跨越，背包客们更愿意用自己的双脚穿过国境。

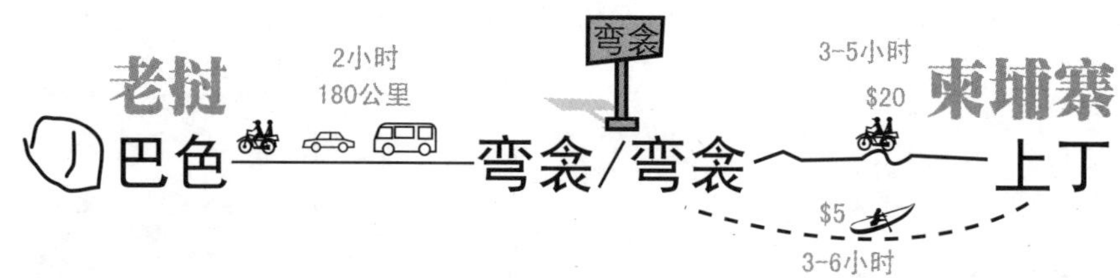

老挝到柬埔寨

从巴色到边境2小时

沿13号国道南下：

巴色(30公里）——>占巴塞（130公里）——>边境城镇：基纳(20公里）——>关口：弯衾

柬埔寨到老挝

从上丁到边境 3-6小时

从上丁到边境的路十分破烂。3-5小时，$20/摩托。

船：每天一到两班，$5，15000-20,000R，3-6小时。

行动前，到上丁的Amatak GH咨询最准确的资料。

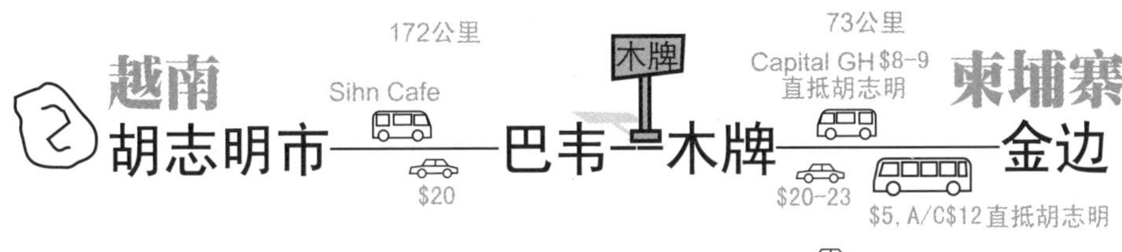

三种交通工具可以选择：

1) 套票巴士（空调大巴）7-10小时

金边——>胡志明市 中央市场西南角车站 周二、四、六6:30AM，$14

胡志明市——>金边 6:00AM，$12-14

2)旅馆中巴，7-9小时

金边——>胡志明市 Capitol GH每天，中巴 $6-9.

胡志明市——>金边 查询Sihn Cafe

3) 出租车，全程5-6小时

金边——>边境 $20-23/车，中央市场及Chhbar Ampeou市场（莫尼旺大桥东桥脚南面的）发车。Capitol GH：$6/人，车到旅店接你。

边境——>胡志明市 边境上有很多越南出租车在等候。必须讲价。$20/车，$5/人

胡志明市——>边境 $20/车，$5/人

胡志明市--->金边

Saigon Tourism可以提供到朱笃的交通，乘船到边境， 进入柬后换快船到乃良（Neak Luong）渡口，上岸后打出租车走1号国道到金边。

金边--->胡志明市

Capitol GH到朱笃$15，从朱笃到胡志明市打过路巴士$3。

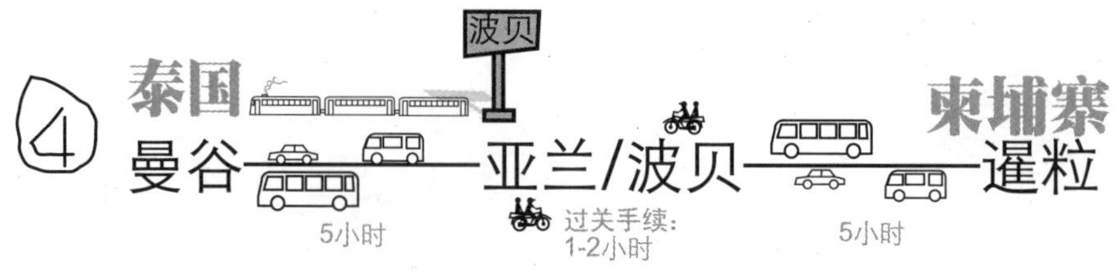

1）巴士套票：$12-25，12-15小时

曼谷考山路——>暹粒

曼谷考山路的旅游代理点票价：1200B、$12-25。(有时低至50-80B。 他们为了可以把旅客带到与他们有合作关系的旅馆里住。通常拖延至晚上到达，且停留在波贝和暹粒之间的地方，让你无可选择。除非你给“Walk out”的费用，才放你走。)

暹粒——>曼谷考山路：旅馆或旅行社可以代订车票

2）火车：三等舱 49B，提前一小时买票

曼谷——>亚兰：发车：05:55，到达:11:40

出车：13:05，到达:18:30 （等第二天过境）

亚兰车站<——>泰国关口：6公里，市场附近空调巴5B，嘟嘟车、摩托20-50B.

柬埔寨关口——>波贝货车站：摩托5-10 B

亚兰——>曼谷：发车： 6:30，到达:11:15

发车：13:35，到达:19:15

在亚兰兑换货币：
Siam City Bank：
位于汽车站，
周一至五，8:30-15:30
$

3）班车：5小时，112-160B

曼谷——>亚兰车站：曼谷北站乘车

亚兰车站<——>泰国关口：6公里，市场附近空调巴5B，嘟嘟车、摩托20-50B.

柬埔寨关口——>波贝货车站：摩托5-10B

亚兰车站——>曼谷：从上午5:00到下午16:00，每小时发一趟车.

4）旅游中巴：

曼谷考山路<——>泰国关口 250-320B.

柬埔寨关口——>波贝货车站：摩托5-10B

!若是到达边境或过境后已经很晚的话，两边口岸都有旅馆供应住宿。

波贝——>其他城市:找即将要发车（看到里面已坐满人的就是要走的。）

提醒：尽量不要选择在斯梳风停留，因为从那儿换车到暹粒的费用很贵50-200B，且诗梳风的治安和路况都不太好。更好的选择：

1）柬埔寨边境<——>暹粒

货车：5-6小时，$3/货斗，$5/驾驶室。中巴：250B/人

暹粒发车：7:00在Psah Leu

2）柬埔寨边境——>马德望——>暹粒

货车：4小时，5000R/货斗，8000R-$5/驾驶室，

在马德望过夜，第二天乘7:00的船到暹粒($15)，水路上风景很棒。

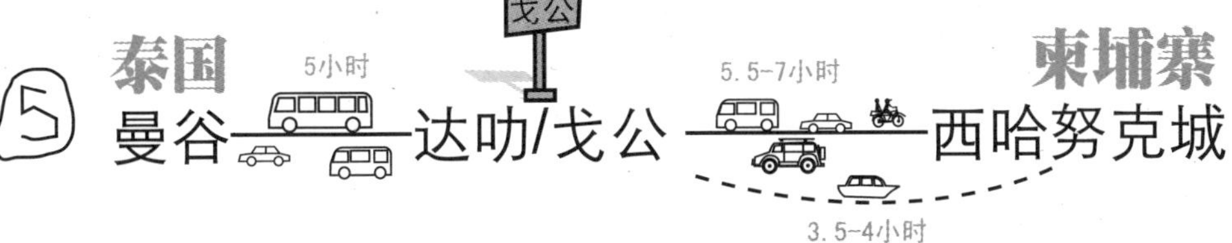

从曼谷到边境：

方法1）曼谷考山路——>达叻关口

其中有中巴车在凌晨1:00从考山路出发，在上午6:00AM到达达叻，

7:00AM边境开关，8:00AM有戈公到西哈努克城的最早一班船

方法2）曼谷Ekamai汽车站——> Trat镇——> Khlong Yai——> 达叻关口

a）曼谷考山路——>Ekamai汽车站：附近乘11路巴士或2路巴士到Ekamai汽车站

b）Ekamai汽车站——> Trat镇：乘坐空调巴：从8:30到16:30，1班/2小时，5小时，170B

c）Trat镇——> Khlong Yai：乘Songthaewk客车，35B，75分钟

Trat镇——>达叻关口：乘中巴(60-100B)，每30分钟一班

d）Khlong Yai ——>达叻关口：乘Songthaew客车：20B，20分钟

（Trat是一个有日夜市场的小镇。若你想赶明天8:00从戈公开往西哈努克城的船，那你要在Trat 雇出租车到边境，因为在这个时间还没有公共交通工具把你送往戈公。 另外的提议：可在Khlong Yai过夜， 比Trat小和安静。）

过境后：

戈公关口<——>戈公码头，15-20分钟，出租车：40-60B、摩托30B

戈公码头<——>戈公城，乘渡船(5-10分钟，40-100B) 过河到戈公城

（已经有桥跨过河，以后可就不用渡船，打摩托车就能过去。）

戈公城<——>西哈努克城

方法1）水路：快船：外国人费用：500B/$13-16、柬人费用：40000R

戈公发船8:00；3.5-4小时，每天数班。

西哈努克城发船：中午12:00（码头在货物港口附近的 Hun Sen Beach Dr.外，距离Phe Rd.大约700米。告诉司机 “Koh Kong”，他就会带你去码头。）

方法2）陆路：5.5-7小时，视乎等渡船的时间

走48号国道，接4号国道到西哈努克城。

但是中间的六条桥还在修建中，车子要渡船。

西哈努克城的旅馆开始提供出租车和小巴到戈公的服务。

如Fisherman's Den和Mealy Chenda GH。

中国护照 = 要给小费

!!!坚决SayNO!千万不要给小费!

柬埔寨某些海关人员会以各种方式向你索取小费或让你购买所谓的健康证明。通常外国游客是在办理落地签证的时候被索取的，假如不给的话就拖拖拉拉。对于这种不法行为，你绝对不应该纵容，也完全有理由断然拒绝。

于是你必须作好与之“作坚决斗争”的充分准备

1）手持绝对完备、无可挑剔的签证；2）在时间安排上做好“长时间作战”的心理准备。不要因为交通或“闭关时间”等因素把你的处境变得被动。3）把本书的“交通”章读通透，越熟悉环境，你就越有“底气”。

过境

乘坐飞机出入境注意：

1）柬国的班机，客人的托运行李中丢失小物件的事情经常发生。所以托运行李时里面尽量不要放贵重物品，注意扣子及拉链是否结实，最好上锁或打好结实的绳结。 2）在飞机上，空姐会发给你“入境出境卡”及“海关申报单”。（若你还没有签证，可以向她索取“落地签证申请表”）3）入境后马上到你所乘搭的飞机所属航空公司的柜台确认回程机票。（某些航空公司在机场没设营业点，要到　城里的营业点办理。）

!!!

出入柬边境注意

1.不要携带任何古董艺术品出境，除非得到文化部许可。
2.毒品、黄色书刊、武器等物品禁止携带。
3.携带贵重物品须详实登记。
4.高价物品出关，须得到海关许可证。
5.尽量不要替人家带行李。

入境时只填右页，入境后请保存好，出境时要把左页填好才能离开柬埔寨。

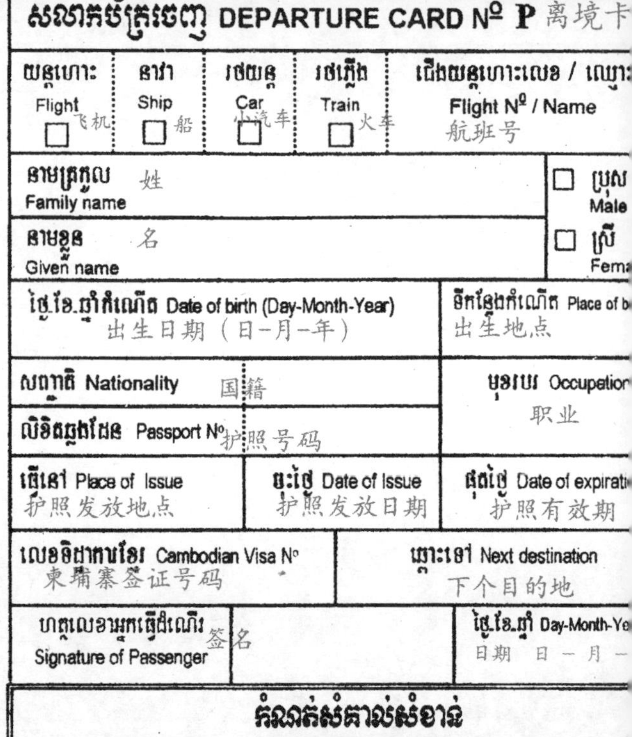

DEPARTURE CARD Nº P 离境卡

Flight 飞机	Ship 船	Car 小汽车	Train 火车	Flight Nº / Name 航班号
☐	☐	☐	☐	

Family name 姓 — ☐ Male

Given name 名 — ☐ Fema...

Date of birth (Day-Month-Year) 出生日期（日－月－年） — Place of b... 出生地点

Nationality 国籍 — Occupation 职业

Passport Nº 护照号码

Place of Issue 护照发放地点 — Date of Issue 护照发放日期 — Date of expirati... 护照有效期

Cambodian Visa Nº 柬埔寨签证号码 — Next destination 下个目的地

Signature of Passenger 签名 — Day-Month-Ye... 日期 日－月－

IMPORTANT NOTICE 注意事项

1. THIS DOCUMENT MUST BE WITH YOUR PASSPORT AT ALL TIME DURING YOUR STAY IN CAMBODIA 在你停留柬埔寨期间，必须把入境登记卡与你的护照放在一起

2. THIS DOCUMENT MUST BE HAND BACK TO THE BORDER CHECK POINT POLICE UPON DEPARTURE 在你离开柬埔寨时，必须把入境登记卡交还给边境为你办理离境手续的官员。

3. IF OVER STAYED THAN PERMITTED PLEASE APPLY FOR PERMISSION FROM THE IMMIGRATION AUTHORITY

若你超过了签证的有效期才离境，你必须同时出示出入境管理局发放的签证延期的证明。

FOR OFFICIAL USE 官方填写

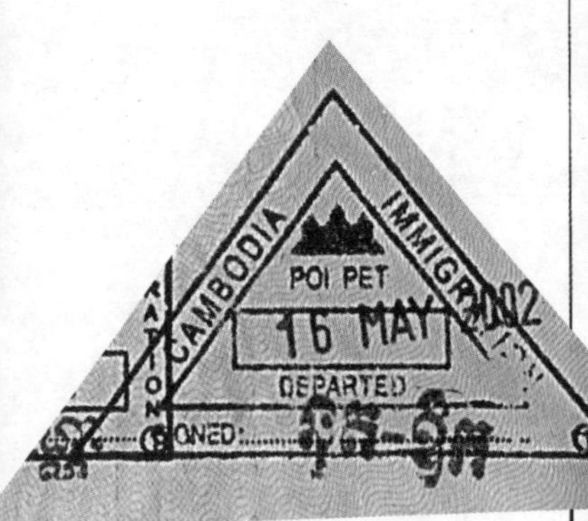

出境章：三角形

漫长等待

繁乱的边境

ARRIVAL CARD Nº P 入境卡

ght 飞机 | Ship 船 | Car 小汽车 | Train 火车 | Flight Nº / Name 航班号

ly name 姓 | Male 男 / Female 女

n name 名

Date of birth (Day-Month-Year) 出生日期（日－月－年） | Place of birth 出生地点

Nationality 国籍 | Occupation 职业

Passport Nº 护照号码

Place of Issue 护照发放地点 | Date of Issue 护照发放日期 | Date of expiration 护照有效期

Cambodian Visa Nº 柬埔寨签证号码 | Arriving from 来自 | Next destination 下个目的地

Permanent Address 久住址 | Country of residence 居住国

ddress in Cambodia 在柬埔寨的地址 （填“Hotel”就可以了。）

Hotel 酒店 | Stay with relative/friend 住在亲友家里 | Other 其他

Purpose of visit (Check only one box below)

Diplomat 公务 | Tourist 旅游 | Visit relative/friend 探亲访友 | Individualty 单独 / Or Group Tour 团体

Official 官方 | Business 商务 | Other 其他 | Length of stay 停留时间 Day (s)

First trip to Cambodia? 第一次到柬埔寨吗? | Yes 是 | No 不是

ignature of passenger 旅客签名 | Date-Month-Year 日期 日－月－年

FOR OFFICIAL USE 官方填写

PP 2002

如果是旅游旺季，边境上挤满团体客，其实没有人分得清你是“团体”还是“单独”，在Group Tour 上打钩，可能过境会顺利很多。

柬的落地签证亭

从泰国进入柬埔寨

“交通+过境”一条龙服务

利：在入境表上在Group Tour，上打钩（即团体过境）不容易被关员勒索。

弊：忍受漫无边际的等待。

过程：

1)曼谷考山路上车
2)开往边境亚兰（4小时）
3)到边境下车
4)等待（10分钟）
5)排队取表
6)填表
7)排队递表（20分钟）
8)盖出境章
9)等待（20分钟）
10)出泰国境
11)排队取表
12)填写
13)排队递表
14)盖入境章
15)入柬埔寨境
16)步行200-300米
17)到一旅馆的大厅里等待30-45分钟
18)上车，等待（20分钟）
19)开车，往暹粒（7小时）

入境章：长方形

境内交通

以公路和内河运输为主。主要交通线集中于中部平原地区及洞里萨湖流域，北部和南部山区交通闭塞。

民航：

行程	班次	单程价钱	双程价钱
金边-暹粒	6-9班/天	50-59	96-117
金边-马德望	2班/天	42-48	80-95
金边-上丁	2-3班/周	42-48	80-95
金边-拉达那基里	5班/周	51-58	97-106
金边-蒙多基里	2-3班/周	50	100
金边-戈公	2班/周	43-52	81-100
金边-森莫诺隆	2班/周		
金边-邦隆	7班/周		
暹粒-马德望	3班/周		
金边-西哈努克城	没有固定航班，查询金边皇家航空		
西哈努克城-暹粒	没有直航		

国内航班最多的是金边往暹粒，小飞机ATR72（60座），行程40-45分钟。某些班次中途要停马德望，所以飞行时间会超过90分钟。机票比较紧张，应提前购票。金边往暹粒航线没上国际机票网络，所以不能在柬埔寨以外买到这段航线的国际联程机票。

铁路：

金边-马德望-波贝385公里，可通曼谷。

金边-贡布-西哈努克城270公里；

⚠火车速度慢，治安不好，铁路年久失修，运输能力很低。除非“乘火车”是你的旅游项目，否则不推荐把它当做交通手段。

客船：

洞里萨区域：金边-暹粒-马德望（P314-315）

湄公河段：上丁-桔井-磅湛-金边-朱笃-胡志明（P304-305）

海域：西哈努克城-戈公（P307）

公路：

⚠进入柬埔寨后，公路的状况马上变得恶劣。我们无法以地图上标示的距离去计算行车的时间。一方面的原因是他们的道路总是在“施工中”，另一方面是车子经常在路上“抛锚”。且在地图上画得非常粗大的“国道”线，可能只是一条两车道的坑坑洼洼的土路。虽然如此，背包者们还是热忠于使用它们，因为那是最便宜的交通方式。

金边市的车船乘搭点

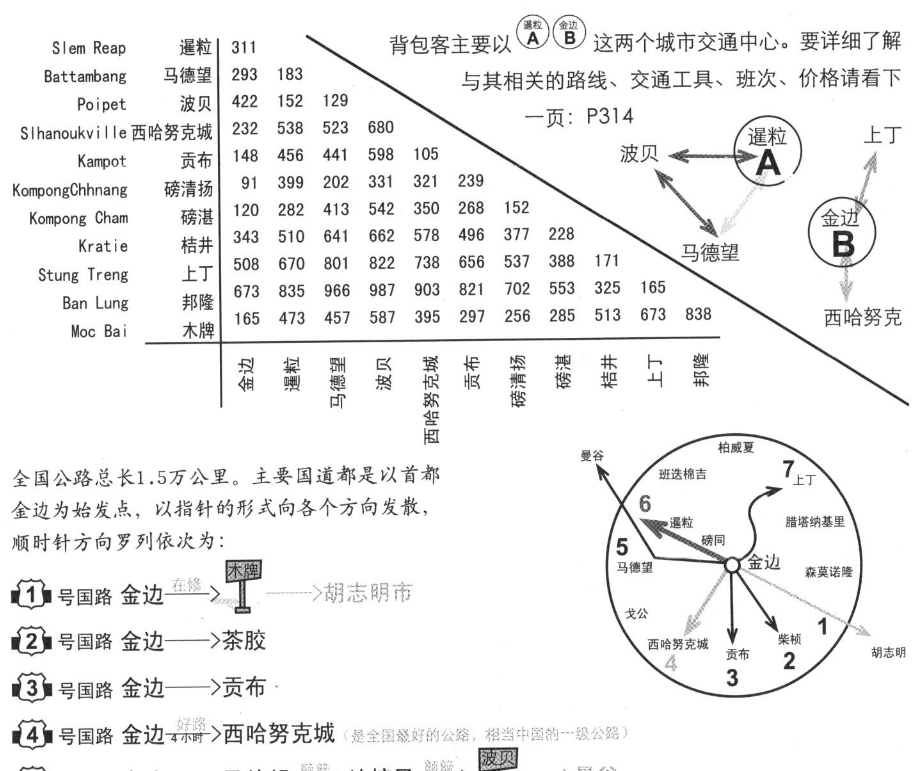

Slem Reap	暹粒	311										
Battambang	马德望	293	183									
Poipet	波贝	422	152	129								
Slhanoukville	西哈努克城	232	538	523	680							
Kampot	贡布	148	456	441	598	105						
KompongChhnang	磅清扬	91	399	202	331	321	239					
Kompong Cham	磅湛	120	282	413	542	350	268	152				
Kratie	桔井	343	510	641	662	578	496	377	228			
Stung Treng	上丁	508	670	801	822	738	656	537	388	171		
Ban Lung	邦隆	673	835	966	987	903	821	702	553	325	165	
Moc Bai	木牌	165	473	457	587	395	297	256	285	513	673	838
		金边	暹粒	马德望	波贝	西哈努克城	贡布	磅清扬	磅湛	桔井	上丁	邦隆

背包客主要以Ⓐ(暹粒)Ⓑ(金边)这两个城市交通中心。要详细了解与其相关的路线、交通工具、班次、价格请看下一页：P314

全国公路总长1.5万公里。主要国道都是以首都金边为始发点，以指针的形式向各个方向发散，顺时针方向罗列依次为：

1 号国路 金边—在修—>木牌------>胡志明市

2 号国路 金边——>茶胶

3 号国路 金边——>贡布

4 号国路 金边—好路 4小时—>西哈努克城（是全国最好的公路，相当中国的一级公路）

5 号国路 金边—9小时—>马德望—颠簸—>诗梳风—颠簸—>波贝------>曼谷

6 号国路 金边—好路 2小时—>磅同—颠簸 6-8小时—>暹粒——>斯梳风

7 号国路 金边—好路 2小时—>磅湛—颠簸—>桔井—颠簸—>上丁------>巴色------>老挝

车 & 路			城内交通	省际交通			
				4号国道	12356号国道	7号国道	
						旱季	雨季
☀	$$	人力三轮车	✓	✗	✗	✗	✗
☀☀	$	骑自行车	✓	✓	✓✗	✗	✗
☀☀	$$	自驾摩托车	✓	✓	✓✗	✓✗	✗
☀☀	$	打摩托	✓	✓✗	✓✗	✓	✗
☀	$	二轮摩托车	✓	✓✗	✓✗	✗	✗
	$$$	出租小汽车	✓	✓	✓	✓✗	✗
	$$$	四驱车	✓	✓	✓	✓	✓
	$	过路货车	✗	✓	✓	✓	✓✗
	$	中巴	✗	✓	✓	✓✗	✗
	$$	大巴	✗	✓	✓✗	✗	✗

线路、班次、价格

◎订票：在金边和暹粒，大部分宾馆、GH、旅行社可代购机票、船票、车票，不加收代购票，而且还派车送到机场或码头。

出租车：不一定有“TAXI”的标志。

路上就餐：中午停车时的就餐地点的价格和口味不是每个人都能接受的，最好自备干粮。

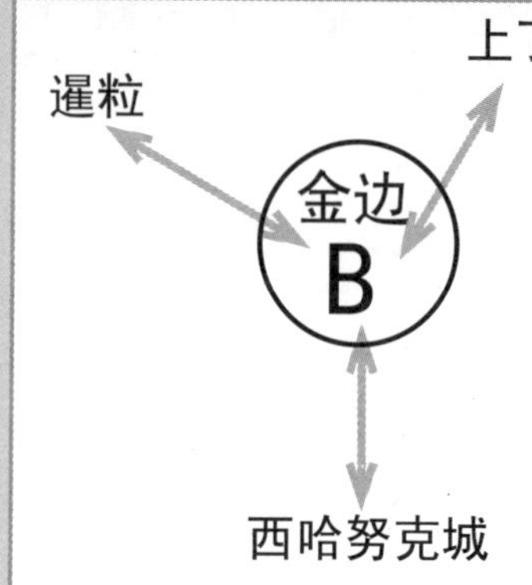

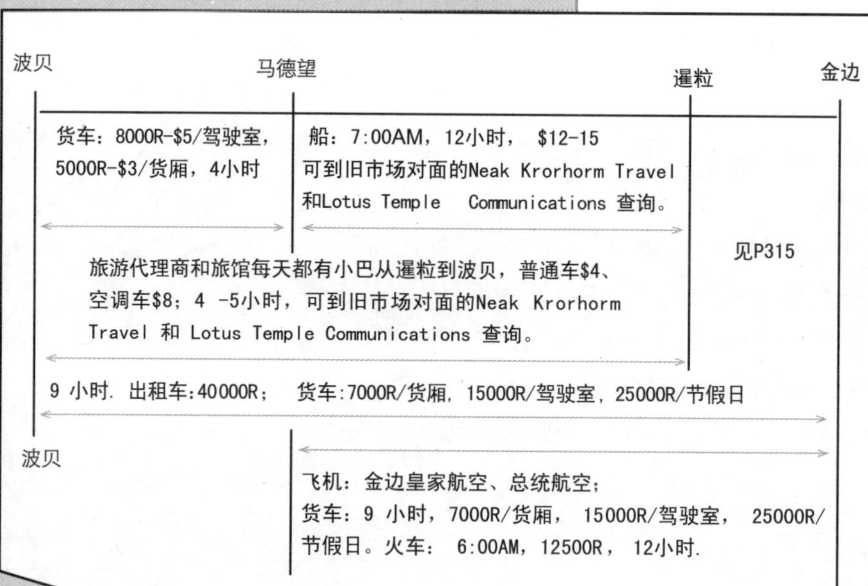

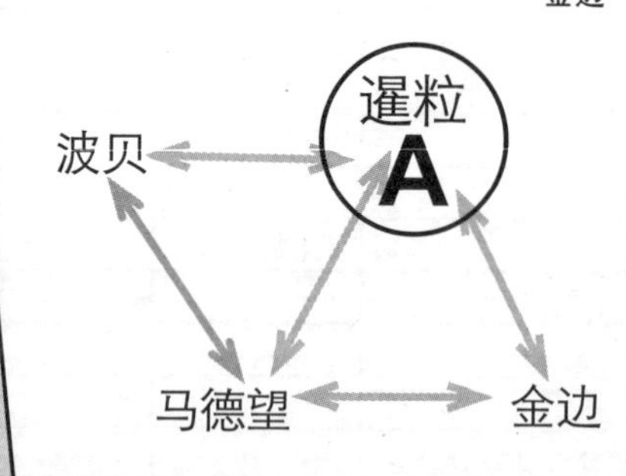

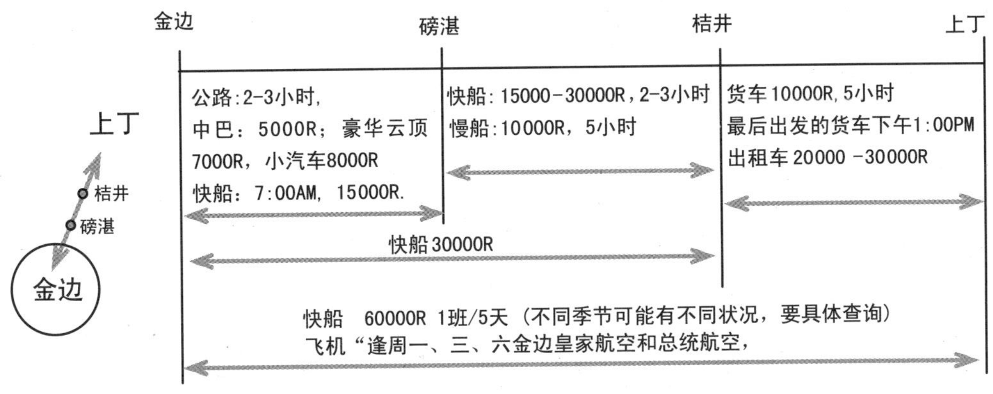

交通顺畅。

火车：6:30AM，4500R，270公里，13小时；
空调大巴： 4号国道，公路平坦，230公里，3-5小时
有两家运输公司（豪华云顶和GST）营运这条线路，
每天各有8个来回的班车，车况一样，价格相等，仅发车时间稍有不同。
提前购票为10000R / 人，临开车时票价会升到12000R / 人。
豪华云顶在西哈努克城的车站:Ekareach St. Tel:034-933888
GST在西哈努克城的车站：Ekareach和Sopheakmongkol Streets. Tel：012-820559.
Capitol Tours旅馆巴士：每天对开一班，12000R/单程，双程有折扣。
Capitol Tours在西哈努克城的车站：城区中心的Ekareach上.
金边发车：12:30PM；西哈努克城发车：12:30PM
中巴：中央市场西南角：7:30AM出发，10000R/人。
出租车： $20-25/车，乘搭点：金边：在中央市场西南角；　西哈努克城：在市场对面等客

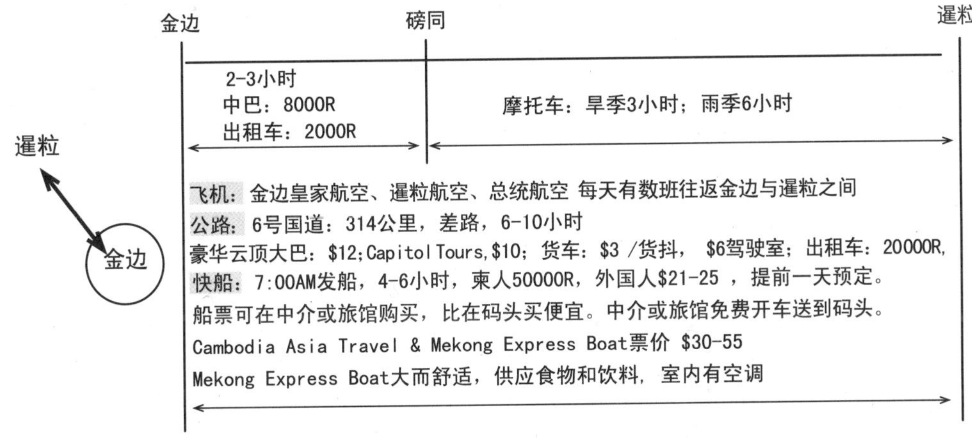

不是 安全第一？

这个年轻的船夫，从上船到把船修好，他一直没有摘下过那顶只露出双眼的帽子。全船人的生命都掌握在他的套了黑手套的手里啊。直到船顺利驶进洞里萨河，风不再强劲，他才露出真容。样子还是挺善良的。他笑起来更好看。

我的朋友Coco和来自英格兰的Kieran，我们都坐在船尾。

这段航程，很是险恶，风巨浪大，坐如此超载的小船，简直就是向死神挑战！人在旅途，从来没有一次，我感觉到死亡离我这样近，近得几乎可以闻到死神的气息。从发展旅游业的观点来看，柬埔寨人这种“超载”的行为，简直就是“杀鹅取卵”；而从人道的立场来看，这又无异于将生命当儿戏！

——尤今（新加坡）

在阅读了网上的不断出现的关于洞里萨湖和湄公河的船上经历的文字后，我才开始“后怕”，原来自己的那趟水上经历并不是偶发事件。

（略掉描写“艰难的上船过程”的文字。y右下图）我坐上了一艘载客量为15人而现在已坐进了30人的小船，被安排在船舱后接近发动机的地方。（略掉描写“被烈日煎熬”的文字）

其实在开船时两船夫之间已在那台发动机上指划，但船还是在浅水区往湖心开去，航行了大约20分钟，开始加速，这时左边的发动机不运作了，于是船在右发动机的驱动下，船身呈45度角在湖面上快速地打圈（直径：10米左右）浪很高很烈，划出来的浪圈把我们的船严严地围住，船就像在一个漏斗似的水圈里盘旋。其旋转的剧烈程度和倾斜度就像水上乐园里的飞船。（而这里没有给我们扣上“游乐场的安全带”）当然也没有乐园里的惊叫，所有人都憋了气，一动不敢动，生怕自己挪动一下都会影响船脆弱的重心，把船倾覆。

我朝船舱望去，除了拥挤的人头，找不到放置救生衣或救生圈的任何指示。于是对自己说：资料里说旱季的洞里萨湖只有3米，掉到水里，只要保持冷静和清醒，放弃相机包，是可以游上水来的。一定保持清醒！保持清醒！

船上的一老一嫩船夫在一头一尾相互叫嚷着修理发动机的事情，乘客则在其中传递修理工具。船或停或打圈，折腾了差不多一小时，在那年轻船夫（上图）的努力下，发动机终于响起了欢欣鼓舞的马达声。全船客人终于把绷紧的神经放松下来。船以直线飞速“飘摇”。（速度太快人太多，船很不安定，想在水面上飘）

最后有惊无险安全抵达金边。踉跄走上码头，开始寻找下榻地。把船上的惊险抛诸脑后。

快船：

由于价格和速度的原因，快船成为来往金边和暹粒的最普遍的交通方式之一。乘客多为外国游客，本地人极少，不论大小型的快船，一律超载。

慢船：

在湄公河涨水期，如果你有宽裕的时间，喜欢冒险，那你可以选择乘慢船去体验真正的水上生活。在你出发前的1或2天到码头询问清楚。你的摩托车司机可以帮你讲价。明确价格里是否包伙食。金边-暹粒(5/6月- 1/2月)$6-8 ，旅途大约要2天 。

自驾车

自驾汽车：

Att（柬埔寨最大的汽车出租公司）

金边:166 Norodom Blvd HP:016909090

暹粒:6号国道　电话:016636363

波贝:5号国道　电话:016545454

自驾摩托：

虽然政策经常改变 ，目前允许游客自驾摩托。(100-650cc)摩托车出租：Lucky Lucky Motorcycle 金边：莫尼旺大道，182街附近。

100cc $6-8/天(适合城内行走)

250cc $8-12/天(适合柬国道上行走)

护照会被扣压下来，如果你丢失了车辆，你要付车的钱，就等于你买下它。

不论在城区或者遗迹区，记紧要把车锁好，且尽量停到保管站或付点小费给路边的商铺，让他们帮忙看着。

如果车子被碰伤过，就可能要你赔偿损失。

经过村庄附近要放慢速度，小心路上的小孩、小货车和牲畜。

骑自行车：

柬的城市面积都不大，在城区范围骑自行车游走是不错的交通方式。4号国道可以让你畅快飞驰。旅馆或旅行社有出租自行车。你可以多看几家，车子有新有旧，$1-3/天。

带备足够的饮用水。避开11:00AM-4:00PM这段烧烤一样的时间。(水布P183可以帮你挡阳光)

雨季水位

出租车 $4-5　摩托 $1-2

往暹粒市区12公里

20-30分钟路程

浮屋

小船

大船

旱季水位

暹粒码头 在格罗姆寺（Phnom Krom）附近

快船一般只能到达暹粒水上码头——浮屋，在水上码头需换乘小机动船(载客量约10人)到陆地码头，乘坐小机动船不需另付费。因为雨季时湖水暴涨，而旱季时湖水退落，陆上码头与市区的距离视季节不同而不同。

វាក្យស័ព្ទ

常用词汇

和当地人交流，除了“英语”这一语言桥梁外，肢体语言、简单手绘也是最便捷而实用的沟通方式。在上面提到的方法都不能表达你要说的话时，你或许会用到它。

英语 ↔ 汉语 ↔ 高棉语

问候

喂, 你好
Hello
ជំរាបសួរ

你好吗？
How are you?
អ្នកសុខសប្បាយទេ?

我很好
I'm fine
ខ្ញុំសុខសប្បាយ

我的名字叫
My name is ...
ខ្ញុំឈ្មោះ ...

你叫什么名字？
What is your name?
អ្នកឈ្មោះអី?

是的 Yes 男说បាទ 女说ចាស

不是 No ទេ

请 Please សូម

谢谢 Thank you អរគុណ

不用谢
You're welcome
អត់អីទេ/សូមអញ្ជើញ

对不起
Excuse me
សុំទោស

再见
Goodbye
លាសិនហើយ

你从哪国来？
Where are you from?
អ្នកមកពីប្រទេសណា?

我从... 来
I come from ...
ខ្ញុំមកពី ...

疑问/询问

什么 What អ្វី

谁 Who អ្នកណា

什么时候 When ពេលណា

哪里 Where កន្លែងណា

为什么 Why ហេតុអ្វី

这是什么
What is this?
នេះជាស្អី?

我不明白。
I don't understand.
ខ្ញុំមិនយល់ទេ

你说什么？
Pardon?
អ្នកនិយាយថាម៉េច?

你去哪里？
Where are you going?
អ្នកទៅណា?

我可以给你拍照吗？
May I take your photo?
ខ្ញុំអាចថតរូបអ្នកបានទេ?

在高棉语中. . . 怎样说？
How do you say ... in Khmer?
... ខ្មែរថាម៉េច?

这表示什么意思？
What does this mean?
នេះមានន័យថាម៉េច?

遇到困难寻求帮助

这里有人会讲英语吗？
Does anyone here speak English?
ទីនេះមានអ្នកចេះភាសាអង់គ្លេសទេ?

你明白吗？
Do you understand?
អ្នកយល់ទេ/អ្នកស្តាប់បានទេ?

我不明白。
I don't understand.
ខ្ញុំមិនយល់ទេ/ខ្ញុំស្តាប់មិនបានទេ

请说慢点。
Please speak slowly.
សូមនិយាយយឺតៗ

请给我翻译。
Please translate for me.
សូមបកប្រែឱ្យខ្ញុំ

有人帮忙吗！救命
Help!
ជួយខ្ញុំផង!

沿虚线剪下来

这是急事！
It's an emergency!
នេះជារឿងបន្ទាន់!

帮忙叫医生来！
Call a doctor!
ជួយហៅគ្រូពេទ្យមក!

帮忙叫警察来！
Call the police!
ជួយហៅប៉ូលីសមក!

你可以帮助我吗？
Could you help me please?
អ្នកអាចជួយខ្ញុំបានទេ?

请问我能用电话吗？
Could I please use the telephone?
ខ្ញុំប្រើទូរស័ព្ទបានទេ?

我想找我国大使馆。
I wish to contact my embassy.
ខ្ញុំចង់ហៅស្ថានទូតប្រទេសខ្ញុំ

我被打劫了。
I've been robbed.
ខ្ញុំត្រូវចោរប្លន់។

停下来！
Stop!
ឈប់!

留神！
Watch out!
ប្រយ័ត្ន!

走这条路安全吗？
Is this path safe to walk on?
ផ្លូវនេះមានសុវត្ថិភាពដែរឬទេ?

这里有地雷吗？
Are there any land mines in this area?
នៅម្តុំនេះមានមីនឬទេ?

急救/药物 疾病/健康

医生 doctor គ្រូពេទ្យ

医院 hospital មន្ទីរពេទ្យ

药房 pharmacy ឱសថស្ថាន

我病了。 I'm ill. ខ្ញុំឈឺ

我的. . . 疼。
My ... hurts.
... របស់ខ្ញុំឈឺ

我想吐。
I feel nauseous.
ខ្ញុំចង់ក្អួត

我感到很虚弱。
I feel weak
ខ្ញុំអស់កំលាំង

我感到头晕。
I feel dizzy.
ខ្ញុំវិលមុខ

我呼吸困难。
I'm having trouble breathing.
ខ្ញុំពិបាកដកដង្ហើម

我对. . . 过敏. . .
I'm allergic to ...
ខ្ញុំមិនត្រូវធាតុ ...

腹泻 diarrhea រោគចុះរាក

痢疾 dysentery រោគមួល

发烧 fever គ្រុន/ក្តៅខ្លួន

疼痛 pain ឈឺ

流行性霍乱
Cholera
អាសន្នរោគ

艾滋病
AIDS
អេដស៍

艾滋病毒
HIV
ហ៊ីវ

病毒
Virus
វីរុស

中暑
Heatstroke
សុរិយរោគ

肝炎
Hepatitis
រលាកថ្លើម

破伤风
Tetanus
តេតាណូស

接种疫苗
Vaccination
ចាក់ថ្នាំបង្ការរោគ

青霉素
penicillin
ប៉េនីស៊ីលីន

抗生素
antibiotics
អង់ទីប៊ីយោទិក

我需要. . . 药
I need medicine for ...
ខ្ញុំត្រូវការថ្នាំសំរាប់ ...

阿斯匹林
aspirin
អាស្ពីរីន

可待因（止痛药）
codeine
ខូឌីន

奎宁
quinine
គីនីន

安眠药
sleeping pills
ថ្នាំងងុយដេក

药品
medicine
ថ្នាំ

防蚊剂
mosquito repellent
ថ្នាំការពារមូស

方位/交通 购票/地点

...在哪？
Where is ...?
... នៅឯណា?

向左拐
Turn left
បត់ឆ្វេង

向右拐
Turn right
បត់ស្តាំ

小汽车
car
កូនឡាន

公共汽车
bus
ឡានក្រុង

船
boat
ទូក

火车
train
រថភ្លើង

飞机
Air plane
យន្តហោះ

自行车
bicycle
កង់

人力三轮车
cycle
ស៊ីក្លូ

…离这里有多远？
How far is the ...?
... ឆ្ងាយប៉ុន្មាន?

我想去看...
I want to see the ..
ខ្ញុំចង់ទៅមើល ...

我在找....
I'm looking for the ...
ខ្ញុំរក ...

它几点开门？
What time does it open?
វាបើកម៉ោងប៉ុន្មាន?

它几点关门？
What time does it close?
វាបិតម៉ោងប៉ុន្មាន?

它还营业吗？
Is it still open?
វានៅបើកឬទេ?

这是什么？
What ... is this?
នេះជាអ្វី?

我住在...
I'm staying at ...
ខ្ញុំស្នាក់នៅ ...

地址
address
អាសយដ្ឋាននេះ

北north ខាងជើង

南south ខាងត្បូង

东east ខាងកើត

西west ខាងលិច

这叫做什么？
What is this called?
... នេះឈ្មោះអី?

汽车总站
bus station
មណ្ឌលឡានក្រុង

车（中途）站
bus stop
ចំណតឡានក្រុង

火车站
train station
ស្ថានីយរថភ្លើង

机场
airport
វាលយន្តហោះ

哪条路去 ..？
How can I get to ...?
ផ្លូវណាទៅ ...?

那地方远吗？
Is it far?
វានៅឆ្ងាយទេ?

那地方近吗？
Is it near?
វានៅជិតទេ?

它就在这里附近吗？
Is it near here?
វានៅជិតនេះទេ?

一直走。
Go straight ahead.
ទៅត្រង់

在拐角处
at the conner
នៅកាច់ជ្រុង

在...前面
in front of
នៅខាងមុខ

紧挨着
next to
នៅជាប់

在 ..后边
behind
នៅខាងក្រោយ

在对面
opposite
នៅទល់មុខ

我想（在这里）下！
I want to get off (here)!
ខ្ញុំចង់ចុះ (ទីនេះ)!

去 ...是多少钱？
How much is it to ...?
ទៅ ... ថ្លៃប៉ុន្មាន?

请把我带到...
Please take me to ...
សូមជូនខ្ញុំទៅ ...

银行
bank
ធនាគារ

电影院
cinema
រោងកុន

大使馆
Embassy
ស្ថានទូត

市场
market
ផ្សារ

博物馆
museum
សារមន្ទី

公园
park
សួន

邮局
post office
ប្រៃសណីយ

庙宇
temple
វត្ត

警察局
police station
ប៉ុស្តប៉ូលីស/ស្ថានីយនគរបាល

沿虚线剪下来

公共电话
public telephone
ទូរស័ព្ទសាធារណៈ

卫生间
toilet
បន្ទប់អនាម័យ

公厕
public toilet
បង្គន់សាធារណៈ

住宿

廉价旅馆
Guesthouse
សណ្ឋាគារ

我想要. . . 的房间
I'd like a room ...
ខ្ញុំសុំបន្ទប់ ...

双人（房）
for two people
សំរាប់ពីរនាក់

带浴室
with a bathroom
ដែលមានបន្ទប់ទឹក

带风扇
with a fan
ដែលមានកង្ហារ

有窗户
with a window
ដែលមានបង្អួច

有房间吗？
Do you have rooms?
អ្នកមានបន្ទប់ទំនេទេ?

多少钱一天？
How much is it per day?
តំលៃមួយថ្ងៃប៉ុន្មាន?

能看一下房间吗？
Can I see the room?
ខ្ញុំអាចមើលបន្ទប់បានទេ?

有更好的房间吗？
Do you have a better room?
អ្នកមានបន្ទប់ល្អជាងនេះទេ?

我就要这个房间。
I'll take this room.
ខ្ញុំយកបន្ទប់នេះ

餐饮

餐厅
restaurant
ភោជនីយដ្ឋាន

食品店
food store
កន្លែងលក់ម្ហូប

我是素食主义者。
I'm vegetarian.
ខ្ញុំតមសាច់

很美味。
Delicious.
នេះឆ្ងាញ់ណាស់

我想要一个 ...
I want a ...
ខ្ញុំចង់បាន……មួយ

饮用水
Drinking water
ទឹកបរិសុទ្ធ

冰 ice ទឹកកក
茶 tea ទឹកតែ
咖啡 coffee កាហ្វេ
牛奶 milk ទឹកដោះគោ
糖 sugar ស្ករ
米饭 rice បាយ
鱼 fish ត្រី
牛肉 beef សាច់គោ
鸡 chicken មាន់

购物

. . .多少钱？
How much is ...?
នេះថ្លៃប៉ុន្មាន?

钱
Money
ប្រាក់ / លុយ

找零钱
Change
អាប់លុយ

太贵了。
That's too much.
ថ្លៃពេក

不高于. . . （价钱）
No more than ...
មិនលើសពី ...

我想兑换. . .
I want to change ...
ខ្ញុំចង់ដូរ ...

美元
US dollars
ដុល្លាអាមេរិក

美元汇率是多少？
What is the exchange rate for US dollars?
មួយដុល្លាដូរបានប៉ុន្មាន?

卫生纸
toilet paper
ក្រដាស់អនាម័យ

卫生巾
sanitary napkins
សំឡីអនាម័យ

避孕套
condoms
ស្រោមអនាម័យ

时间

早上 morming ពេលព្រឹក
下午afterroon ពេលរសៀល
晚上evening ពេលល្ងាច
今天 today ថ្ងៃនេះ
明天 tomorrow ថ្ងៃស្អែក
昨天 yesterday ម្សិលមិញ
星期日 Sunday ថ្ងៃអាទិត្យ
星期一Monday ថ្ងៃចន្ទ
星期二Tuesday ថ្ងៃអង្គារ
星期三Wednesday ថ្ងៃពុធ
星期四Thursday ថ្ងៃព្រហស្បតិ៍
星期五Frihday ថ្ងៃសុក្រ
星期六Saturday ថ្ងៃសៅរ៍
一月January មករា
二月February កុម្ភៈ
三月 March មិនា
四月 April មេសា
五月 May ឧសភា
六月 June មិថុនា
七月 July កក្កដា
八月 August សីហា
九月 September កញ្ញា
十月 October តុលា
十一月November វិច្ឆិកា
十二月 December ធ្នូ
一天 one day មួយថ្ងៃ
一周 one week មួយអាទិត្យ

沿虚线剪下来

■吴哥遗迹名称 ■印度神祇名称
■其他（人名、书名、地方名、组织名等等）
每一个词后的数字为书中提及的相关内容的所在页码

英→中

专有名词

除了华人开的餐馆和旅社的招牌外，任何的路标、景点、导游资料、陈列品说明等均不使用中文。在您进入景区、参观博物馆时，它尤其能派上用场。

A

Ak Yum 阿约寺
Amrita 长生不老药
Angkor Wat 吴哥寺
Angkor Thom 吴哥城
Airavata 伊罗婆陀（三头象）
Ananta=Vasuki 瓦苏基（七头蛇）
Angkor 吴哥（意：城市）
Apsara (梵语)阿卜娑罗
Aranya prathet 亚兰
Ascetics大仙
Asura阿修罗

B

Bakev博胶（地方名）
Bana班那
Ban Lung邦隆
banteay （高棉语）城堡
Banteay Chhmar班迭奇马
Banteay Kdei 斑黛喀蒂
Banteay Meanchey 班迭棉吉（省）
Banteay Samre 班提色玛寺
Banteay Srei 女王宫
Baphuon 巴方寺/铜塔
baray (梵语)人工蓄水池/水库
Bassac巴塞河/百色河
Battambang马德望（省、市）
Bayon巴戎寺
Bhagavadgita/Bhagavad《薄伽梵歌》
boeng / oeng / Boeung湖
Boeng Tonle Sab洞里萨湖
bodhi菩提（意译“觉”）
Brahma梵天
Brahman婆罗门
Buddha (梵语) 佛陀、释迦牟尼

C

Cambodia Tourism柬埔寨旅游局
Cardamon Mountains 豆蔻山脉
Cham=Champa 占人/占婆人
Champasak占巴塞（老挝的城市）
Chandra月神/月天子旃陀罗
Chau Doc朱笃
Chau Say Tevoda周萨神庙
Chenla 真腊
Choamkhsan特崩棉则
Chuor Phnom Damrei象山山脉
Chuor Phnom Dangkrek扁担山脉
Chuor Phnom Kravanh豆蔻山脉
Chou Ta-kuan周达观
Churning of the Ocean of Milk 搅拌乳海

D

deva 天神
devaraja (梵语)天帝
dharma 正法/达摩

E

East Baray东池
East Mebon东梅奔
Educational Scientifi and Cultual Qrganization 联合国教科文组织

F

Fu-nan (中文)扶南

G

Ganesa/Ganesha伽内什/象头神/ 湿婆的儿子
Ganga 恒河女神, 湿婆的其中一个妻子
Ganges恒河
garuda (梵语)大鹏金翅鸟/神鸟伽鲁达
guru (梵语) 导师

H

Had Let达叻（泰国边境）
Hanuman 神猴哈奴曼
Hari-Hara (梵语)诃里诃罗
hendi盛酒的器皿
Herni Mouhot亨利・穆奥
Hindu Mythology印度神话
Hun Sen 洪森

I

ICRC/International Cammittee of the Ped Cross国际红十字委员会
Indra (梵语) 天帝/因陀罗
Isvara 湿婆的其中一个名字

K

Kailasa 盖拉沙山，湿婆居住地
kala (梵语, "黑色、死亡")
Kama 爱神
Kambuja=Cambodia 柬埔寨
Kampong港、集市
Kampong Trach 磅德拉（市）
Kamport 贡布（省、市）
kampong 水边城镇、码头
Kampong Cham 磅湛（省、市）
Kampong Chnang磅清扬（省、市）
Kampong Som 磅逊港
Kampong Speu 磅士卑（省）
Kampong Thom 磅同（省、市）
Kandal 干丹（省）
Kauravas 俱卢/库鲁歇特
Kep 白马（市）
Khao San Rd. 考山路
Khmer 高棉
Khmer Rouge 红色高棉政权
Khlong Yai桐艾（泰国边境）
Kleang 仓库
ko 公牛
Koh,Kol,Kas,Poulo 岛
Koh Ker 高盖（地方名）
Koh Kong戈公（省、市）
Koh Rong 龙岛
Kratic 桔井（省、市）
Krishna (梵语, "黑的")黑天/克里希纳
Krol Ko 格劳尔哥寺
Kubera 俱毗罗，财神

沿虚线剪下来

L

Laksmi /Lakshmi （梵语）幸福女神/吉祥天/拉克什米/幸运与美的女神
Lakshmana罗什曼那
Lanka楞伽/兰卡
Linga林迦
Luang Prabang琅勃拉邦（老挝的城市）
Lumphal 隆发（市）

M

Mahabharata 《摩诃婆罗多》
Mandara 曼多罗/曼荼罗
Mekong River 湄公河
Memot 棉末（地方名）
Meru (梵语)须弥山
Moc Bai木牌（柬越边境）
Mount Govardhana 牛增山
Mondulkiri 蒙多基里（省）

N

naga (梵语)那伽
Nagaraja　蛇王
Nala 那罗（建筑的猴子）
Nandi (梵语) 神牛南迪，湿婆的坐骑
Neak 龙
Neak Luong 乃良渡口
Neak Pean 龙蟠水池
North Kleangs & South Kleangs南北仓

O

Oddar Meanchey 奥多棉吉（省）
Oudong 乌栋（地方名）

P

Pailin拜林（市）
Pakse/Pakxe 巴色（老挝边境镇）
Pandavas 番塔渥/般度族
Parvati　帕尔瓦蒂/湿婆的妻子/帕凡提
Phanwantari天医
Phimeanakas 空中宫殿
Phnom (高棉语)山口、 山
Phnom Aoral 奥拉山
Phnom Bakeng 巴肯山/巴肯寺
Phnom Krom 格罗姆寺
Phnom Kulen 荔枝山/昆仑山
Phnom Sam Koh 松戈山
Poipet波贝（市）
Pol Pot 波尔布特
Preah Pithu 普拉比图
Prek,Stoeang,Stung 河
prasat (梵语) 宫殿/寺
Prasat Kravan 豆蔻寺
Prasat Suor Prats 十二塔庙
Preah （高棉语）神圣的
Preah Palilay 普拉巴利奈
Preah Khan 波列砍/圣剑寺
Preah Vihear 圣庙/柏威夏（省、市、寺）
Pre Rup 比粒寺
Prey Veng波罗勉（省、市）
Price Norsdom Ranariddh 拉那烈王子
psar 市场
Purana《薄伽梵宇宙》
Pursat 菩萨（省、市）

R

RAC Royal Air Cambodge柬皇家航空
rahu (梵语) 罗睺
raksha 夜叉
Rama (梵语)罗摩
Ramayana (梵语)《罗摩衍那》
Rattanakiri 腊塔纳基里（省）
Ravana /Ravan 罗波那/拉发那
Riel 瑞尔（柬币）
Roluos 罗洛士群

S

Sakyamuni　释伽牟尼
sampot 松波（高棉的一种腰裙）
Samrong 三隆（市）
Sanskrit梵语
Sangker River 马德望河/桑歧河
San River / Sen River 桑河
sarong 沙笼布
Sekong River 公河
Sen Monorom 森莫诺隆（市）
Siem Reap 暹粒（省、市）
Sisophon 诗梳风（市）
Sita 悉多，罗摩的妻子
Shiva / Siva 湿婆
Siamese 暹人/暹罗人
Skanda 塞键陀/斯坎达/湿婆的儿子
spean (高棉语) 桥
Srah Srang 皇家浴池
Spean Thma 石桥
srei　女性
Sremot 海
Srepok River 斯雷博河
Sri Lanka 斯里兰卡/锡兰
stupa (梵语)佛塔、窣堵波
stung / Stoeang (高棉语) 河
Stung Treng 上丁（省、市）
Sugriva 须揭利婆/苏羯里婆
Sumeru 须弥山
Surya　太阳神/苏利耶/日天子
Suryavarman苏利亚瓦尔曼/苏利耶跋摩
Svay Rieng 柴桢（省、市）

ta 祖辈、祖父、对老年男性的尊称
Ta Keo 茶胶寺（省、市、寺）
Ta khmau达克茂（市）
Ta Prohm 塔布茏寺
Ta Som 塔逊
Temple-mountain 塔山/山庙
Terrace of the Elephants战象台阶
Terrace of the Leper King 癞王台阶
The Dew of Life 不死甘露
The World Monument Fund 世界古迹基金会
thom (高棉语)大
Thommanon 托玛隆神庙
Thai Baht 泰铢(泰国货币）
Tonle河
Tonle Bati巴迪河
Tonle Sap 洞里萨湖
tuk-tuk 嘟嘟车

Uma 乌玛，湿婆的妻子
UNTAC 联合国维和部队
UNESCO 联合国教科文组织

Valin　波林, 猴王
Varuna 婆楼那
Varuni 天女梵琉尼
Vasuki 瓦苏基巨蛇，水神
Vibhhisana 维毗沙那
Vientiane万象（老挝首都）
Vihear /vihara (高棉语) 寺庙、佛堂
Vishnu毗湿奴
Voeung Karo/Voen Kham/Voen Kharm 弯衾/永衾（柬老边境）

Wat / Vat (泰语)佛寺、僧舍
West Baray西池
West Mebon 西梅奔
WHO World Health Oraganization世界卫生组织

yaksha 夜叉
Yama (梵语)阎摩/冥王
yoga 瑜伽（梵文“Yuj”）
yogin (梵语) 修瑜伽者

沿虚线剪下来

锦囊篇

P276-323

这个旅程将会在下一次的赶车中结束。很功利的走过来一圈，看似要满载而归地回家，思想空虚得像肚饿的洞穴。有过孤独，有过喜庆，走走停停，无数面孔在身旁擦过，热热的，冷冷的，全数似作不可长久的记忆……

——2002年5月，吴哥寺护城河

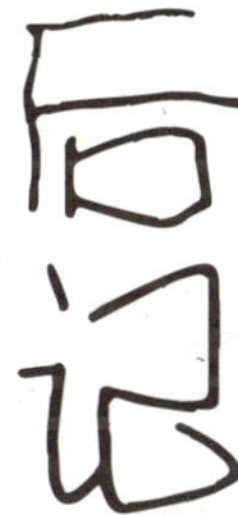

和加奈子的"快餐式友谊"

我是在巴戎寺等阳光的时候，被加奈子逮着的。加奈子要找一个人与她分担房费($4, Bath in room, window face to garden,clean)。我本来住的GH是$3 (Bath in room) 但洗手间很脏。多一个室友，每天还省了$1。当晚我就搬到了她的GH.

我们的作息时间非常不同（我出外的时间是凌晨4:45到晚上8:30,她是中午11:00到凌晨2:00。）但有很多地方却是很相同：床和行李任何时候都是乱的；戴的眼镜也是一个款式。（以致有天我找眼镜，她死按着我的眼镜，说是她的）最后一个发现就是原来大家都是很爱说话的人。我们的交流工具是蹩脚的英语和在纸上补充些手写的汉字。一路下来畅通无阻。像久别重逢的两个"大傻"，滔滔不绝地连门也不出了，关在房里乱七八糟的谈个一大半天。

她现在怎样了呢？怎么没想过要留下彼此的联络方式？

我们的友谊建立得太快，像途中的一碟快餐，填饱了当时"孤独"的肚子。转身就走掉了。

Viga,

今天是你的生日，大家在为你庆祝吧？

昨天看到一个明信片，是你喜欢的那种，兴高采烈买了下来才发现原来我只有你的E-mail地址和电话。

只能带回家去，扫描了，再发给你。

Carmen

2002.05.09

在旅馆里都做些什么？

（按所花时间排序）睡觉、洗衣服、收拾东西、洗头洗澡、数钱算钱、吃东西。

炫目的布

在暹粒的Old Market买了很多很多布：头巾、披肩，还有裙布。丝的、麻的、的确良的。现在很后悔，应该再买多点，好舍得送人。

2002年5月
2日、3日、11日、12日、13日、14日、15日的日出

我的柬埔寨旅程是从吴哥开始的……
在离开柬埔寨前，我再次回到了吴哥。

我途中的大小遗憾：

遗憾：没有走进National Book Store。

遗憾：在码头没为Sunday Guest House拉到客人。

后悔：没有跟Sunday Guest House一家子拍合照。

后悔：没有买《The Killing Fields》的光碟。

后悔：没有留下那个对我镜头笑的大学生P127的联络方式。

痛心：很重要的一卷胶卷没有装好，里面有塔布茏寺、夕阳中的巴戎寺。

遗憾：没有把吴哥寺河堤的坍塌部分拍下来。（那段路的风景将是一个永久的记忆。）

遗憾：没有参观周萨神庙，那里有我们的同胞——中国文物保护队在工作。

遗憾：没有到荔枝山、罗洛士群。

遗憾：没有在柬埔寨骑自行车。

后悔：到西哈努克港第一天下海滩很潇洒地“不带照相机”。

我途中的身体状况：

出发前二十四小时：通宵赶工，没有睡觉。

出发前两小时：开始头疼——我的顽疾。

广深铁路上：呕吐两次——头疼引起的必然症状。

香港上水到赤沥角机场的巴士上：吃第一颗止痛药。

到柬第三天下午开始：头痛六小时，没吃药。

第六天下午开始：头痛两小时，没吃药。

第十二天傍晚开始：头痛十六小时，最后吃了止痛药。

第十四天：加奈子给我6克酵母片，解决了“很难解决的问题”。

其余时间：一切正常。

陪我行走的照相机：

机身：美能达XD5、手动对焦、自动侧光；——上世纪70年代末的产品。我是它的第三个主人，虽然重一点，但它是我的亲密伙伴，它一路都很配合我。

镜头：海鸥24定焦广角、美能达50定焦、海鸥70-210变焦。

三角架：在批发市场用60块钱买回来，旅途第五天就散开了。

胶卷：柯达EB100度22卷；柯达400度1卷；乐凯黑白100度2卷。

我：

1974年生。卡门是笔名，写完书就用回原来的名字，沉回原来的海里，耕耘原来的工作。爱旅游、爱摄影、爱画画、爱看书、不读报、爱骑车、爱逛街、爱迟到、爱睡觉、爱吃虾。怕头痛、怕蚊咬、怕老鼠、旅途中怕照相机坏掉。

写在后面：

书终于完成了，回想这整个过程，想用六个字总结：幸福、孤独、感激。

幸福>

当完全投入工作时，才发现做着自己喜欢的工作其实真的很幸福。

而在这期间，世界并不平静，美国进入伊拉克、SARS的肆虐、张国荣从酒店楼顶纵下……外部世界本来的有序和忙碌像是在一刹那混沌起来。而我却像生活在一个美丽水晶球里的孩子，还是继续安稳地坐在电脑前摆弄着照片和文字。突然发现：活着、和平、工作就是幸福。于是我把伊拉克战争开打那天写的一段话放在书的最后P334。

孤独>

我是一个很喜欢互动的人，在有竞争的时候脑袋才能活跃，在有分享的时候，思维才能碰闪出火花，但这次的工作却感受到以前的工作所不能感受的“孤独”。

我腻烦于独自的描绘、罗列、赞叹与吟唱，如果可以，我更愿意与别人面对面地说故事。而这次，却是一场漫长的孤独，坐在我对面的只是电脑屏幕，每天我对它说故事，但我不知道它是否腻烦我。还有另外一种孤独，那就是在2003年初，我在电视上看到柬泰民间因为“吴哥”归属问题而引发的冲突的新闻，当天的晚上我偷偷地哭了，因为我知道柬埔寨太需要和平了，他们折腾不起，我偷偷地祈愿：不要发生任何的动荡。我无法跟别人分享我的牵挂，因为人们一直就觉得一个布满地雷的国家发生任何动荡是正常的事情，他们还没有亲眼目睹过这个国家在和平的伞翼下的安宁与妩媚。就在那会儿，才发现自己已经爱上了这个国家，也在那会儿，我感受到不能与人诉说的孤独。任何关于这个国家的风吹草动都牵动我心。

感激>

其实关于“结束语”，最想写下来的就是很多的“感谢”，因为在我工作的全过程中，得到了很多的很珍贵的支持和鼓励。是你们，赶走我惯性的仓皇，给我完全的安静。

谢谢你们，你们是我徒向目标的加油站。

在这里，首先感谢正在柬埔寨吴哥主持修复“周萨神庙”的中国文物研究所的姜怀英老师。我们彼此素未谋面，他在百忙之中为我收集了很多珍贵且非常重要的资料。且在给我的信里给予很大的鼓励。当我在网上用他的名字搜索时，才知道他曾经主持过中国的数项重要的古建筑工程的修缮，包括云冈石窟和布达拉宫。

感谢素未谋面的凌锡球先生为我解答很多关于柬埔寨的问题的同时，为我引荐姜怀英老师。

感谢素未谋面的高棉语专家王忠田老师和张敬然老师帮助我在高棉词汇方面做了大量的翻译和校对工作。同时感谢“国际在线”www.cri.com.cn网站的环球风情频道的编辑袁芳为我引荐王忠田老师和张敬然老师。

感谢我的好朋友梁志刚，在我最拮据的时候给我很多的支持和帮助。

感谢我的旧同事王瑜萍、夏骏、段宏斌、他们在我写作过程中给我很多很多的鼓励和指引。感谢设计部的“三头六臂”给我的及时、有力而准确的“打击”和“启发”。

感谢我的好朋友何嘉磊、谢嘉莲、周谨送给我的生日礼物——很昂贵的参考资料《东方建筑》。

感谢周谨的朋友Sandy奔跑于金边为我收集我要的材料。

感谢Lilian和Yen在赴金边出差的紧迫时间里为我找到我需要的地图及书册。

感谢Marian和她的哥哥为我收集和解答关于租借自行车的问题。

感谢Sam Frost送给我他拍的精彩照片[P182]。同时是他在我最气馁的时候（我希望拍到金色夕阳里的巴戎寺，等了三天都老是等不到太阳从云里冒出来）提醒我“在随意后才会有惊喜”，才引发了我使用黑白胶卷拍摄巴戎寺的念头。

感谢阿毅为我题写篇章首页的名称。

感谢盈彩冲印的何生和彩辉扫描的青哥，他们总能耐心且努力地满足我在色彩校准上的苛刻要求。

感谢流水和虫儿，你们总是在远方随时守候，随时伸手接住我的失魂落魄。

感谢纪和表哥在我在京修改书稿时给予我的照顾。感谢他在很多年前告诉我“大自然能听懂我们说话。”

感谢我哥哥东林为我租来很棒的电脑。

感谢我姐姐给我最贴心的支持。她一直是我成长中的榜样。

感谢我的美术老师——黎老师。我七岁时，您告诉我要热爱世界上所有的颜色；我十七岁时，您塞给我《凡高》和《弗洛伊德》。从来没有认真跟您说声谢谢。

感谢一群把自己赴柬埔寨的大小游记放在网络上的很多的作者，读到你们的字时，才知道自己并不孤独，才原谅自己描绘“吴哥”时的言而不尽，正是这些跃然屏幕上的字让我确切自己对高棉的记忆并不是放大镜，我还清晰记得来自网上的八个字：“吴哥的美，刺痛心灵。”道出我无法言语的感觉。

还要特别感激我的责任编辑林栋，曾经一段时期，我心里暗暗地担心这书所铺展开来的“涉猎面”大得有点“覆水难收”，书的“预产期”一推再推，计划半年可以写好的书却着着实实地用了一年半的时间。从本来计划中的不超过300页，写到了差不多700页。多亏林栋给我“用心良苦”地“痛下毒手”，把走得远得没有边际的我扯了回来，才把这不知道如何收拾的700页缩回到了现在的规格，让我得以很及时地回到原来的出发点上。他对我作品的接纳就如特许一个没有驾照的人开车上路，给我指点迷津的同时，又任我横冲直撞、仙女散花，最后还得给我打扫战场，用一个个大箩筐为我搬走页面上多如牛毛的错别字。感谢他这一路的鼓励与宽容，感谢他为我种植“信心”。

最后，就是感谢《藏地牛皮书》的作者一直，我是看到他的书后，才引发了我写这本书的念头。

还有，

感谢上天给我爱与灵魂，

感谢父母给我生与梦想。

卡门

2003年12月12日

从柬埔寨回到中国后，我有两个深深的愿望：

（1）希望在不久的将来，当我再回到柬埔寨时，当地人不再用日文向我问好。我也不再需要用英语与自己国家的同胞相认。

（2）希望在不久的将来，中国的各大电视台的“世界城市天气预报”里，不再从“曼谷”和“胡志明市”之间漏掉“金边”。

——以上提到的，同时也是我对自己祖国和对柬埔寨委婉而真诚的祝福。

这是柬埔寨的出入境卡

KINGDOM OF CAMBODIA

这是我旅途用的小笔记本

走得太匆忙，来不及清理夹在本子里的东西，连国内的邮票也带上路了。

这是吴哥的三天门票，我共买了两张。

国家博物馆的门票

SOKHA HOTEL Co., LTD. Nº 106669

THREE-DAY PASS US$ 40

12 MAY 2002

14 MAY 2002

MINISTRY OF CULTURE AND FINE ARTS

NATIONAL MUSEUM

吴哥门票贴游客照片的地方

Nº 006

MINISTRY OF THE ROYAL PALACE

这是我的照相进皇宫的门票

这是金边皇宫的门票

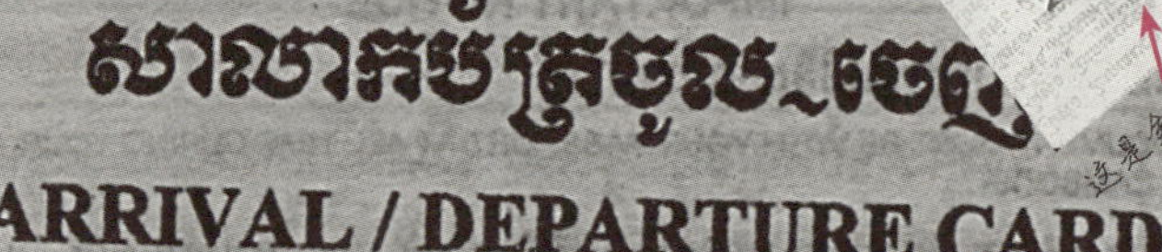

爱这个世界有很多种方式，或者关爱别人，或者做好自己；或者学会思想，或者绝对虔诚。抓不住永久的和平，至少不需要总很仓促的战争。 2003.3 卡门

漂亮的筑路工。

磅逊渔船上的渔民。

快乐的筑路工。

暹粒往洞里萨湖路上碰到的小孩。

摩托司机：Eng Bonny

比粒寺上的孩子王，其他孩子都听她指挥。

可能这个世界不可抑制反复张扬着“伟大”、“博爱”、“关怀”，但我相信，这时候的地球，更需要的是谦卑与宁静。

（京）新登字083号

图书在版编目（CIP）数据

柬埔寨——五月盛放/卡门著.-北京：中国青年出版社，2004（2008.4重印）

ISBN 978-7-5006-5500-8

Ⅰ.柬… Ⅱ.卡… Ⅲ.柬埔寨-旅游 Ⅳ.K933.5

中国版本图书馆CIP数据核字（2004）第000081号

书名：柬埔寨——五月盛放

图文作者：卡门　tammycarmen@126.com

责任编辑：林栋

设计制作：卡门

出版发行：中国青年出版社

社址：北京东四12条21号

邮政编码：100708

网址：www.cyp.com.cn

编辑部电话：(010) 57350509

北京中青人出版物发行有限公司

电话：(010) 57350522　57350524

印刷：北京地大天成印务有限公司

经销：新华书店

开本：1280×860mm　1/32

印张：10.5

字数：220千字

印次：2014年1月第13次印刷

印数：65001-70000

定价：38.00元